范金豹 著

我与
新课程语文

WO YU XINKECHENG YUWEN

合肥工业大学出版社

图书在版编目(CIP)数据

我与新课程语文/范金豹著. —合肥:合肥工业大学出版社,2016.12
ISBN 978－7－5650－3194－6

Ⅰ.①我… Ⅱ.①范… Ⅲ.①中学语文课—教学研究 Ⅳ.①G633.302

中国版本图书馆 CIP 数据核字(2017)第 002022 号

我与新课程语文

范金豹 著 责任编辑 王钱超

出 版	合肥工业大学出版社	版 次	2016 年 12 月第 1 版
地 址	合肥市屯溪路 193 号	印 次	2017 年 5 月第 1 次印刷
邮 编	230009	开 本	710 毫米×1000 毫米 1/16
电 话	人文编辑部:0551－62903205	印 张	16.5
	市场营销部:0551－62903198	字 数	270 千字
网 址	www.hfutpress.com.cn	印 刷	合肥现代印务有限公司
E-mail	hfutpress@163.com	发 行	全国新华书店

ISBN 978－7－5650－3194－6 定价: 42.00 元
如果有影响阅读的印装质量问题,请与出版社市场营销部联系调换。

序：优秀教师的自我发展之路

——范金豹老师专业成长启示录

中国浦东干部学院　李冲锋

　　教师专业发展，既是社会发展、时代要求等外在力量推动的结果，也是教师个体自我成长、自我发展的过程。然而，如何才能更好地自我发展，是每一个教师面临的现实问题。那些优秀教师的自我发展之路，往往可供广大发展中教师学习借鉴。范金豹老师的专业发展之路就值得我们学习借鉴。

　　范金豹是我的同学，我们曾共同在华东师范大学课程系读书，那时就有过很多学术上的交流。他是来自一线的语文老师，当时攻读的是教育硕士。读书期间，他的一些教学案例就发表在重要的语文教育期刊上，并受到专家学者的赞赏。现在，他把自己多年来对语文教学的探索结集成一本书——《我与新课程语文》，请我为之写序。我知道这是兄弟厚爱我，给我学习的机会。我认真学习了这本书，感到它对教师的专业成长很有帮助，下面想谈一点这本书对教师专业成长的启示，希望对大家有所助益。

一、锻造自己的代表课

　　一名优秀的教师必须能够上出好课。换言之，优秀教师必有优秀之课。上不好课，而能够成为名师的人有之，但极少。优秀教师虽然能够上好课，但也并不是每堂课都精彩。优秀教师往往在整体教学水平很高的情况下，还要有自己的代表课。代表课就是能够代表优秀教师某一时段内最高水平的课。对代表课而言，只能够代表教师个人的最高水平还不够，还应该有些其他的条件。

　　一是可圈可点的课。代表课必定有自己的特点或特色，有亮点或闪光点，能够经得住学科专业的推敲。代表课是可圈可点的课，从某学科教学的角度进行解读，可以给人以重要的启发，或者成为一种范例。

二是同行专家认可的课。代表课是能够获得教师同行、教研员、高校理论研究专家等相关群体认可的课。在一定程度上，代表课是经过专家鉴定的课。

三是有广泛影响的课。代表课还有一个影响范围的问题。代表课应该是在国内同行界产生广泛影响的课。如何才算产生广泛影响呢？至少这个课例要能够公开发表，教学录像要能够制作成可发行的音像制品，或者在网络上公开等。

如果按照上述标准来看，范金豹老师是有自己代表课的教师。他的《死水》教学、《浅说一首〈清明〉绝句》自主探究式教学、《邹忌讽齐王纳谏》的文言文教学、《罗布泊，消逝的仙湖》实用文教学、《在困难的日子里》经典教学探索等都是可圈可点的教学案例，而且受到韩雪屏、王荣生等国内著名学者的认可，得到他们的点评、引用等；这些教学课例发表后，在全国也产生了一定影响。因此，这些课是他的代表课。

有些教师的代表课主要集中在某一方面的教学。比如有人擅长小说教学、有的擅长散文教学、有的擅长文言文教学等。范金豹老师在几个方面都有代表课，说明他具有很高的教学水平和很强的教学适应能力。

对成长中的新手教师而言，应尽早树立代表课意识，努力锻造属于自己的代表课，并积累代表课。每多一个代表课，教学水平就会提升一步，专业发展就前进一步，也离教学名师更近一步。

二、有不懈探索的精神

一个优秀教师一定是不满足于现状，对教育教学不断探索、创新的。只有不懈地探索，才能不断地掌握教育教学的规律；只有不断地创新，才能适应不断发展变化着的教育现实。教师的专业发展必须要有探索精神，追求现状改变，追求现实突破，追求更高的教育实践层次。优秀教师大都具备探索的精神、探索的锐气、探索的行动。所有屈服于现状的人都是难有出息的。有建树、有作为的人们都不满足于现状，不屈服于现实，力图改变现状，再造理想的现实。一方面要"探索"，另一方面要"不懈"，能够持之以恒。改变现实并不容易，甚至是困难重重、艰辛异常的，因此，需要在理想的指引下，在锐意进取、勇于探索精神的带领下，持之以恒地努力。

范金豹老师一方面进行着教育教学实践，一方面对教育教学做着理性思索。他把自己的思索与研究写成论文去发表。他的有些论文发表在专业核心期刊上，有的还被中国人民大学《复印报刊资料：初中语文教与学》转载。他个人至今仍然在做着理性思考，并带领着老师们进行着课题研究，推动着团体思考。

有时人们会怀有希望环境变好，希望他人变好，自己再去做的想法。可是，环境怎么会自动变好，他人怎么会为你变好。最可靠的办法可能是，自己先变好，然后去影响他人，影响环境。一个老师变得专业和优秀了，会影响一个班的孩子；一个校长变得专业和优秀了，会影响一所学校。人人都从自己做起，把自己变得更好，那么很多事情就会向着好的方向发展。每一个教师都不再一味抱怨环境（当然是在合理的薪酬、工作时间等的保障下），而是先改变自身时，中国的教育会变得更好。

三、做个爱读书的教师

教师在今天应该算个读书人吧。教师是教书的人，也应该是读书的人。读书是教书的前提。可是，教师的阅读状况堪忧，多年来一直存在。教师阅读存在不少问题。一是阅读的量少。有些教师一年也读不了几本书。我曾经对100多名工作3年以上的教师作过调查，一年内完整读完12本以上专业之外书籍的只有1人。也就是说，一个月完整地读1本书都做不到。二是阅读的质差，有些教师除了教材和教学参考资料之外，很少阅读其他的书籍。也就是说，教师阅读的面很狭窄，一阅读理论书籍就感到头大的大有人在，系统学习过教育心理学的人不多，喜欢读哲学书的人就更少了。三是阅读的主动性差。有时要不是学校举办活动推动，或者学校发书要求阅读，有的人都不读书。有一位校长，为了促进教师读书，请教师们自己购买图书，到他这儿来签字报销，结果也没有几个人真的去买书读书。难怪有人感慨：教师原来不读书。

当然，教师中主动阅读、大量阅读、高品质阅读的读书人也是不少的。但相对于广大的教师群体而言，这些真正读书的教师又是为数很少的。这些教师往往是有上进心、积极主动自我发展的人，他们也往往会成为优秀教师，而且很多都已经是优秀教师了。

有人说，读书是教师最好的修行。这话说得有道理。要想成为一个优秀教师，就要做个爱读书的老师。在这方面，范金豹老师也是堪为楷模的。他说"书成了我生活中不可或缺的东西，就像米饭、水、蔬菜一样，一日不可无；读书成了我的一种重要生活方式，一日不读书，便觉'面目可憎'"。他系统地读鲁迅、读陶行知、读苏霍姆林斯基，他广泛地读古典名著、读本土作家，在广泛地阅读中，他汲取着养料，学习他人，也成就自己。他曾被《中国教育报·读书周刊》（2005年1月6日）评选为全国的"十大读书人物"。成为读书人物只是外在的表象，在阅读中真正提升自我，并转化为教育教学的力量，成就学生，那正是教师阅读的价值所在。

当教师们对读书产生浓厚的兴趣，主动阅读、持续阅读、高品质阅读时，教师的专业成长一定可以更快更好。

四、勤于写作以成专著

教师专业发展还必须要善于反思，善于记录。为此，要勤于动笔，坚持写作，把日常教育教学中有价值、有意思、有心得的内容写下来。有的老师会认为，日常的这些教育教学活动，也就这个样，写下来有什么意思啊？其实，正是因为就是这个样，所以写下来才有意思，它是日常教育生活的真实记录和反映，是历史的见证。怕就怕有的人眼高手低，觉得日常的教育教学没有什么，不值得写，看不上眼，因此不写，而他自认为水平高的，又写不出来，到头来，结果是什么也没有写，两手空空也。

教学的设计要认真写，写得前后连贯、逻辑严密也不容易的。课堂教学生成、课堂教学实录、课后教学反思、阅读心得体会等等都是有价值的，都可以写下来，整理出来。一篇两篇，十篇八篇，当然解决不了什么问题，也反映不了多少问题。当写的多了，积累多了，不知不觉之中，教育教学的实践水平和理论水平就会提升了。教师最好树立出版属于自己的专著的目标，并一点点向着目标努力。

那些全国教学名师，不仅教学好，而且大都擅于写作，他们公开发表课堂教学设计、课堂教学实录、课堂教学反思、教育随笔、教学论文等，很多人还出版教育教学专著。只是教学好，而不擅长写作的教师，是很难产生更大影响的。写作对于教师的专业发展是一项必备的硬功夫。

范金豹老师的这本书，是他多年来教学、思考、读书时所写下的文章的结集，从写作时间看，其跨度有十多年之久。当时，只是一篇一篇地写，一篇一篇地发，十多年过去了，积累到了一定的量，现在可以结集出书了。这是何等的让人高兴，这是一种成就，既是对自己多年教育教学的一次总结，也是对社会的一种贡献。

　　教师是读书人，教书人，可是很多教师读了一辈子书，教了一辈子书，这个世界上却没有一本自己写的书，岂不悲乎！

　　勤于写作，出版一本属于自己的书。这可以成为教师专业发展的一个目标，并成为激励教师写作的动力。相信：只要坚持，这个目标是可以实现的。

　　这本《我与新课程语文》是范金豹老师的一部文集，里面包含了他的成长历程、他的教学智慧、他的语文教育思索、他的读书心得，现在他把这些结集起来、出版出来，就不再仅仅属于他个人的了，同时也会成为读者朋友学习和汲取养料的对象。我相信，只要我们认真去阅读、细心去体会，我们不仅可以从中汲取他的教育教学智慧，而且可以看到一个优秀教师的自我发展之路，从而开启我们自己的专业发展之路。

　　　　　　　　　　　　　　　2016 年 12 月 27 日晚、28 日晚

　　　　　　　　　　　　　　　于六楼居

目　录

第二辑　新课程语文教学探索

第 一 辑

我的语文三部曲

第一部 语文学习

（1986 年以前）

小学语文学了啥

芜湖水乡，青弋江畔，古时芜藻繁盛，鸠鸟翔鸣。春夏多雨，河水泛滥，白浪滔天；秋临冬肃，水落石出，遍地枯黄。北宋时期，围湖造田，始有农业文明。四方移民，择高地而居，一村落或为一姓，或多姓杂居。

我们这里的范姓，散住好几处圩口，而以周圩为多，相传是范文正的后代。我家祖居周圩，世代隶耕。我父亲是长子，只读了三年私塾，能读《三国演义》《水浒传》，还打得一手好算盘。家有一个老算盘，而无半本旧书。上学前，我整天在外玩耍，家是吃饭、睡觉的地方。

1973 年 2 月，我开始上学。虽属"文革"时期，但我所在的周西小学，教学还是比较正常的。那时每天下午放学，学校组织学生操场列队。一个村的所有学生集中站成一列纵队，全齐了，教师命令"齐步走"。每队有个队长，队长先唱一个开头，然后喊"预备——唱"，我们就唱，一路走，一路唱，唱着革命歌曲回家。我的启蒙老师是刘华林——我的姑妈。一年级语文、数学都是她教。她音色柔美，性格温和。我没听到她斥责学生，也没有看到她鞭打学生。她对我的学习管得并不特别严格，虽说我是她侄子。小学语文，我记得学拼音，学写毛笔字，至于读了什么课文，几乎全然忘却，虽然那时候能全部背诵。写毛笔字，先是描红。墨汁现磨，沾在手上，弄得衣服上、脸上斑斑点点。午睡时，有调皮者假寐，趁某同学睡熟之时，给他添上胡子什么的，他醒来一抬头，教室里哄堂大笑。

1978 年 6 月小学毕业升学考试，我没有考上初中。当时班上 27 人，2 人落榜，我居其一。这年的暑假，家里的十五六只鸭归我放养。它们产蛋量很高，是我家重要的经济来源。有一天，鸭们浮在池塘里，头浸在水里，随风漂荡，我呼唤它们半天，竟毫无反应，始知大事不好。原来它们趁我不注意，从外河跑到稻田里，吃了田埂上的稻谷，不知这稻子有毒，是生产队故意撒的。真是祸不单行！

9 月，我父亲费了很大周折，才让我复读五年级。连续的打击迫使我专心读书。我的语文老师是钱鹏春，执教严谨、踏实，夯实了我的语文基础，也培养了我良好的学习态度。过了两个多月，全公社五年级期中联考，我以语、数均分 90 分（语文 88 分、数学 92 分）夺冠。从此，我的学习成绩一直保持年级前列，为初中学习奠定了扎实的基础。

课外读点什么？如果连环画算的话，我就自豪地说读了，而且读得不少，除此之外就没有了。连环画，买不起，全是借的。战争类的连环画我读得特别多，《江姐》《地雷战》《小兵张嘎》《打击侵略者》《洪湖赤卫队》等，还有《三毛流浪记》《三打白骨精》《武松打虎》《草船借箭》。聊斋故事、民间传说故事，也翻看了一些，它们的名字可说不准了。

现在影视资源常被引入语文课堂。我们小时候，文化氛围很稀薄，没有书报，没有文艺演出，没有演戏。谁家有小收音机就稀罕得不得了，电视机这个词还没听说过。看露天电影是当时农村最主要的也是难得的精神大餐。在家门口放，早早就去占位子；方圆七八里，只要听说哪里放电影，我就跟在哥哥后面赶过去。那时候，我也就是十岁左右，夜里走在田野坟间，一点也不怕。夜幕降临时出发，路隐约可辨；回来则夜深人静，黑咕隆咚，高一脚低一脚，摸着走。有人踩到路边，一崴跌倒了，也有滚到池塘、灌溉沟里的。夏天，我们聚精会神看电影，正是蚊子大饱口福的好时机；冬天，寒风刺骨，冻得手脚麻木、站得腰酸背痛也不肯提前回家。有时，赶到放电影的村里，静悄悄的，才知受骗上当了——那时候，放电影的消息是靠口耳相传。于是我们又原路返回，一路跑一路打，打打闹闹，尖叫怪笑。人问：看了什么电影？答曰："英雄跑白路。"听者大笑，说者也大笑。

四季语文

没有任何作业，除了做一点力所能及的家务之外，大部分时间任我支配，想干什么就干什么——当然不能干坏事。现在的小孩子要是知道这种情况，也许会焦急地问：这么多空闲时间怎么过？没有课外书，没有一件玩具，没有收音机，没有电视，更不要说电脑网络，什么也没有，这日子怎么过？我也想知道：要是现在的小学生处在我们那样的农村环境里，他会怎么过？会玩吗？会过得快乐吗？

正如《国际歌》唱的那样："不要说我们一无所有，我们要做天下的主人。"我们真的一无所有，虽做不了天下的主人，但能做自己的主人。"从来就没有什么救世主，也不靠神仙皇帝，要创造人类的幸福，全靠我们自己。"我们不靠父母，不靠老师，我们创造了属于自己的快乐，全靠自己的双手。

春暖花开，以草为伴。到田头荒滩挖野菜，编一顶草帽戴在头上遮阳。用草编笼子作为蝈蝈的家。蚕豆能吃了，就用壳做"戒指"套在手指上。豌豆长熟了，就剪开麦秆一头做一个圆托，头朝天吹豌豆，看谁吹得高不掉下来。摘一片叶，权当口琴，边走边吹，不成曲调信口吹，"不亦乐乎"？春夏之交，是钓黄鳝的大好季节。白天在水草附近找黄鳝洞用铁钩钓，用的铁钩子是自己磨好弯成的；夜里用菱形铁片做卡子，串上蚯蚓，放在田里等它吃，睡前打手电筒查看一遍，发现卡住了黄鳝，就立即把它连裹在身上的草提上来……

夏日炎炎，与水为乐。找蝉洞。雨后，地面上一个直径不超过半厘米的小口，用手指按一下，如果洞口越来越大，里面就极有可能住着一只还没有脱壳的蝉。将手指伸下去，一点也不怕，就是要让它用大钳子夹住，然后慢慢把它拖上来，装进一个盒子里。带回家天天看它，看它怎么一点一点脱壳的。蝉放飞去，壳积攒着。用蜘蛛网粘蝉。早晨，蜘蛛网尚有晶莹的水滴，正是最有黏性的时候。粘蝉，也顺便寻蝉蜕。据说，蝉蜕能做药，走街串巷的货郎收购，我就把积攒起来的一大堆蝉蜕用来换糖吃。拍打苍蝇，用之做鱼饵钓鲦鱼。沿着塘口走，哪儿有鱼往哪里钓，有时能钓到一条半斤重的大翘嘴巴鱼。夏天是游泳的季节，上午游，下午泳，几乎天天在池塘泡几个小时，知道哪里水浅，哪里水深。也不全是纯粹游泳。用脚踩，找塘底的河蚌，因为河蚌烧咸菜是一道美味。去水草里捉鲫鱼；到石头缝里寻虾米。更为有趣的是，将五六个大木盆集中浮在塘中间，五六个小伙伴围着木盆散开来，手脚并用，使劲击打水，塘里的鱼惊得乱跳，说不定就跳到盆里去了。白鱼乱跳，银光闪闪，兴奋至极，呼叫不已！有时也去青弋江游泳。夏天雨多水涨，河道变宽，足有二三百米，水流较快，十来岁的我一点都不怕，就顺水游过去，到了对岸歇一会，再游回来。有时开来一条拖轮，我们就去追它，比赛看谁的速度更快……夏夜乘凉，圩埂上的凉床一个接一个，绵延十几里。或听大人们讲神仙鬼怪故事，或捉萤火虫放在鸭蛋壳里做灯笼，提着乱窜。最常干的是打蚊子、烧蚊子，而逮蚊子更过瘾。我伸出胳膊一动不动，故意引诱蚊子，看蚊子盘旋而下来叮，感觉有点儿疼时，就知道蚊子的嘴已扎进肉里去了，不等它吸血，就一攒劲，将胳膊上的肌肉绷紧，然后用另一只手捏住蚊子高翘的屁股，蚊子使劲拍动翅膀想飞走，无奈嘴巴拔不出，就乖乖成了俘虏。我嘿嘿一笑：血，好吃吧。

秋高气爽，就地取材。在家里，取下门板，平放在凳子上，就打起了乒乓球。球拍是一块木板，或者小板凳。路上找一些小石子，或者螺蛳壳，就能玩好几种游戏。带一个铁脸盆，舀干田沟里的水，捉泥鳅、逮鱼。月光皎洁，不冷不热，正是打夜战、捉迷藏的好时机……

北风呼啸，运动抗寒。那时的天好像比现在冷些，大约是 1975 年冬天，池塘结冰，厚达五六厘米，我们上学是从塘中间溜冰去的。多数人衣服数量不多，且是旧的，保暖性差，哪像现在。我们那时好动，或许是被北风逼的。滚铁圈、抽陀螺，男孩子的强项；跳房子、踢毽子，女孩子擅长。两个人就可以"斗鸡"；好多男孩子在一起，就喜欢"挤油"。雨雪天气，一人可以打纸袋——拿一张纸，折叠成三角形，手指捏住一角不放，用力往下一甩，"吧嗒"一声，纸袋鼓出一个角来。谁的最响，就得意扬扬。两人就玩一种双手翻线的游戏——一人将棉线来回穿在双手指间，另一个双手插进去往上或往下一翻，线就变成另一种网形。这是一种益智游戏，谁翻出来的网形，让人无法接下去翻，就算获胜。

其实，我小时候的玩法，何止这些！再举一个例子吧。那时候，大约受战争电影的影响，我对枪特别感兴趣。真枪，我当然看到过，曾好几次看到民兵趴在圩埂上实弹射击。神往真枪，可连摸一下真枪也不可能，于是自己造枪玩。泥枪。用黏性泥土掼制的手枪，抹上一层油，油光锃亮。木枪。用一块小木板，画上枪形，一点一点将多余的部分削去，最后在枪把子上系一根红布，煞是好看。水枪。结构与医用的注射器类同。截一个竹竿，将竹节处钻一个小洞，算作注射管。取一根筷子，一头用布包成一个圆柱体，比竹筒略粗一点，用线一扎，将之塞进竹筒里，就成了活动推进杆。现在到一些江河漂流，看到游客用水枪乱射，激情四射，我微微一笑：这不是我小时候玩厌了的吗？纸枪。用很多张纸，每张折叠成条形，再按照枪形一一连接起来。纸枪易做，也容易磨坏。麻秆枪。去了皮的麻秆，农村有的是，折成长短不一，再用麻或者布条扎起来，做成机关枪。铁丝枪。用八号铁丝制成，不然容易变形。链条枪。这是在铁丝枪上改进的，加上链条，可以用火柴做枪子，一扣扳机，"啪"的一声，火星一闪，冒出一股烟雾，火柴梗似利箭飞去。会做链条枪，就会做辣子枪。辣子（两层纸之间夹一点火药）要花钱买，没有钱就买不起，买不起就玩不起。小时候看到什么，就想把它做成一把枪，比如看见半块砖头，就想办法磨成枪；发现一节弯曲的树枝或者树根，就因形改造，做成一把独特的树根枪。

类似的例子还有不少，不多说了。总之，这些不属于当今语文学习的范畴。

有人说，自然是一本读不完的无字大书——我儿童时代读的正是这本无字大书。我常常想，这些对我日后学语文就没有一点积极意义？不影响我对文章的阅读理解？不可以转化为我写作文的内容？与小伙伴大量的言语交往，不正是口语交际训练？在动手做各种玩具的过程中，思维能力不正是在得到锻炼？有个成语叫"心灵手巧"，"手巧"正是"心灵"的体现。创办于1919年的华德福学校，经过近百年的发展，如今已经遍布世界各大洲。这所学校特意开设手工课，创办人认为：手工课可以帮助孩子与周围的万事万物建立起真正的联系，了解自然界，学到实际的知识，产生对大自然的尊敬；通过双手，孩子们将大地上的材料变成作品，这不但促进他们内在感知觉、思维、意志、情感等的发展，还使他们拥有富足感和幸福感。

现在中小学生写作文，多苦于"无米下锅"，被逼之下，胡思乱想，抓耳挠腮，敷衍成篇。如果小的时候，有丰富多彩的生活体验，又能多读书，写起文章来恐怕就顺利多了，得作文"恐惧症"的恐怕就少多了吧？

初中语文就那样

1979年9月，我升入周皋中学。初中语文课，现在记得最深的是，笔记做得多。初一年级，语文教师一堂课要擦几次黑板，学生抬头看、低头抄，抄得手发酸。初二语文学习类似于初一，区别在于开始写周记了。初三时，老师口述我们听、记，这能锻炼听力、记忆力和快速记录能力。语文复习辅导书，至初三下学期，我才第一次接触。课后除了完成语文课本作业，我花在语文上的时间真不多。

如果要说花了一点时间，那就是早上，利用母亲给我做饭的时间，我捧着语文书，站在屋后空地上放声读书，十来分钟。母亲叫我吃饭，就是叫停。吃好了，我背起书包上学。就这样朗读了三年，并没有偏爱语文，不过也不觉得语文讨厌。没有人吩咐我这样做，没有人强迫我读，也没有人指导我怎么读。我只是不愿浪费时间而已，不读书这点时间又能干什么呢？想不到，这竟是很有效的语文学习方法。现在我知道，朗读对培养中小学生语感十分重要。后来我喜欢朗读，有一点语感，能进一步学习语文，大概与此有关？

我读初中时，农村改革刚刚开始。那时家里基本解决温饱问题，无钱买书；即使有钱，我也不知上哪儿买去。当时我根本就没有读课外书的意识，学校里没有布置，家长也没有要求。寒暑假，我主要帮家里做事：或家务，或农活。如果说，读了一点课外书，那完全是巧遇。至今记得，我读的第一本课外读物是《第二次握手》。我的一个表妹，在芜湖市一中读书，1980年暑假带回来这本书。她看完了，我就借来读。我一读，就被吸进去了。我天天伏在书桌上，一动不动，读到吃午饭不晓得饿。母亲叫吃饭好几次，我答应着，就是眼睛舍不得离开书。直到母亲拿走书，我才无奈地抬起头来，心里还想着书里的故事。这是我第一次与书亲密接触，第一次享受读小说带来的美妙体验。还有一次，读一本没有封面的旧书，大约是关于知青上山下乡的故事，此外就忘得一干二净了。初中三年，我读的课外读物，真是少得可怜。

读初中时，正是刘兰芳说评书风靡全国之际。30多年过去了，《岳飞传》里的战马还"嗒嗒"地踏在我的心田。在炎热的暑假，中午12点开始播放，一节半个小时。邻居有台小收音机，我侧耳倾听，大气不敢出，生怕听漏了。遇到鸡鸣狗叫，或者其他声音干扰，恨不得将脑袋钻进收音机里。岳飞大战金兀术，飞奔的马蹄声，射箭的嗖嗖声，挥枪的呜呜声，刘兰芳模拟得活灵活现。我仿佛置身战场，两军将士摇旗呐喊，擂鼓助威；岳飞、金兀术两人刀光剑影，大战三十六个回合，尘土飞扬。正是吃午饭的时间，热算什么，饿算什么，家长的斥责算什么，不听完评书，再好的饭菜我也不想吃。我曾想，要是语文老师讲课像刘兰芳说评书一样，那该多好！听评书，不是语文课，却胜似语文课：除传授丰富的历史知识之外，还能培养听力、语感和想象力，还有情感培养的作用吧。

1982年语文中考试卷满分100分，我只得78分。后来我教语文，我的学生多以为我当学生时，语文肯定学得很好。这是他们想当然。其实从小学到中学，我对语文学科并没有一点偏爱，语文学得平平常常。我一没有突出的语言天赋，二没有良好的家庭文化氛围，三没有丰富的语文训练，再加上后天学习并不怎么用功，中考给我78分，已经很对得起我了，虽然这分并不算高。

文学萌芽

我至今不明白，我们那一届师范为什么是四年制。之前是三年制，之后又恢复三年制。

直到1982年11月底，我们那一届普师班才在芜湖市羊毛埂一所教师进修学校里落户开学。第一年的语文老师，四十多岁，冬天戴着藏青色鸭舌帽，映衬出白净的面容，显得极优雅。他上课时联想到古诗词，就随口背给我们听。至今记得他背诵白居易《长恨歌》的名句："春寒赐浴华清池，温泉水滑洗凝脂。"1983年9月开始，我们这个班搬迁至芜湖师范学校本部芜湖市团结路（现为赭山路）黄果山校址。吴菁老师开始教我班语文，听说他是从芜湖一中调过来的。

"吴菁"，这名字好像在哪里见过。第一次遇到"菁"，以为读"qīng"，音同"青"。一查字典，竟然读"jīng"，因此对这名字印象很深。好像在《中学古文读本》里见到"吴菁"，仔细翻查，《序》中所列编写人员，果然有"芜湖一中吴菁"。这令我既激动又崇敬，感到十分荣幸：能编书，肯定有学问。

第一堂语文课，我记得清清楚楚，上《梅园新村之行》，郭沫若先生写的。他拿起粉笔，看了看黑板，就在适当的位置上一气写出题目，字是瘦瘦的，遒劲有力。我眼睛一亮，内心一振：从没见过这么漂亮的字！他教学严谨，胸有成竹，语言简明，思路清晰。

我尤喜欢听他上文言文。涉及文言字词的解释，它们的来龙去脉，他都讲得清清楚楚。教材中有些注释，他发现不妥，就一一指出，分析给我们听。对教材上的知识，当时我们奉为真理，可听他一分析，又觉得他讲得有理。他要我们对文言实词进行积累，我就准备一本笔记本，专门记录整理。在他的教育下，我学古文很有兴趣。

有一次，语文课代表将一份文稿交给我，说是吴老师的手稿，需要誊抄一份，分给几个同学完成。我感到很光荣。手稿是关于成语研究的，我一边抄，一边学。成语里还有那么多奥妙，真是越抄越有劲。古有抄读法，虽然慢，但是"手过一遍，眼过千遍"，信然。

至今我也不明白，在我们班集体实习的时候，吴老师为什么特意点我来上一节小学语文实习汇报课。也许是吴老师觉得我胆小，给我一个锻炼的机会。那次我上的是《找骆驼》这篇课文。在指导老师的建议下，我三番五次修改教案。上课那一天，教室后面坐满了同学，还有别的班级的。我很紧张，一堂课下来，不知所教。不用别人评，我自己知道很幼稚。吴老师没有批评我，这对我是最大的鼓励。三年不知不觉过去了，真不觉其长。

在师范学校的四年里，除了八册《文选和写作》课本，我还真读了一点课外书。

师范一年级入学不久，听沈亚峰同学背诵古诗，背了一首又一首，《春晓》《登鹳雀楼》，等等。可是我连《春晓》这么家喻户晓的诗都不知道，既羡慕又惭愧，脸发烧，心发慌。于是我决心补上这一空白。王军同学有一本古诗手册，大概是《古诗助读》，芜湖市教研室编的。我就借来，一首一首地抄在笔记本上，一首一首地读，一首一首地背。这样恶补大半年，肚子里总算有几首古诗了，感觉踏实了一些。此后，我见到课外古诗词，就先把它抄下来，或者剪贴，然后再读读背背。这个笔记本，我现在还保存着。不知不觉，我喜欢上了诗歌，后来买了几十本古今中外诗集，《李白诗选》《唐诗选》《杜甫诗选》《古诗十九首》《李商隐诗选》《苏东坡诗选》《唐宋词选读》《元曲三百首》《千家诗》《普希金诗选》《莱蒙托夫诗选》《莎士比亚十四行诗》《海涅诗选》《外国抒情诗精选》《爱的哲学》（雪莱著）《野蔷薇》（歌德著）《纪伯伦诗选》《毛泽东诗选》《鲁迅诗歌选》《徐志摩抒情诗选》《艾青诗选》《海子诗选》，等等。后来自己也偶尔涂鸦，诌一些像诗歌模样的东西，聊以自慰。

师范学校有阅览室、图书馆，虽然不大，可是对于像刘姥姥一样的我，真的是大观园。20世纪80年代，是文学创作的黄金时代，也是文学阅读的热潮时期。现代小说等着我去阅读，像鲁迅的《呐喊》，巴金的《家》《寒夜》，老舍的《骆驼祥子》，曹禺的《雷雨》，钱钟书的《围城》，新中国成立后杨沫的《青春之歌》，曲波的《林海雪原》，罗广斌、杨益言的《红岩》，等等。当代小说，我们追着读。好的作品一出来，就想立刻读到它，像王蒙的《青春万岁》，蒋子龙的《乔厂长上任记》，路遥的《人生》，李存葆的《高山下的花环》，谌容的《人到中年》，高晓声的《李顺大造屋》，读得热血沸腾。外国的也读了一些，比如雨果的《笑面人》，歌德的《少年维特的烦恼》，巴尔扎克的《欧也妮·葛朗台》，夏绿蒂·勃朗特的《简·爱》，笛福的《鲁宾逊漂流记》，等等。我个人感觉，还是中国小说合我的胃口，情节特别吸引人；外国小说，有的开篇就是冗长的环境描写，令人沉闷。

到了1985年下半年，我班朱幸福、沈亚峰等文学爱好者，开始创作投稿，朱幸福的一篇文章，发表在《安徽青年报》上，轰动整个校园。他特意组织班级文学兴趣小组，我位列其中，多次参加文学座谈会。我有篇习作《山花·水花·人生之花》，沈亚峰同学看了后说："写得好！"习作不知写了多少篇，被人夸还是第一次，我很是兴奋。

我写作文感觉好像轻松了一些，不知是读了一些书之故，还是坚持写日记之效。自从进了师范，我就开始写起日记来。没有人告诉我要写日记，老师也没有布置这个任务，我至今也不明白，我何以一进师范就写起日记来。我又一次无意中做对了一件事。著名教育家魏书生说：写日记，就是道德长跑。因此他极力鼓励学生坚持写日记。开始我写日记，不是天天记，有事则记，有感想则记，一个礼拜写三四篇，有话则长，无事则短。到了师范四年级最后一学期，临近毕业，不巧生了一场病，日记变成周记。1986年8月参加工作后，我继续写日记，仍不是很正常。到1989年7月后，我越写越多。过去是两三年一本日记本，后来是一年两三本。我的日记本至今有几十本了，摞起来约有三尺高。有人看到我发表了几篇文章，流露出羡慕之情，殊不知我躲在家里写了多少日记。

写日记，留下了我的人生轨迹、人生思考，调节了我的心理平衡，也锻炼了我的写作能力，对我的影响是深远而巨大的。

第二部　语文教学

（1986—2005）

改教语文

1986 年 7 月，我从芜湖师范学校毕业，最终分配到母校周皋中学。论学历，我是没资格教初中的。适逢母校师资严重短缺，校长到县教育局要人，教育局没有更多的大专毕业生可给，于是就将我们 6 个周皋乡的中师生推到初中顶岗。中师生，没有学科专业，似乎什么都能教，学校就根据教学岗位空缺情况，安排我们教初二语文、初三物理、初三几何、初三英语、初三政治，而我教初三代数。今天看来，这简直是天方夜谭，甚至是极不负责任，而这正是那个时期的教育现实：师资真匮乏呀！

我的教学起点，不是小学，而是初中；不是初一，而是初三；不是语文，而是代数。

我想，当时校长安排我们中师生一毕业就教初三，肯定是无可奈何，无法可想，无计可施，他一定做好了 1987 届中考一败涂地的心理准备。而这一届中考成绩，竟给了他一个大大的惊喜：16 个考取中专，在全县 30 多所初中名列前茅！弹指一挥间，30 年过去了，风光难再。其中原因，至今我还没弄明白。

1987 年 8 月，我改教初一语文。这不是学校安排的，而是我主动申请的。

这一举动有违常理，不可思议。教语文的改教数学，太多；教数学的改教语文，罕见。我教了一年半语文，竟受到学生的喜爱。1989 年春节过完后，在开学会上，学校突然中途不让我教语文，让一个民办教师接我的课。我要求给个理由，没有理由；我据理力争，毫无效果。于是我被迫教初一数学，直到初二结束。1990 年 8 月，我又申请改教初一语文，并任班主任。从此，我就专门教语文了。

若有人问我，改教语文后不后悔？我一点都不后悔，而且还要感谢语文。当初为什么改教语文？真是一言难尽。

自学之路

1987 年春节，我和几个师范同学，到陶得同学家玩，不巧他不在家。他母亲说，到湾沚参加自学考试辅导去了。自学考试？我想起来了，我的一位同事，就在我办公室隔壁，也在参加自学考试。当时我毫不在意，这次听到同学在参加自学考试，我开始思考这件事了。

教了半年代数，我觉得教代数很平淡，这样教下去，结果会怎么样？看到学校那些教了一辈子的老教师，我就打不起精神：我的将来就像这样？我不甘心。我当时一心想提高学历。教初中，学历不够是我的心病。提高学历的捷径，那时可以考芜湖教育学院脱产进修，可学校一年才安排一人参加考试，这么多人，轮到我要等到猴年马月？自学考试，又没有数学学科。怎么办？于是就决定报考全国高等教育自学考试汉语言文学专业（专科），我萌生了改教语文的想法。那时，我并没有教语文的志趣，也没有能教语文的自信，只不过想边教边学，觉得这样更有助于自学考试而已。

当年 5 月份报考，10 月份考试。第一次报考我选了两门学科：古代汉语和文学概论。我的同事说：自学考试很难通过，我一次报一门，你第一次报考就报两门，很自信啊。我说，哪有什么自信？试试吧，考不过，积累一点失败经验也不是坏事。要说自信，古代汉语，我自认有点儿，这得要感谢吴菁老师。文学概论，当时根本没听说过。于是向别人借来王力的《古代汉语》四册，还有蔡仪的《文学概论》。就这样，在教初三数学之余，我开始自学这两门课程。没有辅导材料，也不请教别人，只好埋头啃书本，做读书笔记。

10月份考过以后，我没指望通过，能过一门就谢天谢地了。过了两个月，一位参加英语自学考试的同事见到我就说："快请客，快请客!"我丈二和尚摸不着头脑，不解地问："为什么要我请客?""你先答应我，我就告诉你。""好好，请客。你说吧。""你两科都通过啦!""啊? 真的假的? 你别骗我!""骗你是这个!"她伸出小指头。"好好好，今天晚上就请!"我笑道。想不到，第一次自考，我就幸运地遇到了绿灯，这对我是个莫大的鼓舞。于是就继续报考。每次根据考试科目安排情况，能报多少就报多少（一次最多报考四门）。一共十门科，我考了四次，1989年下半年全部通过。紧接着，我又报考汉语言文学专业本科自学考试，第一次报考的是英语和中国古代文学史。1990年4月份考试通过，令我意外的是英语竟得了80分。此后断断续续，直到1998年4月我才全部通过汉语言文学专业本科自学考试，并获得学士学位。本科自考可谓"八年抗战"。

拿到本科文凭，何以历经八年之久? 我简要说一点其中的曲折原委。1988年、1989年，我的师范同学葛祖金、沈亚峰先后考取复旦大学、东北师范大学研究生。这两位令我自豪的同学，点燃了我心中的考研火种。1990年考完英语和中国古代文学史，我就准备报考华东师范大学中国现代文学专业的研究生。断断续续考了三次，并不如意。令我有一点安慰的是，借此机会我读了不少书，主要是现代文学作品及其研究著作，特别是比较全面地阅读了鲁迅先生的著作。这是我后来喜欢鲁迅作品，并开展鲁迅作品教学研究的基础。1994年成家、1995年工作调动落实后，至1996年上半年我又继续参加自学考试。

从1987年踏上全国自学考试的战车，至1998年全部结束，前后断断续续长达12年（我实际所用时间6年），可以称为我的"自学考试战役"。一年两次战斗，都是打硬仗啃硬骨头，次次都是"孟良崮"。听很多人说过："自学考试很难通过。"在全国所有获得大学文凭的考试中，全国自学考试应该是最严格、最规范的。全国统一考试，试题覆盖面广，又有一定深度。60分及格，少一分不及格就是不及格，你要么放弃，要么重考，别无选择。

自学考试，培养了我踏踏实实的学风，锻炼了我的自学能力，也磨炼了我的意志，这是比文凭更重要的人生财富。一个人参加自学考试总有结束的那一天，但是自学却没有完成时，只要他的生命还在。俗话说："活到老，学到老，还有三样没学到。"我还在自学，还想学更多有趣的学问。庄子说："吾生亦有涯，而知亦无涯。"一个人无须思考"有涯"的问题，这是上帝所思。多想这问题，不仅无益反而有害。你不知道上帝何时叫停，你就抓紧学吧。

教学摸索

20 世纪八九十年代，我教语文，全凭瞎摸。除了教材、教师参考用书之外，什么教学资源也没有。语文教学只有两件事：阅读与写作。阅读教学外甥儿打灯笼——照舅（照旧）：死扣一本课本读，舞动一支粉笔抄，全凭一张嘴巴讲。作文教学四步：教师命题——还是老一套；学生行文——绞尽脑汁；教师批改——愚公移山；课堂讲评——蜻蜓点水。其他语文教学活动，一概没有。

那时没有教研组，校内很少有教研活动。同事之间，课下天天见面，课堂上"老死不相往来"。更不要说什么教学培训、名师指导。我在农村教了 8 年书，听课只有一次，是听一位政治老师的公开课，听过之后，没有研讨，因此听课也就是耳旁风。

学校订了一些党报、党刊，好像没订一份教学刊物——估计曾经订过，只不过我没有看见而已。没有阅览室，更别说图书馆了。听说学校本来是有不少藏书，大约无人管理，也不再添置新书，自然有减无增。有一天，我在垃圾堆里发现几本破旧的书，捡起来一看，封面上还有淡淡的学校公章印迹，大约是被当作废物清理出来的。其中有鲁迅著的《中国小说史略》《且介亭杂文》等，我至今保存。关于语文教学，我也不知道要读什么书，看什么教育教学杂志，更没有写教学论文的意识。别的老师课余做了哪些教学方面的事，我是一概不知。

1993 年 3 月，周皋乡教委开展了中小学"好课"评选，所有学科教师都参加。这是从教以来第一次，我意外地获得中学组第一名。评委老师说我"知识渊博，教学挥洒自如"。其实我的语文教学经验并不比别的教师多，只不过自学考试，逼我读了几本考试用书。上初三语文的一节课，我突然感到舒展起来，"挥洒"起来，好像柳枝得春风吹拂一下子长了一节。我估计是多年读书带来的教学功效，其时我读书不完全是为了教语文。

1993 年中考，周皋中学迎来了"教育中兴"——考取了 14 个中专。我们这一届虽然没超过 1987 届，但 20 多年过去了，这样的"中兴"仍然没有出现。

教完这一届，我又回头教初一语文。至 1995 年初，我调往芜湖县一中。

给语文加点"研"

1995 年 9 月，我开始在芜湖县一中代课，教了一学期的初三语文。1996 年 4 月份，一位语文老教师退休，学校安排我接收她教的两个初一班。

上第一节课，课堂里乱哄哄的，三分之一的学生不认真听讲。过了几个礼拜期中考试，这两个班级的语文均分只有 40 多一点，与其他三个平行班相差 15 分左右。我暗自吃惊，但别无选择，只能面对现实。来到一所新的学校，我必须全力以赴，必须教好：学校同事、领导，学生及其家长都在注意你。学校期待你教好，同时也准备调整你。我一方面加强课堂管理，另一方面提高课堂吸引力。一段时间后我与学生相处越来越融洽。学风逐渐好转，语文成绩也稳步上升。初二第一学期期中考试后，我任教班的班主任汪秀蓉老师对我说："范老师，这个礼拜开家长会，很多学生家长想见见你。"这是我第一次应邀参加学生家长会，来开会的任课老师，除了班主任，只有我。班主任向家长介绍我之后，一位家长走上来和我握手，原来他是王晓勤的父亲，时任县宣传部部长。我感到荣幸的同时，也倍感巨大的压力——这是农村初中所没有的社会压力，因为城关的家长普遍比农村的家长更加重视孩子的学习。

1996 年 10 月，语文组安排我上一节公开课。教书十年来，我第一次上公开课，也是我第一次在县一中语文组亮相。我自然很重视。我上的是说明文《看云识天气》。听课之后是评课。那时评课只说优点，不提缺点，没有质疑，没有讨论。因此，我没有听到语文教学的改进建议。这样的教研有两点积极意义：一是为执教者提供一个锻炼的机会；二是破除了教师封闭的教学状态，促进教师之间的经验交流。我也有机会听到校内外不少语文老师的课。刘志祥老师上《我的叔叔于勒》，给我留下了特别深刻的印象：语言生动诙谐，教学环节紧凑、巧妙，师生关系十分融洽。这是我在周皋中学 8 年从未经历过的教研活动。

1997 年春天，为了扩大城关学生的生活阅历、视野，我组织了部分学生到城外进行踏青活动，用现在的话说是"乡村半日游"。下午 2 点在青弋江湾汊码头集中，然后乘机帆船到我老家所在的圩区南阳渡下船。同学们乘船很兴奋，既能眺望江景，又能随手戏水，领略碧波之上白鹭飞的美景。下了船，爬上圩埂，一幅美丽的巨画豁然展开：广阔的田野，一大块黄一大块红，金黄的是油菜花，艳红的是紫云英花。野花遍地是。走下圩埂，浸泡在花香里，漫步田埂，目睹耕牛犁田，凝视蜜蜂伏在花心采蜜，惊起草丛里的绿色蝈蝈飞散、青蛙跳远……参观完田野，再从南阳过渡到城郊五凤滩——青弋江与赵家河汇合处。方圆四五里的泥沙地上种植了一大片树林，望之蔚然深秀。走近，树木似乎是站岗的哨兵，成行成排。树干笔直，足有二三十米高，繁密的树缝间镶嵌着无数个细碎的蓝宝石、白宝石——蓝的原料是青天，白的原料是白云。树叶随风挥舞，喜鹊林间对歌。我们就地休息，吃点水果、零食，同学们听我说五凤滩的传说以及我的亲身经历。讲完后，我要求每位同学根据眼前所见的景物，朗诵一首古诗词。咏花的，咏草的，咏水的，咏树的，咏鸟的，咏舟的，咏夕阳的，咏村落的，咏行人的……寂静的树林间飘荡着美妙的文学气息。朗诵活动结束后，自由活动，此时夕阳欲颓，"半江瑟瑟半江红"，树林荫翳，"返影入深林"，鸟鸣林更幽，徜徉在林间小道，躺卧在河边草地，"信可乐也"。同学回去后，情不自禁地提笔写日记、写游记。当时我不知道，这就是后来新课程提倡的"语文综合性实践活动"。

那时，初三语文复习资料很少，我根据考情、学情编写了一些资料，涉及语文知识（字词、语法、文学常识、文体知识等）、主要课文内容等，具体有："容易读错的字""常见错别字""病句修改""初中语文古代文学基本课文一览表""记叙文知识复习一览表""说明文知识复习一览表""议论文知识复习一览表""初中语文鲁迅作品基本课文一览表"等。誊抄好后，再复印给每一位同学。我还自制一些试题，提高训练的针对性。

"勤能补拙"。1998 年中考，全县语文单科 125 分（满分 150 分）以上有 18 人，第一名 137 分。我所教的两个班级 125 分以上有 5 人，他们是：汤智娟（136 分）、程锦（129 分）、郭理惠（127 分）、杨垠垠（127 分）、刘芸（125 分）。中考前，我公布了一个奖励办法：不管是谁，中考语文考 125 分以上，我就赠送他一本书。成绩揭晓之后，我选了五本书，亲手送给他们。

相约九八——第一堂高中语文课

1998 年暑假，教高中语文的牟靖老师调往上海，于是高中部就缺一名语文教师。他是一位名师，1996 年获得安徽省首届"教坛新星"。正好我教完初三，学校就安排我来补这个缺。

开学第一节语文课上什么？怎么上？暑假里我就开始苦思冥想。

假如我读过高中，就可以借鉴我的高中语文老师的做法。我听过高中公开课，可是这开学第一堂课没听过。我也请教过几位高中语文老教师，有的说，先作一点自我介绍，说说高中语文的重要性，然后布置学生预习；有的说，讲一讲高中语文学习方法；有的说，简单自我介绍之后，就开始上新课。

开学第一课说说语文的重要性也好，介绍学习方法也好，都有一定意义。但我想，面对从四面八方聚集来的同学们，讲这些内容，都是老生常谈，又易流于空洞，能吸引学生吗？有什么效果呢？同学们还没有预习，第一天就上新课，会不会觉得突兀？有没有其他的做法呢？

有一天，听到流行歌曲《相约一九九八》。"打开心灵剥去春的羞色，舞步飞旋踏破冬的沉默，融融的暖意带着深情的问候……来吧来吧相约九八，来吧来吧相约一九九八，相约在甜美的春风里，相约那永远的青春年华……"那英、王菲演唱得太好听了，旋律优美动人，歌词优雅温馨。我突然灵机一动：如果在开学第一节课把这首歌放给同学听听，不是很适宜也很有纪念意义吗？但是这节课还应是语文课，不是来学习这首歌的歌词，不是音乐欣赏课，更不是歌曲学唱课。这首歌只能是一个引子，如何来引出一节语文课？

开学第一天，是我和任教班级同学第一次见面，也是多数同学第一次见面，绝大多数互不相识。互不相识的人，聚集在一起学习，不是很别扭吗？因此，上学第一天，最强烈的欲望就是彼此尽快认识。我，作为老师，必然是同学们共同关注的主要对象，同学们都想了解我。当然，我要因材施教，也需要尽快熟悉学生。同学之间呢？也需要相互认识。作为语文老师，能不能有意识地开展某种活动让他们尽快互相认识？促进人与人之间有效的交流，语文教学责无旁贷。那如何开展呢？

我是这样构思这节课的。这节课的主题是"让我认识你"，步骤有：一、播放《相约一九九八》送给同学们，以纪念今天，因为大家有缘聚集在这里同窗共读。二、新学期老师寄语，以一封信的形式表达我的期待。根据心理学原理，期待可以激发学生的学习主动性，产生积极的心理暗示。三、自我介绍。老师先将自己的《自我介绍》发给每一位学生，学生默读老师的"下水文"。四、学生当堂写《自我介绍》，不要求面面俱到，要具体介绍自己的基本情况和重要的经历，让其他同学感兴趣、记住你。五、写好后，前后左右同学互相交流阅读。

我不采取一个接一个作口头自我介绍的方式。当然，这样做可以锻炼学生的口头表达能力，留下深刻印象。但是课堂上时间有限，学生又没有充分准备，估计说起来疙疙瘩瘩，反而给人留下不好的第一印象。日常中，第一印象很重要，这就要慎重对待。再说有的学生，特别是来自农村的孩子，当众发言，胆量不够，可能紧张得说不出话来。从参与的面来说，当堂口头介绍，估计只有部分学生得到锻炼，而让每位同学都动手写，那就全体得到写作训练。还有，口头介绍，只能传播在当时有限的空间内，而用笔写出来，完全突破时空限制，便于存，也便于反复使用。考虑到交际的质量，写自我介绍，速度是慢一点，但是书面表达的质量会好一些。

学生《自我介绍》写好后，再开展下一步活动：一是《自我介绍》优秀习作评选，获奖习作修改后张贴班级宣传栏；二是按姓氏笔画顺序装订成册，放置在班级图书角，以供学生传阅；三是提供给班主任、任课教师，以便他们及时了解学生。

这样构思好后，我就动手写《新学期寄语》和《自我介绍》。

《新学期寄语》原文如下：

亲爱的同学们，你们好。我抑制不住自己激动的心情，向你们——我未来的学生写出我内心的期盼。

也许是上帝的有意安排，也许是我们心灵的默契，我们相约九八，相约芜湖县一中的高一教室。你们从初三升入高一，我也从初三升入高一。你们是考入高中的新生，而我是一个刚教高中的老师。

你们，从田埂上走来，从池塘边走来，从小山村走来，从小镇上走来，你们来自芜湖县的每一个地方。你们风华正茂，你们意气风发，你们拼搏进取，祝贺你们考取芜湖县最好的高中。

你们来这里，不是来休息的，不是来嬉戏的，不是来荒废大好青春的，而是来努力学习的，来锻炼自己的，来实现自己的美好梦想的。希望你们团结友爱，兢兢业业，锐意进取，在学习的征途中携手前进。

让我们相约2001年的今天。经过高中三年的磨炼，你们的羽翼将更加强健有力，你们更成熟、更自信，你们将自豪地飞奔遍布祖国各地的大学校园，飞进庄严的、高深的科学殿堂。

让我们相约十年后、二十年后的今天，你们已从美丽的大学毕业，走上更加广阔的社会大课堂，你们似雄鹰展翅，搏击长空；你们似蛟龙翻腾，畅游大海。你们将在各自的工作岗位上，发挥聪明才智，干出一番不平凡的业绩。而我，将静静地守候在这里，你的母校，期待着你们告诉我激动人心的喜讯。

为了美好的未来，今天我们相约在这里。从明天开始，不！从今天开始，不！从现在开始，我们立刻整装出发，脚踏实地，全身心地投入到紧张的学习中去。

让我们重温英雄保尔的名言："人最宝贵的是生命。它给予我们只有一次。人的一生应当这样度过：当他回首往事时不因虚度年华而悔恨，也不因碌碌无为而羞耻。这样在他临死的时候就能够说：我已把我整个的生命和全部精力都献给了世界上最壮丽的事业——为人类的解放而斗争。"

《自我介绍》如下：

我叫范金豹，1966年出生，那一年"文化大革命"开始。就像在座的大多数同学一样，我也来自农村，周皋乡一个普通的农民家庭。

1978年我参加小学升学考试。全班27名同学，有2人未考取，其中有我。暑假，家里十几只鸭归我放养，鸭们趁我不注意，跑到田埂上吃了毒药稻谷，全死了。真是祸不单行，弄得我无所事事。到了开学，父亲问我想不想读书，我说想。于是父亲为我东奔西走，费了一番周折，我才又背上书包，继续读五年级。接踵而至的打击，促使我专心读书。在老师们的严格教育下，我勤奋学习。过了两个多月，全乡五年级统考，我以语、数均分90分获得全乡第一名。从此，我的学习成绩一直保持年级前列。1982年7月考取芜湖师范学校。

5月，我们一般称为"红五月"。那是一个姹紫嫣红的月份，一个青春飞扬的季节。对于我，五月却是一个"黑色的五月"。因为我的母亲于1989年5月永远地离开了我，当时她只有49岁。这对我是一个万分沉重的打击，也是我人生的又一个转折点。在痛苦、孤寂的日子里，我开始默默追思生命的意义。

我加快了自己学习的步伐。在取得自学考试专科学历之后，即瞄准一个更高的学习目标：参加研究生考试。考了几年，并不如意。但我不会轻易放弃人生的奋斗目标。我将继续坚持学习。今年我获得了自学考试本科证书。

1995 年 9 月，我调入县一中任教，教了一届毕业班。在座的，肯定有我的学生。他们见到我走进高中课堂，肯定感到惊疑。就这么巧，我也伴随着他们升入高中。我没有读过高中，也没有教过高中，我能不能胜任高中语文教学，需要在实践中检验。但我愿与同学们一道勤奋学习。我相信，只要我们共同努力，就一定会不断进步。

暑期学校打印室工人不上班，我在家将两份文稿工工整整地誊抄在一张大白纸上，开学报名时带到学校复印，学生每人一张。

这节课距今已经 18 年了，可是当时情景依然历历在目。我至今还保存着部分学生的《自我介绍》。十多年过去了，我遇到那两个班级的学生，他们津津乐道这节课：一听到《相约一九九八》，就想起这节课。我问他们还记得哪些课？都忘记了。这节课为什么令人难忘？究竟有什么奥秘？我应该好好总结。

孤立地看这节课的每一个教学环节，都没什么新意，学生都或多或少见识过。2006 年 9 月，芜湖县一中开始进入高中新课程改革。用新课程的理念来审视，这节课在当时是有新意的。

新课改主张"教师即课程"。这节课，我不是在教教材，而是用课程观统摄教师的、学生的、时空环境的教学资源，整合成一节独特的课堂学习内容。我的《新学期寄语》《自我介绍》，是将自己的经历、情感、思想、愿望、语言等，转化为课堂教学资源，成为学生学习的对象，也成为学生进一步学习写"自我介绍"的支架。这节课，我是从一个大的背景上来构思。这个背景就是：学生站在一个特殊的时间节点上——高一第一节语文课，来反思 9 年的学习经历，来眺望未来 3 年高中学习愿景。这样的背景赋予这节课不同凡响的意义，学生带着自己的情感、经历融入富有教育意义的课堂，使课堂学习成为日常生活的一个有机组成部分。

这节课，从教学活动的主要内容来看，属于作文教学课。但它有别于当时常见的作文教学模式。我当时不知道它究竟"新"在何处。2005 年，语文教育专家李海林在《语文学习》上发表著名的论文《论真实的写作》，提出

"真实的作文"的理念：真实的言语任务、真实的言语环境、真实的言语成果。时隔 7 年我才恍然大悟：这节作文课，学生写的是"真实的作文"。那英演唱的《相约一九九八》、老师的《新学期寄语》《自我介绍》，激荡起学生的内在情感，营造了一个真实的富有写作气息的场景。古人云"情动而辞发"。没有真情实感，作文是写不出来的，被逼出来的，一定是矫揉造作的，是没有价值的。"让我认识你"，是当时师生真实的生活需要，也是真实的学习需要：我们都迫切需要彼此交流，互相认识、了解。老师向全班同学发表了《自我介绍》，实际上就发出了渴望交流的心声，学生自然应以介绍自我作为回应。学生写自我介绍，也是学生互相认识的真实需要。

普通高中《语文课程标准》提出：写作是表达自己、认识自我的方式。这节课，学生写自我介绍，是表达自己、认识自我的一种方式。自我介绍，基于学生的真实生活、经历，又是总结、反思，因此可以提高学生对自我的认识，从而增强学习动力，明确高中学习方向。语文新课程标准还提出：学生写作要有读者意识。学生知道，自己写的《自我介绍》不仅是写给老师看的，还要互相交流，是要让同学、老师通过这个文本了解自己，也就是这个文本是要公开的，是有特定的读者的，是要与读者进行交流的。学生写作有读者意识，会影响作文的态度、语气、语调、语体、语句的组织等，也有助于提高作文质量。

附录：郭荣同学的《自我介绍》

20 世纪 80 年代初，我呱呱坠地了。父亲当夜冥思苦想，为我取了一个好听的学名"荣"。由于父母都在外地，我很小就进了幼儿园。

在幼儿园，老师教我们唱歌、跳舞。有时还讲故事给我们听，我结识了许多生动可爱的小精灵，从它们的遭遇中懂得不少道理，初步认识了什么是真、善、美，什么是假、恶、丑。良好的启蒙教育，对我以后的成长起了不可低估的作用。

一年级下半学期，我光荣地加入了少先队，戴着鲜艳的红领巾，我感到自己已经长大了，应该有能力帮助别人，用实际行动报答祖国。因此我努力学习，奋力拼搏。

在芜湖县一中读初一时，英语老师信任我，让我代表学校参加县级初一英语朗读比赛。在老师的精心指导下，我不负众望，获得县级二等奖。这是我第一次在县级比赛中获奖，我尝到成功的甜头，但又发现：以后的路更长，等着我一步一个脚印去走。

我经历了很多风雨与坎坷。现在，回首那深深浅浅的脚印，我不禁一阵感慨。高中学习道路将会更加艰难，我是否能顺利到达我想去的目的地呢？同学们，既然我们有缘能够走到一起来，在同一间教室上课，那么就让我们相约在 2001 年。到那时，再看看我们的结果如何。让我们在未来的三年里，互相帮助，努力拼搏，扬起自己的理想风帆！（根据原稿，有修改）

高中语文教学的三大挑战

1998 年 7 月教完一届初三，8 月我"拾级而上"，教高中一年级，这似乎是自然衔接。可是高中与初中，有一条看不见的鸿沟。

县城高中学生，是一个特殊的群体。在周皋中学，我所教的绝大多数是当地农村孩子；在县一中初中部，我所教的绝大多数是县城孩子。虽然二者在语文水平上有差别，但是学生来源单一，生活环境基本上一样。从农村初中教到城关初中，虽有城乡差别，但我很快就适应了。而我现在面对的高中班学生，多数来自芜湖县三十多个乡镇，再加上城关的，还有少数外地的，他们混编在一个班。这样的班级，学生文化背景很复杂，语文水平层次更加不同。从教 12 年，还没有教过学生身份这么复杂的班级，对我而言，确实是一个挑战。

再说高中语文教材，对我也构成不小的挑战。为什么呢？假如我读过高中，那 15 年前就熟悉高中语文教材了；假如我有教高中的想法，那 3 年前就很方便地借来高中语文教材读读了；假如我有"大语文"的观念，我就会通读小学以及高中语文教材了。可惜，我都没有。与初中语文教材相比，高中语文课文在长度、广度、深度、复杂度等方面，有较大幅度的增加。从初一到初三语文的难度来看，各册教材形成一个平缓上升的台阶，而从初三到高一的语文教材之间是一个陡坡。高中语文备课，我需要花费更多的时间和精力。

高中语文教学的文化环境，对我而言，也是一个不容易适应的挑战。新课改前，高考录取唯分数论。什么学科容易拿高分，学生就愿意投入更多的时间学习它。语文，费时多，短期难见明显成效。学生普遍感觉：一个礼拜不学语文，考试分数也低不到哪里去；天天投入较多时间学语文，考试成绩也高不到哪里去。一个学生的语文水平，似乎是大海里的水："万川归之，不知何时止而不盈；尾闾泄之，不知何时已而不虚。"学生到了高中，自我主见意识增强了，不像初中那样容易教育了。他一旦形成这一成见，你就很难改变他。因此，高中语文学科在学生心目中的地位是最低的。他学语文，只在课堂45分钟，课外将作业敷衍了事，就几乎不碰语文书了。这还算客气的，还有一部分偏爱理科的学生，将语文课当作放松课，养精蓄锐，以便将更多的精力投放到其他学科。更有甚者，在语文课堂里竟然做其他科的练习。令人不解的是，有的学校政策也向理科倾斜，这就让语文教学更加举步维艰了。

作为一个教高中语文的"新手"，是"逆来顺受"，还是奋力抗争？

从1998年到2005年，前后7年，我的高中教学经历可以分为三个阶段：1998年至2001年为第一阶段：适应阶段；2002年2月至2003年6月，是我到华东师范大学进修学习时期，是第二阶段：过渡阶段；2003年8月至2005年7月再次回到原单位任教，是第三阶段：探索阶段。2005年8月，我调入芜湖县教研室，脱离了语文教学一线，但是对语文教学的探索并未中断，我还在探索中。

课前三分钟演讲

早在1999年3月，我就尝试开展"课前三分钟演讲"活动。为什么要开展这项活动呢？

那时高中语文教材，没有"口语表达"方面的内容，高考也不曾有关于口语交际内容的题目，虽然当时的语文教学大纲，提倡"听""说""读""写"并举。或以为，此举实为画蛇添足，简直是浪费学生宝贵的时间。高中开展此类活动，夸大点说是冒天下之大不韪。

我不是不顾高考现实，随心所欲，心血来潮，随意为之。开展这项看似与高考语文无关的活动，是有现实原因的。

上课一个多月，我发现一个现象：学生主动发言者少，发言顺畅者亦不多。我问一个问题，没有学生主动站起来回答。等学生回答，是需要耐心，但也需要鼓励、需要启发。时间就这样在等待中消逝了。总不能自问自答吧？有些听课者，批评老师喜欢"一言堂"。每堂课都"一言堂"，这种教学方法肯定出问题。可是造成这种局面的原因是什么？课堂上，学生长期不能积极与老师互动，是否倒逼老师只好自说自话、自言自语？你总不能老是点几个积极发言者回答问题吧？那些没有被指名的学生，可能又要批评老师偏心。相当一部分学生，被指名发言，要么扭扭捏捏，低头不语；要么声如蚊蚋，嘤嘤成韵；要么结结巴巴，疙疙瘩瘩，顿时成了口吃者；要么前言不搭后语，逻辑混乱。凡此种种，表面上是学生的口头表达能力问题，实际上也是学生的语文素养问题。因此，锻炼学生的口头表达能力，也就是锻炼学生的语文能力，锻炼学生的思维能力。学生要讲得顺畅，有内容，有吸引力，必须超前准备，要读相关的文章，写出来，还要修改，这台下的一系列语文活动，都是训练学生语文能力的。我想，学生的语文能力提升了，思维能力变强了，对高考一点好处没有？不可能的。高考是语文能力考试，只要语文教学切切实实提高学生的语文能力，即使教学内容与高考内容无关，就一定有助于提高学生的语文成绩。再者，学生敢于发言，善于发言，也能让语文课堂更加精彩，不至于沉闷、死气沉沉，让人昏昏欲睡。认识了这一点，我就敢于开展"课前三分钟演讲"活动。关键是如何组织，让这项活动确实能锻炼学生的语文能力。

我草拟了《三分钟演讲评比规则》。总分10分，从三个方面赋分：内容5分、语言表达3分、形象2分。另外规定内容、语言表达、形象三个方面的具体要求。评委据此打分。

组织形式是：先设立5名评委——首轮评委由我提名8人，学生无记名投票，得票数前5名即为评委。然后将剩余的学生适当分成5个小组。每个小组，依据抽签排序。每周5名学生上台演讲，每组依次派出一名。根据评分标准评分，5人中得分最高者为"周冠军"。"周冠军"担任评委，一名评委退出，参与演讲。全班所有同学演讲结束，"三分钟演讲"进入第二轮："周冠军"碰碰赛。每周安排5名"周冠军"演讲，从中产生一名"演讲新星"。最后是"口才大王"争霸赛。第一轮选手得分，由三方面评价合成：评委打分均分、班级人气、教师评价。

第一轮演讲，是全班同学参加，演讲话题应是每人都可以讲的。比如，"我的家庭""我的母校""我的同学""我的读书生活"。第二轮，着眼于现实话题，比如"一中新鲜事""给我印象最深的新同学"。第三轮，拓宽视野，引导学生关注社会，比如"社会焦点任我评"。

有的同学，一开始不肯上来，在大家的鼓励下，在老师的劝导下，甚至在同座的推动下，才低头驼背移到讲台边，好像犯了错似的；到了讲台边，不肯正面对着同学，而是侧着身体，半天不发声。有的同学，讲不了几句话，就脸红脖子粗，缄默不言，或张口结舌，就僵硬地站在讲台边，熬过三分钟，猫着腰跑到自己的座位上。经过两轮之后，绝大部分学生，都能比较大胆地发言，表情自然多了。有的学生，一讲起来，滔滔不绝，三分钟哪够用？只好忍痛叫停。也有不忍叫停的时候。

我至今记得胡艳婷同学。2000 年，她开始读高一，各科都很优秀，性格沉静、内向。平时，她不爱讲话，喜欢沉思默想。有一次，轮到她演讲，她竟坦露出自己的内心情感世界，讲自己的经历，交融着内心感受、思考。语言就像山间流淌的清泉，汩汩而出。教室里好像没有人，空空荡荡的，只有她一个人在独白，讲到动情处，泪湿眼眶；台下女同学也潸然泪下。我静静地听着，不忍心打断。就让她尽情地讲吧，讲完她会感觉轻松一些。我突然发现，她是十分孤独的、痛苦的，此其"嘤嘤求友"之声也。只可惜，那时没有可随手拍摄的手机，"此情可待成追忆"了。

还有一件事，如果我不讲出来，估计我的学生是不知道这一内幕的。

2001 年 6 月 14 日，上午无课，我去芜湖县中医院检查。我连续几天四肢无力，走到教室里上课，气喘吁吁，心似乎要跳出胸腔。一检查，医生说我严重贫血，走路都要小心，随时有晕倒的可能。我感到很惊讶：有这么严重吗？给我看病的是我 1986 年教的学生，他不会吓唬我。他估计我是胃溃疡，慢性失血一个多月了，建议我立即住院。我说下午还有三节课，一个班一节，这是学期最后一节课了。我的爱人也劝我不要上了，怕我晕倒在课堂。我微微一笑：还不至于吧。于是坚持下午上课。在这最后一节语文课里，我要为"三分钟演讲"画一个句号：还有最后一位同学演讲；演讲之后要统计分，当场公布演讲排名。如果这节课不上，就会留下无法弥补的遗憾。那天高一（5）班蔡雯雯同学讲自己的妈妈，讲得泪流满面，好些同学也被感动得哭了。

15 日开始期末考试。学生们忙着考试，考完就放暑假了。而我从 15 日正式住院，当天做胃镜，之后我住院半个月，暑假继续养病。学生过完暑假，再来上学，我基本康复。如果没有人告诉他们，他们是绝不会知道我竟然大病一场。

阅读教学的追求

2002 年 2 月，我有幸来到华东师范大学教育科学学院脱产进修，攻读语文教育，至 2003 年 7 月学习结束。这一年半的学习时间，是我高中语文教学的分水岭，其实也是我整个教学历程的分水岭。

之前 3 年，一言以蔽之：教教材。我是教高中的新教师，也是个普通教师，最大的任务就是"吃透教材"，依据教材的内容，一课一课地往下教。

2003 年 9 月，我回到原单位继续教高中语文。我的阅读教学理念基本上是"用教材教"。其标志性时间是 2003 年 9 月 23 日，我执教校内公开课《死水》。这节课是我的学习汇报课。在这节公开课的基础上，我写出了教学论文《〈死水〉教学生长过程》，由王荣生教授推荐发表在 2004 年第 6 期《语文学习》上。这篇教学论文，后收录于王荣生等著的《语文教学内容重构》（上海教育出版社 2007 年版）；又被师范院校汉语言文学教育专业"语文课程教学论"系列教材《语文课程教学资源》（韩雪屏、王相文、王松泉主编，高等教育出版社 2008 年版）引用。

阅读教学，我一直在思考，做过一些尝试。我尝试的一种阅读教学模式有四步：一、学生自主学习；二、小组合作交流；三、重点难点探讨；四、课外拓展阅读。

高中学生，已经有一定的阅读能力。学生先自主学习，是完全可行的，也是必要的，应成为阅读教学的起点。根据课文难易程度，这一步安排在课内进行，或要求学生课外完成。班级有 60 多名学生，问题是如何及时了解学习情况。我设计了"课文自学情况填写表"。根据不同文体的教学特点，我设计了不同的填写表。下面是我设计的"文言文自学填写表"：

课文题目	
不理解的字词	
不理解的句子	
课文内容	
学习本课的价值	

（续表）

产生的疑问	
拓展阅读需求	
喜欢指数	5 4 3 2 1 0 −1 −2 −3 −4 −5

学生自学完成后，填好表格，及时交给我。我一一审阅，并分析归纳，把握学情，明确重难点，据此设计教学方案。

第二步，小组合作交流。我事先根据学情，结合学生座位，适当分组。每个小组6人左右。小组长和记录员轮流担任。小组内交流"自学填写表"情况，并互相解决组内的问题，不能解决的记录下来，接下来递交全班讨论解决。当然，老师要适度控制，积极引导。有的问题没有必要拿到全班来讨论，就暂时搁置，留待课后个别交流。

第三步，重点难点讨论，教师作为组织者、引导者和点拨者，应充分发挥主导作用。这一环节主要有两种教学展开方式：第一种方式，师生对话和生生对话；第二种方式，教师适当引入课外教学资源，让学生阅读学习，或补充知识，或方法示范，或思路启迪，或提升阅读理解层次，等等。

比如学习古诗文，提供与课文文体或者内容相关的古诗文给学生。我将《古文观止》《唐诗鉴赏辞典》《宋词鉴赏辞典》等书中就某一篇的赏析文章，复印给每一位学生。引进这一优质教学资源，学生既可以深化课文理解，又可以向名家学习鉴赏诗文的方法，培养鉴赏能力。具体来说，教材中王羲之的《兰亭集序》，《古文观止》也收录了，并有评点和总批。我印给学生阅读，能丰富其鉴赏角度和方法，也能加深学生对原文的理解。李商隐的《锦瑟》，这么难以理解的诗，如何教？在提供这首诗的创作背景之后，我请学生读而会背，然后要求学生根据诗句，进行想象性改写。《唐诗鉴赏辞典》中收录了这首诗，其鉴赏文字是著名学者周汝昌写的，非常全面、细腻，论述妥当。我还把台湾美学家蒋勋、著名古典诗词研究家叶嘉莹等对这首诗的鉴赏文章同时印发给学生。这些鉴赏文章鉴赏角度不一，体验有别，学生读之，互相参照，在辨析的基础上，打开想象空间，纠正误解，形成自己的独特理解。学生一边读，一边想象，一边辨析，再交流，比我喋喋不休地讲解，学习效果肯定要好。

第四步，课外拓展阅读。这一步教学空间很大，我的拓展之法主要有四个方面：一、作家作品阅读，即选编课文作者的其他文章，拓宽、加深对作家作品的了解；二、文体阅读，即选编文体相同而风格迥异的一组文章，加深学生对文章体式的理解；三、对比阅读，即选编观点相对的文章；四、专题拓展阅读，即以一篇课文之重点内容为主题，选编相关文章数篇。下面简要介绍第四种。

比如教学巴金的《小狗包弟》，文章重点是"狗"，我就编选《"狗"文一束》，包括五篇：《咏雪》（作者张打油）、《天狗》（作者郭沫若）、《狗之歌》（作者叶赛宁）、《义犬颂》（作者 George Graham Vest）、《狗这一辈子》（作者刘亮程）。我还编辑了《多彩的"雪"》——"雪"专题阅读、《多情的"水"》——"水"专题阅读等。阅读这些相关的诗文，能拓展学生的阅读视野，开拓思维空间，激发学生的阅读情趣，丰富其知识、情感、体验，对某一专题有深度理解，为学生日后写关于这一专题的习作，提供素材和写法借鉴。

一篇课文学习结束了，我还要求学生填写"课后学习反馈表"。一是了解学生学后实情，二是为教学反思提供参考，三是总结一类文体的教学经验。

我还有一些探索，着眼于语文课程的思考。主要有四：

开发语文校本课程。比如编选《文言短文阅读》《现代诗歌阅读》《古代诗词阅读》等，各含20篇，每周学习一篇，供一学期使用。为什么编选这些呢？以文言文来说吧，文言文是学生学习的难点，仅仅学习教材中有限的文言文篇目，要想达到一定的文言文阅读能力，是远远不够的。教学中应扩大学生文言文阅读面，让文言文学习日常化。文言短文，篇幅短小，内容有趣、有益，学生学起来费时不多，"学而时习之"，日积月累，文言文阅读能力会逐渐增强，就会答好高考文言文考题。

开设"阅读活动课"。高中学生学习紧张，阅读时间很有限，导致阅读面狭窄。如何解决？我决定每两周安排一节"自由阅读课"，学生集中进阅览室。这项活动的顺利开展，要与阅览室管理员、学校协商好。我开设"美文月读课"，即每个月安排一节课，学生推荐自己阅读的好文章，在课堂里朗读给同学们听。这项活动，让学生的阅读意义扩大化，激发了学生的阅读热情。我还开设过"小说连播课"。2003年秋，期中考试后，一部分学生，特别是来自农村的学生，考试成绩退步明显，课堂里愁云密布。上新课吧，学生情绪低落，无精打采；口头教育吧，空讲道理，学生听而生厌。于是我就为学生朗读路遥的短篇小说《在困难的日子里》。为什么选择这篇呢？因为它反映的是20世纪60年代的高中学习生活，也可以说是高中生的励志小说。我想以此潜移默化学生。我用了四课时读完了这篇小说，学生听得津津有味。这次阅读活动的详情，我写在教学叙事《在"困难"的日子里》，该文发表在《语文学习》2006年第3期上。

教学要有整体意识。对整个高中语文课程以及教材要整体把握，对一个单元要整体把握。教一篇文章，要从整体的背景上来处理。比如教学"现代诗歌单元"，这一单元有3首诗，依次是：徐志摩的《再别康桥》、闻一多的《死水》、穆旦的《赞美》。我根据教学目标以及课程目标，对一个单元内的课文进行重新整合，不是按照教材顺序逐一教下去。依据这三篇课文内容、艺术手法等内在关系，我先上《再别康桥》《赞美》，最后上《死水》。前两篇教学各有侧重点：前者主要学习"三美"理论，后者主要学习象征手法。它们又作为《死水》教学的铺垫。教学《死水》就侧重学习反讽的艺术手法。

建立班级图书资源库。为了解决学生有书读、读好书的问题，我要求每一位同学将自己的藏书制成目录，我也将自己的书籍目录整理出来，然后将目录汇总，打印出来，每人一份。同学查看目录，想看哪本书，知道哪位同学有，就向那位同学借阅。为了推动读书，也为了让读书扎实有效，我在"课前三分钟演讲"里开展好书推荐活动。

窥视写作教学的"黑箱"

著名语文教育研究专家王荣生说：中小学几乎没有写作教学。除了学生习作前的指导和习作完成后的讲评，学生从开始构思写作到开始写作直到完成写作，教师对这一阶段的写作过程没有任何指导。暗自思量，我不就是这样教学生写作的吗？而且一教就是十几年。学生的写作过程，仿佛是一个"黑箱"，多少年来，我一直认为，这个"黑箱"是天然的，从未想过要窥探这个"黑箱"，要揭一揭这个"黑箱"。

自任教芜湖县一中以来，我所教班级，是有少数学生获得过市级现场作文竞赛一等奖、二等奖、三等奖，还有一位同学获得过省级二等奖；也辅导过几个同学习作，他们的习作发表在省级刊物、市级刊物。可是，他们的写作和我的写作教学有关吗？如果有，究竟有何关系？有多大关系？这几个问题，都难以说清楚。可是，学生的写作成果都清清楚楚记在了我的功劳簿上。

关于学生作文，我总是笼统地提出一些要求，比如要多读书、勤练笔。至于读什么书、读多少书、怎么读、练什么、练多少、怎么练，就没有具体地指导了。这走的是我国古代学习作文的路子：多读多写。学生读书靠自己领悟，作文靠模仿名篇，教师的指导何在？"师父领进门，修行在个人。"这是我常对学生讲的话，言下之意，你们作文写得好坏，主要在于你们自己肯不肯用功了，我老师已经尽责——领你们"进门"了！

我也要求学生写日记或者周记。日记只是提倡，至于学生究竟写了没有、写了多少，不作检查。检查的是周记，批改方式以批为主。要求学生写周记，实际上是自由练笔的一种方式，主要有三点意图：一是积累写作素材；二是培养勤于动笔的习惯；三是便于了解学生、班级状况，增进交流等。周记，教师主要关注的是学生写周记的态度，至于质量倒是次要的，写作指导自然就很少了。

具体到某一次作文训练，在作文前，我一般就如何审题、如何分析材料、如何立意、如何围绕中心选材等方面，笼统讲解一番，比如讲审题，就说审题要准，要抓住题目中的关键词语，写文章要扣题行文，等等，然后结合一些例文——课文，或者学生优秀作文等，指点给学生看。这就是我常做的作文指导，其实讲的还是作文的原则、要求。我的"指导"是真正的写作指导吗？对学生这次习作有指导效果吗？有多大效果？我从来没有想过，也没有做过学生调查，自然也就无从知道。反正就这么做：我已尽力了。接下去，就是学生自己的事了：你们写吧。我等着，到时间就来收作文。

作文之后，主要有两件事：批改和讲评。

作文批改，最初我也是全批全改。五六十个学生，就是五六十篇作文，一次就是一座小山。尽心尽力，以致筋疲力尽，可又有什么效果呢？一学期后，学生作文似乎还是停留在原有水平上。发现学生并不重视我的批语，曾屡次恼火，说学生不尊重老师的劳动。可是，我的批语写了什么、怎么写的，学生看了能明白吗？看了以后知道怎么改吗？比如我的批语是"描写不够具体"。假如学生看了有疑问：这不具体，是指哪个地方？什么叫具体？怎么写才叫具体？为什么这里要具体描写？我应该怎样写才"够具体"？这一系列问题，我能准确回答吗？我能操笔示范吗？再进一步问，我的批语具体吗？准确吗？客观吗？凡此种种，我从来没有想过。一旦成了语文老师，似乎天生一种潜意识：我掌握了作文评价权，就意味着我是写作高手，我的批语就是金科玉律。其实我曾是个普通的中师生，并不擅长作文。

我也尝试学生互改。采取这一方法，倒不是"偷懒"，确实因认识到全批全改收效甚微，吃力不讨好。我针对每次作文写作要求，研制简单易行的作文评价标准，供学生参考使用。在学生互改之前，我进行批改方法指导。学生互改，不仅是形式上的变化，而且是评价权的变革。然而学生毕竟是学生，作文评价能力一般不会高于教师。如果用学生批改代替教师批改，这是从一个极端走向另一个极端，同样是不可取的。实践证明，完全放手给学生批改，效果也并不令人满意。因此，我采取教师批改与学生互改相结合的方法。具体操作是：每次作文，我面批五分之一，一个学期对班级每一位学生至少安排一次。我实行作文批改小组合作法，面批的同学作为组长，负责该小组学生作文的互改，以及小组优秀作文推荐工作。优秀作文，或张贴班级宣传栏，或课堂朗诵给学生听。

作文讲评，我采取课堂集体讲评与个别面批相结合的方法。在作文讲评课上，先表扬本次作文优秀者，择其一二在课堂朗读，请学生说说值得学习的地方。然后选出一篇具有普遍问题的作文（作者姓名不公布），集体评改。

有的作文整体质量不高，但是其中有很精彩的片段、语句，于是我将之一一抄录在稿纸上，与优秀作文一并张贴出来，以此扩大鼓励面，激发学生的写作热情。我还收集学生优秀作文，每学期订成一册。对于特别优秀的文章，我推荐给报刊，比如郭理惠、张水云合作的《一碗阳春面》，发表在芜湖市教科所编辑的《语文新苑》（1999年第4、5合期）上。

以上我所做的，只要一个老师愿意在作文上多花一点功夫，都可以做到。那时我不觉得这样进行作文教学有什么问题，甚至有点儿自满。现在看来，最大的问题，就是我的写作教学，没有涉足学生写作过程这一"黑箱"。

华东师范大学进修后，我对写作有了新的认识。写作是实践性很强的言语表达活动。它需要陈述性知识，但更需要程序性知识、策略性知识。陈述性知识可教，而程序性知识、策略性知识是写作实践过程中的操作性知识，需要教师介入学生写作过程，相机指导、适时点拨。

为了体验学生作文过程，学生写作文的同时，我也写同题"下水文"。写好之后，开展优秀作文构思讲评课。学生展示作文的思维过程，我也讲我的作文思维过程。借鉴特级教师程红兵的作文思维训练成果，以我的学生作文为例，开设作文思维训练课。在这样的作文讲评课里，学生思维形成碰撞，体验多样化的思维过程，开拓了思维角度和空间，学习了多方面的写作技能。

　　开设作文构思讲评课，似乎能展示学生作文的思维过程，但还是没有介入到学生真正的写作过程里去。如何进行真正的作文教学，只凭教师个人暗中摸索，这种精神固然可贵，但方法不足取。我认识到，有志于改进作文教学的语文教师，一定要学习借鉴，一方面继承发扬我国行之有效的作文教学法，另一方面要吸收国外先进的写作教学经验。长期以来，我国流行的是"关注结果"模式，我的作文教学方式就是这个。而当今西方发达国家，已经总结出了"关注过程"模式，现在正实践完善"关注语境"模式。自新课改以来，我国写作教学指导理念发生了变化：注重写作的过程指导；写作要有读者意识，等等。这其实是引导我国作文教学转型。

　　客观地说，写作教学确实很难，不亚于"上青天"！一者，写作本身是一项十分复杂的智力技能活动，这个智力活动就是一个"黑箱"。二者，写作教材难于编写，因为作文课程是一门经验型课程，它没有客观的逻辑知识序列，而现行的写作教学内容序列，只是编写者主观认识的反映，要想适合写作基础、写作经验完全不同的成千上万个学生，这简直是妄想。我曾暗自埋怨过写作教材，这是推卸责任的思想在作怪。三者，作为语文教师的我，写作能力自身不强。自己写文章都写不好，遑论指导学生写好作文？四者，写作教学方法单一，不能解决学生习作过程中的困难，而又故步自封，不思改进。明乎此，写作教学的改进，根本出路在语文教师自身。俗话说"打铁还需自身硬"，教学生作文，教师自身必须是写作高手，有丰富的写作经验。

第三部 语文教研

（2005—2016）

追求教研的有效性

2005 年 8 月 22 日，是我调入芜湖县教研室上班的第一天。在三个月前，我就开始深入思考语文教研的事情。

从一个普通教师转变到教研员，这个角色转变是很大也很急的。这种转变，就我自身的工作经历而言，具有跳跃性，因为我没有从事语文教研组长的工作经历。幸好我在一所城关完全中学，一所省示范高中任教 10 年（其间在华东师范大学脱产学习一年半），这一平台，为我提供了参与多种教学科研活动的机会。学校的教研活动比较丰富，质量也比较高。我还有机会参加全县范围内的教研活动，甚至到省外观摩教学。20 世纪 90 年代，能到省外真是机会难得，我有幸到浙江杭州、江苏昆山听课。90 年代末，我还有幸参与著名特级教师蔡澄清领导的"点拨教学"课题研究活动。这些教研活动，使我受益良多，也成了我从事教科研工作的基础。

芜湖县以农业为主，校际以上教研活动，受当时的客观条件限制非常大，一是电话还不普遍；二是道路交通十分不便；三是教育经费严重不足；四是教学资源比较匮乏，特别是图书资源；五是教学设备、实施等严重短缺。这就形成了当时教研活动的几个特点：一是教研活动地点高度集中，主要集中于交通便利的学校，特别是城关几个学校；那些交通闭塞的学校，校际教研活动就不便开展。二是校际以上教研活动数量总体偏少，一个学期能开展两次属正常。三是教研活动形式比较单一，主要是听课、评课和几年一次的课堂教学评比。具体到一次公开课活动，组织者与活动承担者之间由于通信联系不畅，交流就受到严重制约。从组织者的角度来看，一次教研活动主要有三个环节：拟文通知、参与听课、组织评课。这一教研组织模式，很难充分发挥教研的多重功能。

课前没有磨课环节，执教老师不能得到专家指导、同伴互助，也就很难提升课堂教学质量。这节课对他而言，还是"常态课"。对于来听课的老师来说，质量不高的课，就缺乏吸引力，也就影响参与教研活动的积极性和有效性。

听课时，听课教师仅仅带一支笔一个听课记录本，从后门而入，自然而然就在教室后面找一个座位坐下，同时组织者散发所上课文的教学设计。上课时，听课教师一边抄教学设计，一边听执教老师上课，有时抬头看一看执教老师"表演"——那时很多教师认为公开课就是表演课。教师坐在全班学生座位之后，这一观察点，客观上就制约着听课教师对学生课堂表现的观察；再说，当时很多教师，还没有课堂观察的意识，特别是聚焦观察学生学情的意识，更没有注意观察师生互动的意识。

评课，先是听课教师代表点评，后是组织者总结。当时评课，有一种风气，就是只说上课的"优点""亮点""美点"，对不足、缺点、败笔等讳莫如深，这成了一种潜规则。每个点评教师，讲自己从整节课中发现的诸多"优点"，面面俱到，甚至到教师的音色、气质、服饰，等等。我称之为"散点透视"加"印象派"，主观性十分强烈。就众多教师的点评内容来看，老是重复执教教师的某几个"优点"，就像常见的作文批语似的，什么"结构完整""语言简洁""内容具体""板书工整"，等等，就是没有对课堂教学的某一个方面展开具体细致的、有理有据的分析，就是没有对某一个"点"展开对话交流，形成碰撞，从而启迪听课者、执教者深入思考，就是没有依据学情来评价教学的有效性，更不要说提出质疑、指出不足，以期改进——当时总认为评课不能说"不好"，一说"不好"就是挑刺，就会产生对立情绪，破坏和谐的活动气氛。组织者宣布活动到此为止，所有参与者含笑道别——活动终于结束了。听课之后，听课者回到自己的班级上课，往往依然如故。

教研的有效性在哪里？这是我深思的问题，也做了一些改进尝试。

2005 年，已经是"网络时代"了。学校的软硬件设备、设施都已经大为改善。但是学校之间的发展不均衡依然存在，城乡差距比较明显。学校的语文教研氛围也浓淡不同。

为了推动语文教科研均衡发展，我将语文教研活动的重心放在农村学校，力争在 5 年内，在每一所农村学校至少开展一次教研活动，特别是边远闭塞学校，比如横岗中学、西河中学、十连中学。在具体安排教研活动时，要考虑安排什么样的活动比较合适，比如十连中学是一所普通的农村中学，规模不大，每个年级两个教学班，教育条件比较简陋，生源质量又不高，但它的中考语文均分却连续 3 年超过县城的初中，在全县名列前茅，于是我就将"初三语文教学研讨会"安排在这所学校。对这所学校、语文教师、语文学科而言，举办这样的教研活动是无声的褒扬；对来自全县各单位的语文教师来说，是让他们来实地考察：十连中学的中考语文成绩是在一个什么样的环境下取得的，然后与自己所在的学校比一比，将自己与十连中学的语文老师比一比，从而引起他们的思考。安排这样的教研活动，可谓是"树立典型""以点带面"，推动全县初中语文教师思考、改进语文教学。当然，我也会将这类活动安排在中考成绩比较落后的学校，意在引起学校、语文老师的重视，也希望先进学校帮助暂时落后的学校，改进语文教学和教研工作，实现共同进步。令我高兴的是，学校与学校之间的语文教学质量差距在缩小；与周边教育强县相比，全县初中语文中考成绩均分连续多年领先。

教研活动的主题，一是来源于我县语文教学存在的主要问题，二是与县域外教研活动主题相匹配。比如综合性学习活动，大部分老师畏难，不开展，或者蜻蜓点水，一带而过；再比如作文教学，如何指导学生审题、选材、立意、构思等，都是日常教学的软肋，我就请在这方面有教学成效的老师上示范课。苏浙皖沪"长三角语文论坛"依次开展各文体教学内容的确定研究，我就先安排此类活动，比如"长三角语文论坛"12 月份开展"散文教学内容的确定"的主题活动，我就在 10 月份，安排县级"散文教学内容的确定"研讨活动。就这样，我们将所有文体的教学逐一研究，一者增强语文教学的研究意识，拓展了视野；二者为参加"长三角语文论坛"活动奠定基础。2015 年"长三角语文论坛"活动的主题是"诗歌教学内容的确定"，我县咸保中学青年教师范小冬，撰写了《浅谈诗歌教学》参加征文大赛，获得初中组一等奖，这在当地是罕见的。

每一次研究课，我紧扣"研究"做一些工作。正式上公开研究课前一周，一定要安排磨课，也是教学指导课。我与其他几位语文名师到执教老师所在学校，听课后再指导。指导的内容有：一是教学内容和形式的改进；二是备课的改进；三是教学资源的利用；四是教育教学理论著作学习等。执教老师参考指导意见，再备课，修改教学设计。我的活动通知一般也提前一周发到学校，通知上明确要求来参加活动的老师也要备课，钻研教材，做到有备而来。作为组织者，我也备课，还把与本次教研活动内容有关的教学论文（文本研读、教学设计、教学实录、教学案例、教学理论等）等复印，汇编成册，每校一份。我不能满足于做教研活动的组织者、服务者，力求做教研活动的引导者。围绕一个教研主题，做到"四方对话"：教者、观者、组织者和教学论文作者。将相关的教学论文带进教研活动现场，不仅丰富了教研内容，也深化了教研主题：将眼前的教学实践与教学理论相对照，与较成功的课例相对照，可以起到扩大教师视野、深化思考的效果，从而大幅度提高了教研的有效性。

在观课环节，我也动了脑筋。一是研制教师观课记录表；二是制作学生听课意见反馈表；三是将观课教师分派在教室前、中、后三个位置，与学生座位保持适当距离，以免影响学生上课心理。有条件的话，尽量安排在录播教室；或者根据情况，安排教学摄像。

观课结束后，立即安排教师对学生听课意见反馈表进行汇总分析，把学生的课堂教学评价带到议课环节。对一节课的多元评价，学生是最重要的一元。学生是学习的主体，课堂教学效果究竟怎么样，学生始终直接参与教学过程，如鱼在水，冷暖自知。学生没有什么评课的方法，也不会考虑执教教师的接受心理等。他们把自己真切的感受、心得体会，坦诚地表达出来，这对听课教师、执教教师有很重要的参考价值和反思价值。传统评课，无意中忽视了学生的教学评价，这是对学生主体不尊重的表现。

议课环节，我一般分为四个步骤：一是执教者说课；二是议课；三是活动总结；四是活动结束后，要求执教者撰写教学反思，观课者撰写参加本次活动的收获，并要求继续积极参与网络研讨。

一般来说，县级教研活动听课教师比较多。如果照顾发言面，做到人人发言，估计议课时间比较长，让人难以保持注意力和耐心，因为如果听课结束后临近中午，教师要急着赶回单位上班，要是下午就急着乘车赶回家。这种做法不可行。于是教研员一般采取指名发言点评的办法，评课权落在五六个代表身上。这个做法简单易行，便于控制时间，但是议课不充分、不深入，可能有遗珠之憾，打击参与教研的积极性。针对这种情况，我采取先分组、再集中的方式。适当分组，就是分组时考虑组员的教龄、性别和专业化程度等因素，小组规模差不多大，一般每个小组不超过8人。选择名师担任临时小组组长，负责组织、引导，并安排一名研讨记录人。各小组在不同地点同时讨论，要求每个观课者都要发言。采取分组的办法，一是节约了议课时间，二是增加了发言机会，真正做到人人参与、机会平等，有利于维护、激发教研热情。小组讨论结束后，再全部集中，各小组组长汇报研讨意见。当然我作为组织者，在议课环节也有发言权。我主要讲三个方面的内容：一是对本次教研活动情况的介绍、评价；二是针对教师的评课意见，予以适当回应；三是对研究课发表自己的意见，供大家参考。

执教教师在议课现场，肯定会对议课者心理有影响。在议课前，我努力营造良好的研讨氛围：要求每一位议课者要坦诚，既不能"捧杀"也不应"棒杀"执教者的课；不能抱有"唯我把握了真理"的态度，要尊重执教者，发言要注意文明用语；议课要做到有理有据，以理服人，尽量避免主观武断；议课不要面面俱到，可以紧扣某一要点或者一个教学片段等，深入细致地分析。对于执教者，我也当面提出希望：一是抱着学习的心态，要谦虚，要大度，正确对待批评意见；二是对众多的评价意见，要分析，不要盲目接受或否定，因为各位都是"一孔之见"；三是要带着感谢的心情，一次教研活动，对所有参与者都有或多或少的效益，要说收获，执教者肯定是最大的赢家。这样倡导若干年，我县语文教研逐渐形成了"真研讨"的热烈场面，虚夸的话、客套话没有了，议课者坦诚相见，坦率表达，甚至针锋相对，据理力争，争得面红耳赤，不伤感情，反而互相欣赏。我在议课中真切感受到：我们的教师专业在发展。教师议课的用语专业起来，分析角度多样起来，评课讲起理来，认识深刻起来。

语文优质课评选，常见的做法是：公布课题、参赛教师准备、教师上课、评委打分、公布比赛结果。这是一种只注重比赛结果的做法。如果花了那么多人力、物力、精力，就是给教师排一个序，推选两个优秀者参加上级评选，这样做教研价值就十分有限。作为教研员，要着眼于全体，要从长计议，除了这两个优秀老师，还有更多的参赛教师要发展；除了这次比赛，还有下一次比赛水平要提高，因此，组织者要追求让更多的青年教师不断成长。我注重比赛结果，但更注重比赛过程。我认为，比赛课也是研究课，要锻炼教师，要促进教师专业发展。于是我对常规赛程加以改造。教师来抽签，就借此机会邀请语文名师来做一个专题讲座，比如，讲如何上好比赛课，讲如何在短时间里备课，讲比赛课的课件制作，讲如何利用课前时间营造良好的教学氛围，等等。评委听课，我要求给每一个教师不仅打个分，还要写诊断性评价意见。比赛结束后，及时召开参赛教师教学交流会，邀请评委参加。评委与参赛教师面对面交流：参赛教师向评委说明自己的教学设计意图、课堂教学反思，然后评委进行面对面的指导。会后，我要求每一位参赛教师总结本次比赛的得失体会，我也将本次比赛的情况进行全面总结，为今后的教科研工作提供事实依据。比赛是锻炼教师的最佳时机，我觉得抓住这一时机，重锤击打，会加速教师专业发展。

对于推荐参加上级教学评比的选手，我组织一个教学专家指导组，针对每一位的特点，结合上级比赛的要求，拟订个性化的"备战方案"，加强赛前训练，促进教师成长。"备战方案"包括三方面内容：教师阅读计划；指导组听课跟踪计划；比赛项目强化训练计划。

开展鲁迅作品教学研究

我到县教研室后，才知道当时县内六七十所中小学只有三四个课题，且全落在城关几个学校，农村中小学一个也没有。县教育局、教研室领导对课题工作十分重视，一方面大力提倡鼓励，一方面加大课题管理力度，在学校办学目标评估考核中，列入"课题"一项，有量化分数。从 2007 年起，中小学申请立项的课题越来越多。在教研室，课题工作我也涉及。我想，我都不知道如何做课题，怎么检查中小学的课题工作？于是想做个课题试试。那时咸保中学的校长是郭春森，他也是语文教师，想在咸保中学开展课题活动。我们就商量，申请一个什么样的课题。

在开展语文教研工作中，经常听到老师们说：鲁迅作品难教。我就想以鲁迅作品教学为研究课题。初中语文教材（人教版）六册选编了鲁迅作品 9 篇，作为课题研究，工作量不会太大。就我自身而言，关于鲁迅作品，我觉得有一点阅读基础：十几年前，曾通读鲁迅大部分作品，翻阅过林志浩、王晓明写的鲁迅传记，还啃过一些研究鲁迅的著作和论文等。我就这个课题与咸保中学语文组商量，他们也愿意做，于是这个课题就定下来了。当时课题名称为"初中语文鲁迅作品教学研究"，2008年4月被立项为县级课题。这个课题研究还没有结束，就并入芜湖市教科所承担的省级课题子课题，名称变更成"初中语文鲁迅作品点拨教学艺术研究"，2012年10月结题。在此基础上，2013年我们申请省级课题"鲁迅作品教学策略研究"，10月份正式被批准立项。经过两年的研究，省级课题于2015年12月顺利结题，并获得"优秀"等级。

早在1999年，我曾经参加著名语文特级教师蔡澄清领导的"中学语文点拨教学法"实验研究。那时，课题是什么，课题干什么，我什么都不知道，这是第一次听说。课题组赠送了有关的几本著作。我读了，还是不明白课题是什么、干什么。我是一名普通成员，被动地等待课题组分配研究任务。我写了几篇与课题研究有关的教学论文，还有幸获得了省级奖。

现在我自己领衔主持小课题研究活动，就要通盘考虑课题研究工作。课题能够顺利开展并完成，需要切实做好哪些基础性工作？

首先是课题研究队伍组建。课题组需有领导、组织、学术指导、理论研究、教学实践等能力的成员。没有领导能力和组织能力，队伍就容易涣散，形不成攻坚克难的战斗力；没有学术指导能力和理论研究能力，课题研究往往流于浅表化、机械操作化；没有教学实践能力，课题研究思想就难以落地生根，就流于纸上谈兵，成为空中楼阁。课题组成员若兼备多种能力，就会大大增强课题研究队伍力量。我们这个课题成员有12人：县教研室2人，我和师训中心主任陶得；咸保中学语文组9人，吴太源（校长）、周能涛（副校长）、吴海宏（政教主任）、陶文贤（语文组长）、周自贵、范小冬、陶玉萍、洪小青、凤元华；南湖中学1人，潘华胜（教务主任）。这个课题组，从身份来看，由教研员、校长和一线教师构成，一线教师为主体，构成比较全面；从教师专业发展程度来看，有高级教师、中级教师和初级教师各4人，其中有4位县级骨干教师和1名市级优秀教师，3人在国家级杂志发表过教学论文，科研能力较强；从学历来看，有研究生、本科生，学历层次较高，有一定理论素养；从年龄结构来看，50岁以上1人，40多岁的6人，30多岁的5人，以中年为主，代沟不明显，年富力强，有稳定的职业追求；从单位来说，由教研室与两个学校联合构成，有利于资源共享和经验交流；从成员之间的关系来看，课题组成员之间不完全是领导与被领导的关系，还有同学的关系、同事的关系、朋友的关系，因而相处融洽，形成了推动课题研究的情感动力。这个课题成员，若仅仅局限于本校语文组，研究过程和结果将会是另一番情况。

撰写切实可行的课题实施方案至关重要。课题实施方案，是课题研究的规划图、路线图，是整个课题研究工作的基础，关乎课题研究的成败和成效。它要明确课题研究的目标、内容、方法、步骤、人员分工和保障措施等。课题实施方案一般由课题负责人执笔。执笔者要通盘考虑，又要集思广益，要组织课题成员反复讨论、修改，达成一致意见。所谓通盘考虑，以时间为轴，科学规划课题研究活动，要明晰勾画出课题研究工作的进程路线图，比较清晰地展望课题结束时研究的状态。课题研究分解为哪几项任务，哪项任务先做，哪项后做，哪些任务由何人适合去做，每项任务完成需要哪些配套条件，都要逐一斟酌。

以我们这项课题为例，课题研究的目标是总结出鲁迅作品有效的教学策略，涉及鲁迅作品教学现状及问题、学生关于鲁迅作品学习的状况、教学资源建设等研究内容，这些情况，都需要事先调查研究，力求准确把握。为此，我们首先开展三项调查：一是鲁迅作品教学现状及存在的问题调查，通过教师访谈和问卷调查的方式进行；二是教师对鲁迅作品阅读情况的问卷调查；三是学生对鲁迅作品学习的现状调查。通过调查，我们发现教师阅读鲁迅作品量小面窄且理解不深，于是确定要开展教师鲁迅作品阅读活动。教师阅读鲁迅作品，一举两得：阅读鲁迅作品是鲁迅作品教学的需要，同时要为学生编选《亲近鲁迅》校本教材，为学生学习鲁迅作品拓宽知识背景。反过来，通过编选《亲近鲁迅》校本教材这项任务，驱使教师研读鲁迅作品，加深理解。我们进一步思考，《亲近鲁迅》读本编出来之后，供学生课外阅读，增进学生对鲁迅的了解，但如何增强学生阅读兴趣、如何检查阅读效果呢？于是课题组又循着学生这条线，展开一系列活动：鲁迅主题讲座、纪念鲁迅学生朗诵会、鲁迅作品《朝花夕拾》（教材规定必读名著）读书征文比赛等。再细化，鲁迅主题讲座，根据学生学习需要，需讲讲哪些方面的内容，需要开设几次，由哪些成员来主讲，就这样一步一步具体确定下来。

课题研究，除了必要的设备、设施等硬件环境资源，还必须要有相关的丰富的教学资源支撑。不占有丰富的教学资源，就去匆忙开展课题研究，就好比打仗不带优良的武器，这仗怎么打？结果会怎么样？教学资源直接影响课题研究的深度、广度、亮度。通过全面了解，学校和一线教师，关于鲁迅作品的教学资源十分匮乏。因此，在正式开展课题研究之前，我们必须积累一定的教学资源。我们将课题资源建设与校园文化建设融为一体。这一构想，既强化了课题研究的意义，又丰富了校园文化建设的内涵。关于鲁迅作品教学资源建设，我们做了这几件事：一、整理现有的文献资料，然后再根据课题研究需要，购置有关著作，主要是鲁迅著作、鲁迅作品研究著作和鲁迅作品教学研究著作，最后课题组拥有61本著作。二、将报纸杂志上有关鲁迅作品研究、鲁迅作品教学研究的论文一一复印出来，以单篇课文归类，汇编成册，一课一册。把不能归到某一篇课文的论文，另行汇编成册。我们一共收集论文257篇，编了12册。三、搜集有关鲁迅作品及其教学的网络资源。四、添置有关鲁迅作品及其教学的影视资源，如VCD等。五、课题组创生教学资源，比如编选《亲近鲁迅》校本教材，布置纪念鲁迅先生橱窗，撰写鲁迅作品教学研究综述，这些也成为校园文化的特色。这里重点说说撰写鲁迅作品教学研究综述这项研究任务。比如要撰写《从百草园到三味书屋》教学研究综述，就必须以这篇课文教学资源册为基础，这册书汇编了十年来国内主要语文期刊的几十篇教学论文。课题成员要写出来，必须先研读，深入地读，反复地读，然后才能理出头绪，有条有理地写出来。这个综述写出来，很有价值，能成为其他教师教学鲁迅作品的指南。当然，这项任务真要完成得好，难度是很大的。课题组布置这项任务，是因为鲁迅作品教学也好，课题研究也好，必须借鉴已有的优良成果，然后才有可能提高鲁迅作品的教学效果。这正是课题组花费很大精力汇编教学论文的原因。课题组布置这项任务，也是任务驱动，"逼迫"成员钻研，只有深入钻研，才能实现通过课题研究促进教师专业发展的目标。某一篇课文的研究综述撰写任务，谁来完成？这就涉及课题的组织与分工问题。

课题是一时不容易解决的而又需要攻克的现实难题。微型课题，一个人可以做；有的课题研究任务比较难，需要通力合作，就要组建一个合作团队，也就需要对成员进行合理分工。根据课题研究的一般任务，我觉得一个课题组可以分出三个小组：领导组、管理组、研究组。领导组、管理组的成员也参与课题研究活动，但是他们还承担其他任务。领导组要负责课题整体设计，课题制度建设，课题研究过程的管理，课题研究成效评估，课题研究设备设施配置，具体课题研究活动的谋划，课题组与主管部门、相关学校的沟通，等等。我们这个课题领导小组由我、陶得与吴太源组成，我们3人又有具体分工，我主要负责课题整体设计、与主管部门的沟通、具体课题研究活动的谋划等；陶得主要负责课题过程管理与成效评估；吴太源主要负责课题研究制度建设、课题研究设备配置等。另外，对课题研究重点任务，领导组有专人牵头负责，比如我负责课题教学资源建设，陶得负责校本课程编辑，吴太源负责课题研究校园文化建设。管理组，主要任务是具体落实课题研究活动，发放、收集、整理活动资料，会议记录，拍照与摄像等。研究小组，以一线教师为主，任务相对单纯一些，主要承当课题研究具体任务，进行教学实践研究。初中语文教材选了鲁迅作品 9 篇，每个成员根据自己的爱好、优势，认领某一篇课文的研究任务作为自己的"责任田"。比如吴海宏老师认领《藤野先生》教学研究任务，那么他就要完成一系列的任务：收集整理《藤野先生》的教学资源；研读这篇课文的教学论文，撰写《藤野先生》的教学研究综述；上一堂《藤野先生》研究课，撰写教学反思；撰写关于《藤野先生》教学策略的论文。课题研究具体任务分工到人，每一个成员十分明确自己的任务，知道要完成哪些任务、什么时候完成。课题研究还有一些具体任务，领导组根据情况适当分配，比如教师问卷调查、调查分析报告指定范小冬老师完成。

课题研究的进程路线图，体现在课题研究计划中。这个计划，在实施方案中要呈现出来，它反映课题组对整个课题研究过程构想的清晰程度。课题研究步骤要尽可能明晰化、具体化、可操作化。中小学的课题，自然以一个学期为时间单位，应制订分学期研究计划。假定课题研究完成时间为两年，就要研制出四个分学期研究计划。课题计划写明某个活动项目，何时开展、何人承担、何人分管落实。课题成员看到这样具体的计划，就一目了然，自觉按时做好自己的"责任田"。课题计划毕竟是计划，不是一成不变的。根据课题研究的实际需要，课题组应对课题计划做出相应的调整。

课题研究实施方案确定后，接下去就是执行，一一落实。课题研究过程，需要严格管理、适度调控。课题负责人，应尽力参加每一次研究活动。你在现场与不在现场，影响你对课题的认识，也影响课题研究活动的氛围。

2015 年 3 月 12 日，7 点 40 分我骑电动车去上班，在国税局前马路上，只见一辆加速的电动车迎面冲来，我停在马路中间，结果被撞上了。我不知道我怎么脱离车座的，等我睁开眼，自己已经倒在马路上。幸好没有过往车辆，我试着爬起来，还能爬起来，感觉自己没有哪里特别疼，好像也没有骨折什么的。我一瘸一拐地走过去，扶起对方，幸好他也能站起来。我们的车身外壳都破碎了，各自拍拍身上的灰尘，跨上车，又各走各的路。五分钟后，我骑车到了单位楼下，脚一落地，就感觉左脚不灵活了，捋起裤脚一看，踝关节红肿起来。我慢慢爬上五楼，慢慢走到自己的办公室坐下来，处理公务。

下了班回家，脚背也肿起来了。我的爱人立即从冰箱里取块冻豆腐压在我的脚踝处。来不及，我也不想到医院去检查，因为中午12点半我要动身去咸保中学，参加鲁迅作品教学研究活动，这事早就定下来的。我的爱人劝我不要去，去医院检查，我觉得不怎么严重。到了学校，听了两节课：吴海宏老师上《藤野先生》，洪小青上《从百草园到三味书屋》，然后去会议室集中研讨。场地转换，在其他老师的帮扶下，我单脚跳来跳去。吴太源校长说："范老师，你搞这个课题，搞对了，你有鲁迅精神。"我听了大笑："夸大了。伤并不严重。不参加活动，不就失去了一次学习机会？"吴校长说得对，做课题就要鲁迅精神。课题研究，是一项教育科学活动。科学在于求真。从事课题研究，需要求真务实的精神。鲁迅先生精神之一就是求真：做真人、求真理。翻开鲁迅作品，关于"真"的名言很多。比如现代文学第一篇《狂人日记》结尾："有了四千年吃人履历的我，当初虽然不知道，现在明白，难见真的人！"狂人就是真人。还有《记念刘和珍君》里的名句："真的猛士，敢于直面惨淡的人生，敢于正视淋漓的鲜血""苟活者在淡红的血色中，会依稀看见微茫的希望；真的猛士，将更奋然而前行"。有人说鲁迅好与人斗，好骂人，其实鲁迅执意要"打假"，非要揭示"欺骗"的把戏，非要揭开"虚伪的面具"，他不是好与人斗，而是好与"假"斗。"打假"即求真。

那天的课后研讨，是我开展教研工作以来，最坦诚的一次，最热烈的一次，最有深度的一次，也是最专业的一次。我不会忘记，课题组成员大约也不会忘记。我们一个一个发言。先是吴海宏老师说课。他从教28年了，他说还是鲁迅作品耐教。真的，他上《藤野先生》依然那么激情澎湃，感动着我们每一个人。我提醒成员从"教学策略"的角度观课议课。起初，有的找不准"教学策略"这一角度，我多次反问：你是从"教学策略"来议课的吗？渐渐地，成员能从"教学策略"的角度谈感受、讲困惑，展开对话。研讨出现了"对话"，而不是"自说自话"！有的发言，用语文学科专业术语来评课，表明他在学习王荣生的著作了。我心里暗喜：我所期待的终于萌芽了！我们研讨直到日落西山，仍意犹未尽。

我们课题组就这样，对教材中每一篇鲁迅作品，认认真真地教，踏踏实实地研讨。一路走来，很不顺，很艰难，因为要阅读大量的教学资料，要深入思考，要写有一定价值的教学论文，要探求鲁迅作品真正有效的教学策略。真做课题，也会真有成果，有真的成果。结题时，我们每一个成员将自己的研究过程材料、研究成果编辑成册，都是一本像模像样的书。我提议：每个人从自己所主攻的鲁迅作品课文中挑选一个鲜明的词语，为自己的集子命个名；再选一段精彩的段落打印在封底。吴海宏的《樱花集》（来自《藤野先生》），洪小青的《野草集》（来自《从百草园到三味书屋》），陶玉萍的《豆麦集》（来自《社戏》），范小冬的《蜜蜂集》（来自《雪》），凤元华的《福橘集》（来自《阿长与〈山海经〉》），周能涛的《圆月集》（来自《故乡》），陶文贤的《茴香集》（来自《孔乙己》），潘华胜的《脊梁集》（来自《中国人失掉自信力了吗》），我的《桃蕾集》（来自《风筝》）。我把这些集子编成一个文丛，丛名叫《百草园文丛》。我们课题研究资料都编成文丛，文丛的名字都来源于鲁迅著作或者鲁迅研究著作，比如第一辑《与鲁迅先生相遇》，第二辑《奔月文丛》，第三辑《拿来文丛》，《百草园文丛》是第四辑，第五辑《第三时代》。在结题验收会上，评委专家说我们的集子富有鲁迅气息。

课题研究两年半时间，我们课题组撰写教学论文，或发表或获奖，共计32篇，其中在国家级核心期刊发表5篇。每个人都有论文获奖。潘华胜的教学视频《中国人失掉自信力了吗》获得安徽省2015年"一师一优课"省级优秀等级。范小冬的教学论文《浅谈诗歌教学》获得2015年"长三角语文教育论坛"征文初中组一等奖。陶玉萍参加芜湖市初中语文优质课评选获得三等奖。我个人，也受惠于这个课题研究活动，先后撰写了《探寻生命的释放方式——鲁迅〈雪〉细读》《紧扣"文体"线　探究〈风筝〉意》发表在中文核心期刊《语文教学通讯B》（2010年第2期、2012年第11期），前一篇被中国人民大学《复印报刊资料：初中语文教与学》（2010年第5期）、《初中生世界》（2015年第3期）转载。其间，我还发表了其他内容的教学论文3篇，另有一篇获得市级论文评选一等奖。

课题研究促进了成员专业发展。吴海宏、周能涛先后在2012、2013年评上中学高级教师，陶文贤、潘华胜、凤元华也先后评上一级教师。2015年，潘华胜获得县"骨干教师"、市"优秀教师"称号，范小冬也评上县"骨干教师"。

2015年12月1日，省课题专家组来验收我们这个课题。这是一个激动人心的时刻。课题专家组的鉴定结论是："一、鲁迅作品教学研究这个课题，是老课题，老题新做，能够做出新意，而且成效显著，这是不容易的事。这个课题做出了新意。二、课题组注重开展多项学生实际活动，让孩子走进并亲近鲁迅先生，这是课题研究的根本出发点和归宿点。三、课题组很好地采用了'质'的研究方式，强调具体性、过程性、情境性。四、课题组牢牢抓住了研究的核心——教学策略研究，立足课堂教学并做了扎实的课例研究。五、通过课题研究，促进了教师的读和写。六、课题组取得了丰硕的成果，很突出，很令人震撼。课题组很多成员，或者发表了文章，或者有多篇论文获奖。从发表的杂志来看，有多篇是国家级核心期刊，质量都不差。"

我的"概念课"

教书19年，我不幸患上了严重的慢性咽喉炎。一天两节课，我的嗓子就哑了。这迫使我想转岗。2005年8月，我成了专职教研员，结束了粉笔生涯，不必上课了。

听课、评课似乎是教研员的专职，且被尊为"专家"。"专家"仅是耳旁风。我心里明白，千万不能以专家自居。老师这样称呼，是对"教研员"这个岗位的尊称，或者希望教研员是一个真正的"教学专家"。用我的话说：我充其量只能是个专门听课、评课的家伙！

当教研员，有好多机会听到县内外更多的课。开了眼界，我受益无穷。可是我又不安本分，在全县很多初级中学上过课。我为什么又上课呢？

每次听完课，心里总有一点想法，也许"旁观者清""上课者迷"？与执教老师交流，说这节课不该这样上，不该那样上，这也不好，那也不好。有的老师静静地听完了，最后谨慎地问：范老师，这节课如果你上，你准备怎么上？他这样问，并不是将我一军，而是希望我正面回答：这篇课文究竟应该怎么上。否定了这样上，否定了那样上，老师们还是不知道应该怎么上，他最迫切想知道如何上才更好。是呀，说千道万，这节课究竟应该怎么上，你教研员能正面清清楚楚、明明白白告诉他吗？即使清清楚楚地说明了，你的"奇思妙想"进入课堂会像你讲的那么神奇吗？其实，我讲的都是我的主观构想，不付诸教学实践，不经过实践检验，说一万遍"有效"也是没有说服力的。有时，我真想试教一下，验证自己教学设想的可行性。也许积习使然，也许受冲动这个魔鬼蛊惑，连续的冲动，有时竟真的推动我走上讲台。

一个教师的教学水平，不是一当了教研员，就好像坐了直升机，直线上升。我曾是普通教师，平时上课并不突出。因此我现在上课，不是要与哪个老师一比高下，而是为他们做教学试探。我上的课，有的老师称为"示范课"，这不符合我的初衷。怎么称呼呢？有一天，看到网页上"概念车"一词。我灵机一动，就杜撰了"概念课"。

概念车是汽车行业常用术语，没车的教师可能不熟悉。何谓概念车？它是为探索汽车的造型、采用新的结构、验证新的原理等提供的样车，是一种介于设想和现实之间的汽车。这种车还处在创意、试验阶段，也许不会投产，主要用于车辆的开发研究和试验，是人类对先进汽车梦想的追求。

原先，我想将自己当教研员上的课叫"下水课"。"下水课"也是杜撰，模仿叶圣陶先生提倡的"下水作文"一词造出来的。"下水作文"，是语文教师写给学生的"示范作文"。如果我上的课叫"下水课"，是不是有暗示我的课是"示范课"的嫌疑？为了避免这一歧义，准确表达我上课的意图，最好不用"下水课"这一称呼。通常情况，教研员没有必要上课。我上课，纯粹是为了自己，自己想试验一下自己的教学设想而已，叫"概念课"挺合适。

我主要上阅读教学课和初三语文复习课。一部分是应学校要求去的，一部分是自己主动上的。

2005年12月，我的同学陶得在横岗中学任校长，他邀请我去上一节课。此前，听了两个老师教莫怀戚的《散步》。课堂上，学生主要有两项活动：一是反复朗读；二是品味文中表现亲情的句子。教师干什么呢？一是组织，就是一次又一次吩咐读课文；二是提问，不断提问，将课文当作问答题的阅读材料。我觉得这样的教学有问题：一是对文章的主题把握偏差，不准确。将这篇文章主题确定在"表现亲情"，不符合这篇文章所传达的主要思想。文章的主题词是"生命"，多处点明了，意在表达生命的责任，特别是善待长辈的责任。教师对这篇文章理解的偏差，或许受单元提示的影响，因为这篇文章编在人文主题"亲情"单元内；或者是受教学参考书的约束；或者老师确实就这么理解的。如果教学目标确定为"理解文章浓浓的亲情"，那么这目标太容易达成了，大部分学生一读而知。一读而知，还需要教吗？而老师这样煞有其事地教一节课，又有什么意义？这篇课文，需要学生朗读，也适合朗读。学生普遍读得很平淡，教师的职责是通过自己的教来让学生读出文中的情感，读出自己的体验来。这需要老师下功夫教。问题是：需要老师教的时候，他不去教；不需要教的，他偏在此用力。这样的教学，教师自认为"很卖力"，可是学生到底收获了什么呢？

接到邀请后，我就备课。这是一篇在散步中沉思的散文，沉思什么？作者沉思亲人的生命，沉思家庭生命的延续，沉思一个处于中年的一代人的生命责任。文章是用什么样的语句表达的？研读课文，发现作者使用了较多的整齐句式。为什么要运用这样的语句？因为是散步，陪着老人散步，语句要舒缓、匀称、有节奏，这样文章才显得稳重，也与沉思的心理状态相契合。怎么教呢？从朗读入手，从语言的感受、品味入手，让学生感受文章的节奏，体会文章的分量。根据学生回答情况，教师引导，逐步引导学生理解文章的表达意图。我就顺着这样的思路设计。

带着跃跃欲试的心情，我就和学生玩味这篇短小而精美的散文。朗读之后，要学生说说阅读的感受，学生就摸不着门，不能扣住"感受"来说，一开口就说自己的理解。于是我就讲什么叫"感受"。接下去学习文章的语言形式，何谓语言形式，又不知何指。就这样我们一路跌跌撞撞，这节《散步》竟"走"了足足有六十分钟！幸好，可爱的学生们愿意陪着我慢慢"散步"。要是按照一堂课的时间，我是严重超时；要是公开课，那就彻底失败了。好在它既不是常态课，也不是公开课，更不是比赛课，成功与否均不重要。我积累了上这一课的经验。这节课为什么不顺？我上课没按照学生的学习常规：学课文，就是理解课文内容，探求作者表达主旨。我从"语言形式"入手，这条路，一线教师平时不走。为什么要试着走这条路？这与我对语文教学的认识有关：语文教学，当然要教会学生理解文章的方法，培养理解能力；但是它还有一个特有的任务，就是教学生学会表达，用恰当的语言去表达，用恰当的文体去表达。《散步》内容理解不难，不应成为教学的重点，它的教学价值是语言表达。这条路，我县的老师很少走，也不习惯于走，我走一趟试试。

2006年3月22日，我又上课了，在周皋中学上《罗布泊，消逝的仙湖》。根据这节课的教学实践，我修改了教学设计，将之投稿，发表在《语文教学通讯B》（2007年第2期）上。为什么上这课，怎么上的，效果如何，在我的课堂教学实践探索一辑中有具体呈现，兹不赘述。我说两点一前一后的事情。

一旦我决定试上这一课，就决定必须在"3月22日"上。时间一定，就意味着我要加紧备课。我为什么选定这个特定时间？因为实用文章的价值，是由一定时空背景决定的。3月22日是"世界水日"，这一天教学《罗布泊，消逝的仙湖》能更加提升它的教育教学价值。这节课后，我布置学生一个任务：写一条"世界水日"宣传单，张贴在村落、道路、学校最醒目的地方。如果不在这一天上，这条宣传单也能写，但是宣传单的时效性就差远了。没有特定时间的限制，学生写起来，也就成了机械的练笔而已，这也会降低写作的质量。

后来，这所学校的一位语文老师告诉我，学生真写宣传单了，而且张贴了，贴得到处都是，贴得很牢固。我微微一笑：这节课改变了学生，学生张贴了宣传单，宣传单说不定增强了当地居民的环保意识，说不定改变了他们的环保行为……这就是教育的力量，无限扩张的力量传递。我们的语文课就应该是这样！

此后周皋中学校长邀请我上初三语文复习课。连上两节课后，一群学生围着我问这问那，我一一作答，虽然我的嗓子已经很难过了。有位学生对我说："老师，听你一节课，胜读十年书！很多不明白的，现在一下子明白了。"

我先后在和平中学、新丰中学、六郎中学、陶辛中学、咸保中学、芜湖县职业高级中学等上过课。其中有的试验课，并不理想。最难忘的，是在芜湖县职业高级中学上《记念刘和珍君》。我为上这篇课文，专门编辑了关于"三·一八"惨案的一组文章，事先分发给学生阅读，以期达到增进学生理解课文的目的，同时也认识到鲁迅先生这篇文章感人至深的艺术力量。可惜，学生没有充分的时间来阅读。这篇文章，一般学起来都比较难，我就尝试采用小组合作学习方式。学生不习惯合作学习方式，导致合而不作，貌合神离。最后这节课成了一节没有上完的课。

2015年4月17日，我在南湖中学上鲁迅先生的名篇《雪》。当时我承担了"鲁迅作品教学策略研究"的省级课题。在成员的研究课中，我注意到：理解课文第二段时，就是写塑雪罗汉那一段，学生总是认为这是写鲁迅小时候和小伙伴玩雪，流露了玩雪的快乐，表达了对童年生活的怀念之情，流露了对故乡的思念之情，云云。教师对此都表示赞赏。我就不明白：学生们为什么这么理解？是怎么理解出来的？原来教辅用书白纸黑字，就这样写得清清楚楚。可是，这样理解，是完全脱离原文的，是完全不合文意的。我问教师们：是这么理解吗？有没有其他的理解方式？教师们一时语塞。

5年前，我曾在咸保中学试上过《雪》。因为《雪》太难了，学生读不懂，特别是最后几段，有的地方老师也似懂非懂。多数老师走理解课文这一条路。问题是：我们都走不通，为什么还要带领学生这样走？这是惯性使然。似乎教师不走这条路，就别无选择。《雪》是散文诗，我就按照诗歌教学的方式来教。我尝试带领学生感受这首诗歌的跳跃性，通过把握跳跃性，来领会作品情感的流动，然后能有感情地朗读课文，能感受到文章情感的起伏变化。这是我确定的初中生学习这篇课文的主要教学目标。我觉得这篇课文的教学目标，不能定在"理解文章深刻的内涵"。说句实在话，这篇文章，鲁迅研究专家研究了几十年，还有好多处都没研究明白，一个语文老师，想在一两节课内，让学生理解，这不是"难于上青天"？就因为要上这节课，我又研读了《雪》，写出了文本赏析文章《探寻生命的释放方式——鲁迅〈雪〉细读》，发表在中文核心期刊《语文教学通讯B》（2010年第2期）上，先后被中国人民大学《复印报刊资料：初中语文教与学》（2010年第5期）、《初中生世界》（2015年第3期）等全文转载。

又上《雪》，我只想试试：怎样引导学生合理地理解课文第二段。我先置学生于一个认知困境中。先问：课文哪些段落是写江南的雪？学生都知道是一至三段。又问：第二段主要描写什么？学生答：孩子们塑雪罗汉。我接着问：刚才你们说一至三段写江南的雪，第二段写孩子们塑雪罗汉，这样理解，前后是不是不一致，有没有矛盾？学生一下子明白这样理解有问题，于是又边读边思，第二段究竟写什么？我引导学生一点一点明白：这一段还是描写江南的雪，是通过叙写孩子们塑雪罗汉的过程来间接描写江南的雪，写法有点别致。第四问：阅读了这一段，江南的雪给你哪些新的感受？就这样一步一步，让学生联系语境，咀嚼文字，最终理解这一段写出了江南雪的洁白明艳之美，让他们知道有的教辅资料上，说这一段"写江南的雪带给人们的快乐""写鲁迅对童年生活的回忆，流露了怀念故乡之情"，等等，都是不合原文思想的。

至今，我上了约二十节"概念课"。这些课，多多少少都有老师来听。我不是为他们上课，而是一心一意为学生而上，因此这些课都没有"观赏性"。我上课，可能"刺激"听课老师思考，他可能产生一点启发。但我更希望，有追求的老师，发现课堂教学的问题，抓住不放，研究研究，认识清楚了，试一试，尽力改进一点点，再改进一点点。正是在不断改进中，我们的专业才会迅速发展，才能撑起课堂，使课堂成为学生精神成长的殿堂。

第 二 辑

新课程语文教学探索

《死水》
诗歌教学探索

《死水》教学背后的事情

2002 年 2 月 28 日，我跨进美丽的华东师范大学，读语文教育硕士。我是带着一个百思不解的问题走进这富有深厚文化底蕴的校园的。这就是"如何上好闻一多先生《死水》这首诗"。

《死水》这首诗，我是 2001 年 9 月份教的，深感失败。几个月过去了，春节过去了，我还不能从这失败的阴影中走出来。进了华东师大，我在书店里寻找闻一多先生的诗集以及关于闻一多先生的书籍，我购得闻一多诗精选《七子之歌》以及《闻一多学术思想评传》（张巨才、刘殿祥著），并认真阅读。我的导师区培民先生向我们推荐阅读书籍，其中有一本《新讲台——学者教授讲析新版中学语文名篇》（王丽主编）。我在书店里搜索，恰巧碰到了，二话没说买下来。这本书汇集了我国当代著名教授学者对中外经典文学作品的解读、赏析，内有北京大学中文系孙玉石教授写的《这里断不是美的所在——读闻一多的〈死水〉》。我反反复复读了不知多少遍，很受启发。就是在这样的阅读中，我觉得对《死水》的感受、理解丰富起来。

当时，我国新一轮基础教育改革刚刚吹响号角，华东师范大学得风气之先，因为这一轮课程改革主要核心人物不少来自华东师范大学。比如新课程改革领军人物钟启泉教授、中学语文课标组核心人物曹宗祺教授，还有其他好几个学科的课标组核心人物，均来自华东师范大学。我国第一个语文课程与教学论博士生导师倪文锦教授，也亲自为我们授课。我真幸运，赶上了这个时候，来到了倡导全国新课程改革的学术中心，置身于新课改春风里，眼界似乎一下子开阔了。

我首先堵死一条路：诗歌教学绝不能走分析这条死胡同！因为，诗歌是抒情的，情感要在一定的情境中通过想象体验而心动神驰，是不能由理性分析而得的。再说诗歌是精致的艺术品，像一个五彩斑斓的水晶球，它整体地呈现在读者眼前，一分析，就等于是打破了艺术的完美整体，细细把玩一个个晶莹的碎片，岂能与欣赏艺术品的整体相提并论？但是新的路径又在哪里？我发现闻一多有些诗歌与《死水》内容上、情感上有联系，于是就想利用这些诗歌帮助学生理解、领悟《死水》。当时，并不知道这样教，就是余映潮老师所概括的"诗歌联读"，我自己认为是"以诗解诗"。我还想到了要唤醒学生与《死水》相关的知识、情感记忆，并适当补充有关事件、图片，一者创设学习《死水》的情境，二者为学生进一步理解诗歌提供丰富的背景知识。就这样，一点一点构想，思路越来越清晰起来。

2003年9月，我回到原工作单位，学校安排我上一节公开课，于是我就选定《死水》。课上完了，语文组同仁提出了一些不同意见，比如说这样上的话，课堂容量大，是否加重学生学习负担。也有老师直率地说：这节课很别致，还没见过这样教诗歌的。我乘着兴致，将之整理成教学叙事《〈死水〉教学生长过程》，投寄给《语文学习》杂志社。当时还在宁波大学的王荣生博士——我国第一个语文课程与教学论研究方向的博士，是这家杂志的特约专栏主持人，我的稿件由他审阅。他打电话给我反馈意见，指导我做些具体修改。我按照他的要求又做了改动。他还想看看我班学生改写贾平凹《丑石》为诗歌的作业，于是我选择了6份，复印后邮寄给他作研究之用。

这篇教学论文发表以后，内蒙古包头师范大学文学院韩雪屏教授来信，告诉我：她主编的高等师范院校教材《语文课程教学资源》将引用这篇论文，我欣然同意。后来这篇论文又被收入王荣生教授编著的《语文教学内容重构》中。

《死水》教学生长过程

（一）两次教学《死水》的过程

1. 首次教学《死水》

我第一次教学《死水》是在 2001 年 9 月。当时高中语文第三册第一单元第二课是"中国现代诗四首"。这四首诗依次是：《再别康桥》《死水》《我爱这土地》和《赞美》。其中《死水》《赞美》两首诗是自读课文。在教学时，我是把《再别康桥》《死水》作为第一课时教学的。剩下的两首诗作为第二课时教学，也就是按照课文编排的次序来安排教学顺序。

教完了《再别康桥》，就教《死水》。首先由我介绍闻一多的生平事迹，接着介绍他的诗歌作品、诗歌理论主张，解释什么是"三美"——音乐美、绘画美、建筑美，点出《死水》是闻一多实践他的"三美"理论最完美的诗。第二环节是朗读，教师范读，学生齐读，自由读，个别朗读。第三环节是分析诗歌，主要是分析这首诗的"三美"。学生先分析，我纠正或者补充。第四环节是理解这首诗的内容，指出它的象征含义。学生说出了死水象征当时黑暗腐朽的中国社会，我就肯定这个说法，没有让学生再挖掘下去了。最后是总结性朗读，要求学生读读背背。学完这首诗，不过 20 分钟。

2. 第二次教学《死水》

我第二次教学《死水》是在 2003 年 9 月，与第一次正好相隔两年。这时《死水》出现在高中语文第一册，也是第一单元第二课，课文题目是"中国现代诗三首"，这三首诗依次是：《再别康桥》《死水》《赞美》。这次《死水》是讲读课文。我用一课时来和学生学习《死水》。在学习《死水》之前，已经学完了《再别康桥》《赞美》，也就是根据我的教学设想，提前让学生学习了《赞美》。

（1）教学准备

我分别用一课时教学了《再别康桥》《赞美》。在学习《再别康桥》时，我就让学生熟悉了中国现代格律派诗的"三美"诗歌理论主张。提前学习《赞美》，是因为这首诗的内容可以为学生学习《死水》、理解闻一多的思想情感提供背景资料。先学习这两首诗有为学习《死水》奠基的作用。

在教学《死水》这首诗之前，我选编了一些闻一多的诗歌印发给学生，有《色彩》（学生初中学习过的诗歌）、《红烛》《太阳吟》《忆菊》《七子之歌》《发现》《一句话》《静夜》，要求学生预先读读。

打印贾平凹的《丑石》。

制作《死水》多媒体课件。

（2）教学过程

我开门见山，告诉学生这节课学习的课文就是《死水》（多媒体放映闻一多像及其著作封面）。估计同学们对闻一多的情况有一定积累，于是就请同学们把自己知道的有关闻一多的情况和大家交流交流，并且说说自己是通过什么途径获知的。同位学生交流起来，我请学生主动站起来对全班同学讲，于是一个接一个站起来发言。有的说初一学习过闻一多的诗歌《色彩》；有的说慷慨激昂的《最后一次演讲》；还有的说初中《中国现代史》介绍了闻一多参加民主运动的事迹；有的把学习资料上关于闻一多的生平简介读给同学们听。学生在专心回忆，没有人说了。我提醒同学们：1999年澳门回归时，有一支歌传唱大江南北，这是什么歌呀？同学们异口同声回答是"《七子之歌》"。我又问歌词的作者是谁，学生均不知。我说词作者正是闻一多。同学们有点窃窃私语，觉得有点意外。于是我播放澳门小姑娘演唱的《七子之歌》，同学们静静地欣赏这首优美的歌曲。

欣赏完了《七子之歌》，我用舒缓的调子，深情地说："闻一多先生虽然离开我们半个多世纪了，但是他还活着，他活在他的诗歌里，活在历史书中，活在优美的歌声中，活在我的心中，也活在你的心中，他永远活在我们中国人的心中。今天，我们学习他的诗歌，是对他的一种纪念。我们不仅要学习他精湛的诗歌艺术，更要学习他崇高的爱国主义情怀。在创作《死水》之前，闻一多创作了许多爱国诗篇。他的胸中始终燃烧着一支红红的蜡烛。我们先来读读他的《红烛》。"接着以个别与集体相结合的方式、个别朗诵的方式、集体朗诵的方式朗读了《红烛》全诗（朗诵《红烛》时多媒体展示一支燃烧的红烛，火苗摇曳着）、《太阳吟》（朗诵时多媒体展示太阳运行图）和《忆菊》（朗诵时多媒体展示五彩缤纷的千姿百态的菊花）的最后三节。同学们读得很投入，感情真挚、饱满。接下来，我朗读了《死水》。读完之后，让学生谈谈前几首诗与《死水》在诗歌形式和感情色彩上有何异同。学生从闻一多的"三美"诗歌理论来分析二者的形式异同，他们都觉得二者情感色彩差异极大，前者感情高亢奔放，热情讴歌，后者低沉，充满憎恨之情。于是自然而然转到探讨"闻一多为什么有这么大的变化"这个问题。有的学生开始看课本注释，有的查阅学习资料。学生们从闻一多的经历和当时的历史背景中思考这个问题。于是我就提供了闻一多写《死水》前的经历：闻一多1922年留学美国，在异国他乡受到民族歧视，于是更加魂牵梦绕着自己的祖国。刚才同学们读的《太阳吟》和《忆菊》就是他这时期的诗篇。当时美国的情形是：美国虽然有民族歧视，有经济危机，有黑人运动，有工人罢工，但是内没有战争，外没有压迫、侵略，大部分人民生活基本安定、富裕。闻一多是在世界最发达的一个国家生活了3年。1925年他归心似箭，可是他一踏上祖国的土地，目睹当时国内的情形——可以说满目疮痍，贫穷落后，混乱不堪，就像《赞美》里描述的那样，再与当时的美国一比（多媒体屏幕展示：一半是20世纪20年代美国社会图，一半是20世纪20年代中国社会图），不禁"啊"的一声！我们读读他的诗《发现》就知道了。于是指定一个男学生读《发现》，然后让同学们体会一下当时闻一多的心情。同学们纷纷说失望、痛苦、悲哀，就好像一腔热血突然劈头浇了一身冷水。我又接着说，正是在这种情感笼罩下，他看到一个又臭又脏的死水沟，于是灵感迸发，《死水》诞生了。

接下去，我让学生自由朗读《死水》一遍，然后请两个学生朗读给大家听，有学生主动站起来读。同学们比较、点评他们朗读的情形，讨论这首诗的朗读问题。然后再安排一个学生朗读。我说：朗读好这首诗，还需要具体深入地分析。于是，我要求学生仔细默读全诗，完成屏幕显示的表格。

诗　节	"死水"具体情形及特点	诗中体现情感色彩的短语	对立两极情　感	"死水"象征意蕴
第一节				
第二节				
第三节				
第四节				
第五节				

同学们先独立完成，然后小组交流，最后小组代表在班级交流。其中黄鸿翔同学说诗歌第三节写出了"死水"的臭味，我笑道："你的鼻子好灵啊（同学们也笑起来）。说说你是怎么闻出来的？"他大声说："死水发酵，发绿

冒白泡，作者说它像酒，酒有气味，但是死水酿成的酒只能发臭。"同学们为他的发言鼓起掌来。我提醒学生：将诗中华丽的词语与流露作者感情的短语联系起来，有没有什么发现？学生们马上体会到：作者将"死水"描写得越美，表达的厌恶和绝望之情越强。我问：这是什么艺术手法呢？学生们异口同声答道：反讽。

接下去交流、探讨这首诗的象征意蕴。有的说"死水象征了当时的中国"，有的说"死水象征了当时的黑暗军阀统治下的中国社会"。这两种理解得到了大多数同学的赞同。我问还有没有其他理解。陶海贤同学站起来说："我认为，死水象征了当时的美国社会。"同学们打量着他，表示不理解。我叫他谈谈如何分析的，他说："当时美国表面上标榜自由平等，经济繁荣富强，可是对外扩张，国内矛盾重重，种族歧视严重，种族冲突频繁。闻一多以'死水'来象征当时的美国，透过繁荣的表象来揭示美国的丑恶本质。"同学们或微笑，或点头，认为他言之成理。对于刚才陶海贤同学的发言，我很满意。于是我追问：还有没有别的理解。教室里静了下来，有个名叫徐欢欢的女生慢腾腾地站起来，有点儿胆怯地说："我想，死水象征这样的一类人。"此言一出，满座皆惊，也出乎我的意料。我鼓励她大胆地说，她说："有的人外表好看，过着花天酒地的生活，但是实际上灵魂肮脏丑恶，比如说像慈禧这类人。这类人注定要像死水一样腐朽的。"教室里顿时响起了掌声，这是对她独到见解的肯定。大家提不出新的见解了，我说："我们挖掘了'死水'的四种象征意蕴，同学们动了脑筋，非常好！特别是最后一种，是对《死水》研究的新贡献。这是徐欢欢同学的一大发现。但是，如果联系闻一多的当时思想状态，哪一种理解更有现实意义？"大家一致认为还是前面两种。带着这些理解，我又安排学生朗读一遍《死水》。

接下去，我请同学们思考一个问题："如果闻一多顺着这个思想感情往下发展，他还能成为民主战士吗？"大家说很难。但事实是闻一多最终成了一名彪炳史册的民主战士。怎样来理解呢？学生一时无法解释。我说："答案还是要在《死水》里寻觅。（学生很专心地听讲）我们挖掘《死水》，挖掘到现在，也只不过挖了一半。文学理论上有一个'冰山理论'。这种理论说，文学作品就像一座冰山，显露的只是一小部分，还有大部分隐藏在海平面以下。《死水》就是这样的作品。"接着我们探讨《死水》思想情感对立两极的另一极——隐藏在海平面以下的部分。经过思考、讨论，同学们认识到：绝望包含着希望——对崭新、美好的祖国的希望；否定丑恶的现实就是追求美好的未来；极度憎恨腐朽的当时社会正是热爱祖国的强烈表现！闻一多先生的内心并非就是一沟绝望的死水，死水里有活火（多媒体展示茫茫黑夜中一支燃烧的红烛，火苗跳跃着）。于是我又组织同学们朗读《静夜》（个别朗读）、《一句话》（集体朗读），来感受闻一多先生内心的不平静。接下来我安排学生读读闻一多在1943年11月写给臧克家的一封信（多媒体屏幕显示文字）："我只是觉得自己是座没有爆发的火山，火烧得我痛，却始终没有能力炸开那禁锢我的地壳，放射出光和热来。只有少数跟我很久的朋友才知道我有火，并且就在《死水》里感觉出我的火来。"

我问："如果说创作《死水》时，闻一多就像一座没有爆发的火山，那么什么时候他这座火山爆发了呢？"学生大声回答："是他参加民主斗争的时候。"（多媒体展示：屏幕一半展示当时抗日战争后期国统区如火如荼的民主斗争情景、闻一多最后一次讲演的情景；一半展示火山爆发情景，同时呈现鲁迅先生《记念刘和珍君》中的名言："沉默呵，沉默呵！不在沉默中爆发，就在沉默中灭亡。"）师生共同朗诵鲁迅先生的这句名言："沉默呵，沉默呵！不在沉默中爆发，就在沉默中灭亡。"我又问："是什么给了他巨大的生命爆发力？"全班学生异口同声："爱国主义"。"《死水》里有没有包含强烈的爱国主义情感？"全班学生一致回答："有！"最后我要求同学们带着这些理解再来读一读《死水》，读出死水中的绝望之情，同时也读出死水中的火来；读出极度的憎恶，也读出强烈的热爱来。同学们很投入地再读这首诗。接下来，学生集体背诵这首诗。

最后布置练习：阅读贾平凹的《丑石》，借鉴《死水》的艺术手法和技巧，将之改编成一首诗。

（二）新的理念点燃《死水》

第一次教学《死水》时，我只是按照教材编排的顺序，亦步亦趋地教教材，而且还是孤立地教，只是为了被动地完成教学任务，让学生了解什么是"三美"诗歌理论、"死水"的象征含义。学生是在冷清、孤独中被动地学习《死水》。课堂死气沉沉，毫无生气。可以说一切皆死："死"的教师用"死"的教材去教"死"的学生，以致产生"死"的课堂！这《死水》真是教"死"了！虽然编者指定《死水》为自读课文，可是我还是传授过多，学生在被动地接受。

如何拯救《死水》，让《死水》燃烧？关键是教师，关键是教师的理念。

爱国主义是闻一多先生一生的心灵之火，也是《死水》的灵魂之火。教学《死水》必须紧紧扣住这首诗的人文性——爱国主义。只有高举闻一多先生熊熊燃烧的"爱国主义"之火，才能点燃教师心灵之火，才能点燃学生心灵之火，才能点燃《死水》的课堂，才能点燃《死水》！

如何才能实现这一目标？

在处理教材时，从整体着眼，教材为我所用，而不是我教教材。我把《再别康桥》《死水》《赞美》作为一个有机的整体，让其各有侧重，又相互作用。根据《死水》的情感教学目标，我重新安排课文教学顺序，让先上的课文为后上的课文服务。"三美"的诗歌理论安排在《再别康桥》里学，结合《赞美》学习象征主义创作方法。只有闻一多式的爱国主义才是《死水》所独有的。于是先学习《再别康桥》《赞美》，让它们为学生学习《死水》奠定基础。

如果就《死水》教《死水》，必然单调、单薄，也难以深入。因此必须充实《死水》的课堂教学内容，也就是必须开发利用各种教学资源。选取哪些资源，这要根据情感教学目标来定。爱国主义是贯穿闻一多先生一生的红线，也是闻一多先生诗歌的主旋律。《死水》只是其中一篇，且是十分独特的一篇——用极度冷漠、憎恨等反面之情来折射极度强烈的爱国主义之情，就像鲁迅先生的散文诗《死火》里的"死火"。于是，我就想在闻一多先生广阔的时代背景中，来教学《死水》。我以《死水》为界、为主，以《死水》前后闻一多不同时期创作的不同格调的诗歌为宾，形成前呼后拥之势，布成众星拱月之态，然后以爱国主义这根红线将之连接起来。因此，我从闻一多大量的诗歌中选取《红烛》《太阳吟》《忆菊》《七子之歌》《发现》《静夜》《一句话》这七首有代表性的诗歌。前四首为《死水》的出场起到渲染、铺垫、映衬和烘托的作用；《发现》点明《死水》的背景；后二首为理解《死水》起到印证、延伸、丰富等作用。这样课堂容量大大丰富，但又多而不乱，繁而有序，爱国主义作为主旋律自始至终唱响课堂，学生始终浸泡在浓浓的爱国主义情感中，受到感染、熏陶。我又搜集了闻一多图像、讲演图片以及信件，还有关于当时时代的资料，提供给学生，这些也从侧面对学生认识闻一多、理解《死水》起到积极作用。

如果仅仅让学生感知抽象的冰冷的诗歌文字，可能难以达到理想的效果。创设适当的教学情境，让学生走进闻一多的时代以及他的内心世界，更容易点燃学生的感情之火。让学生看闻一多图像，聆听《七子之歌》，观看 20 世纪 20 年代的中国、美国社会图，点一支红烛，展示 20 世纪 40 年代闻一多为争取民主大声疾呼的情景，这些均是为了营造《死水》的教学氛围，让学生仿佛置身其中，直接感受、深入体会闻一多诗歌中的爱国主义情感。

　　一般情况下，教师要求学生背诵《死水》是《死水》唯一的课后练习。过去我也是如此。现在我连课后练习也精心设计，因为课后练习也是课堂教学的有机组成部分。《死水》课后作业是阅读贾平凹的《丑石》，然后模仿《死水》，将之改编成诗，让学生亲自实践"三美"的诗歌理论，学习"反讽"的艺术手法。表面上看是能力训练，实际上仍然是在对学生进行语文人文性教育；表面上看是模仿，但是在模仿中去将散文改编成一首诗，也就包含了自主、探究、创新精神的实现。

（发表于《语文学习》2004 年第 6 期）

专家点评 1

把《死水》教活了

包头师范学院教授　韩雪屏

　　这是一个发掘同一作者不同文本的相关性，而有效地组织联读的案例。在这个教学案例中，范老师利用了与《死水》相关的教学辅助材料，开发了文本的、影像的、音乐的、实物的多种课程资源，进行了拓展性联读，极大地扩展了课堂教学容量。这个联读以闻一多的爱国主义思想情感和诗歌创作为主线，兼顾了诗歌的"三美"理论和象征主义手法；以学习诗歌为主线，兼顾了散文与诗歌的关系；以阅读为主线，兼顾了写作训练。确实做到了把《死水》教活，拯救了《死水》。

　　把《死水》教活，还源自教师对本单元教材的统筹规划。范老师把这个单元中的三篇诗歌重新编排次序，以《死水》为主，让《再别康桥》和《赞美》为学生学习《死水》铺路搭桥。每篇诗歌的教学内容不同，各司其职，而又相互勾连，真正体现了教师是教科书的主人，教师具有"教科书为我所用的气度"。教师不是为作家和作品服务，不是教科书的被动执行者，而是用教科书教，为学生的学习服务，为学生的未来发展服务。

061

因此，不论是从《死水》的二次教学过程来看，还是从处理单元教材的方法来看，这个案例都再一次说明了教师具有利用和开发语文课程资源的重要作用。"教师不仅决定课程资源的鉴别、开发、积累和利用，是素材课程资源的重要载体，而且教师自身就是课程资源实施的首要的基本条件资源。所以，从这个意义上讲，教师是最重要的课程资源，教师的素质决定了课程资源的识别范围、开发与利用的程度以及发挥效益的水平。"（钟启泉，崔允漷. 新课程的理念与创新［M］. 北京：高等教育出版社，2003：157.）有什么样的教师就会有什么样的课程。"教师即课程"，此话当真！（韩雪屏，王相文，王松泉. 语文课程教学资源［M］. 北京：高等教育出版社，2007：232.）

专家点评2

课文教学要"整体研究"

包头师范学院文学院副教授　张学凯

所谓整体，本文指一册教科书或一个单元。从大的方面来说，教师应该有整体把握一册教科书的意识和能力，要明了这册教科书蕴含了哪些规律，有哪些知识技能，在学习过程中可以培养学生什么样的情感态度和价值观念；参照课程标准，通过这册教科书的学习，需要达到什么目标；对照这些目标，需要怎样调整教材。一个单元也如此。教师只有对教材进行整体研究，才能根据学生的实际，灵活地使用教材，从而更好地达到教学目标。范金豹老师两次教《死水》，使用的策略不同，教学效果也截然不同：

"第一次教《死水》，我只是按照教材编排的顺序，亦步亦趋地教教材。"可以说是"死"的教师，用"死"的教材去教"死"的学生，产生"死"的课堂。

第二次教《死水》，在处理教材时，从整体着眼，使教材为我所用。从《再别康桥》中学习诗歌"三美"理论；在《赞美》中学习象征主义创作方法，让它们为学生学习《死水》奠定基础（教科书按照《再别康桥》《死水》《赞美》的顺序组成一个单元）。爱国主义是闻一多诗歌的主旋律，范老师以

《死水》为主，以《死水》创作前后体现闻一多不同风格的七首诗歌为宾，形成前呼后拥之势，布成众星拱月之态，用《红烛》《太阳吟》《忆菊》和《七子之歌》这四首诗为《死水》的出场渲染和铺垫；用《发现》点明《死水》的背景；用《静夜》和《一句话》来引证、延伸《死水》的意义，然后用爱国主义这条红线把它们串联起来。

教学过程中，创设适当的教学情境，让学生看闻一多的照片，聆听《七子之歌》的乐曲，等等。课后布置的作业是阅读贾平凹的《丑石》，然后模仿《死水》，把它改写成诗歌。

范金豹老师在第二次教学中教活了《死水》，主要是因为他采用了整体策略，统筹安排教材。首先，研究一个单元的教材，调整了教学次序，目的是让前两首诗歌为《死水》的教学服务。其次，从每一首诗歌的特点出发，整合本单元三首诗歌的教学目标：诗歌创作理论、创作方法和诗歌的主旨以及爱国主义，使每首诗歌从不同方面反映中国现代诗歌的特点。再次，在课后作业上下功夫：从表面上看是技能训练，实际上是课堂教学中人文教育的继续；从表面上看是模仿，实际上也是实现自主、探究和创新的过程。这样，整个单元教学内容清晰，既各有侧重，又相辅相成，形成了现代诗歌教学的相对完整的框架。具体到《死水》这篇课文，既整合于单元之中，又有其特征，独立成为亮点：在鲜明的爱国主义教育中，让学生学到了知识，并将读写诗歌的语文技能训练有机融合其中，关注了学生知识、技能、情感三大领域的均衡发展。这不能不归功于教师对教材的整体把握。

接受反应文论认为：阅读一篇（或一部）作品，必须与其他相关文本互相联系或对照才行；其他文本犹如一层栅栏，能够添加、筛除或过滤信息，使读者的阅读按照一定的方向进行构建，以达到阅读目的和期待。干国祥在《确定多元之界的四个维度》一文中指出"要获得一个比较满意的'意义'，我们不能仅仅根据作者规定的解释，参考其他阅读者的阅读意见和同此文构成互文关系的其他文本可能帮助我们获得比较理想的意义解释"。这就告诉我们：在阅读教学中，一方面，仅仅"教"学生"学教材"，或者说"教教材"是不够的，必须在"教教材"的基础上充分利用和开发教材以外的课程资源，以达到拓宽学生知识视野，丰富其背景知识，促进其知识与技能的迁移，帮助他们构建新的意义，提高语文素养。另一方面，教师开发了哪些课程资源，进行了怎样的教学预设，在很大程度上决定了课堂教学的广度和深度，决定了能否达到阅读教学的目的。

从上述《死水》的课例中，我们还可以看到教师的课程开发策略是教学成功的另一个重要因素。范老师紧紧扣住爱国主义这一主题，开发和利用教学资源。这些课程资源首先大大丰富了课堂容量，同时又多而不乱，繁而有序；其次为学生提供了资源包，使他们集中感受了闻一多的写作风格，从更深的意境上品味《死水》的主旨。当然，如果教师能够有选择地提供一些与《死水》构成互文关系的其他读者的意见，如朱自清、梁实秋、徐志摩、司马长风等人的观点，就能够帮助学生在更为广阔的背景中去建构《死水》的意义。（张学凯. 语文教材使用策略例谈［J］. 中学语文教与学（下半月·初中读本），2008（2）.）

附：《死水》原文

死　水

闻一多

这是一沟绝望的死水，
清风吹不起半点漪沦。
不如多扔些破铜烂铁，
爽性泼你的剩菜残羹。

也许铜的要绿成翡翠，
铁罐上绣出几瓣桃花；
再让油腻织一层罗绮，
霉菌给他蒸出些云霞。

让死水酵成一沟绿酒，
飘满了珍珠似的白沫；
小珠们笑声变成大珠，
又被偷酒的花蚊咬破。

那么一沟绝望的死水，
也就夸得上几分鲜明。
如果青蛙耐不住寂寞，
又算死水叫出了歌声。

这是一沟绝望的死水，
这里断不是美的所在，
不如让给丑恶来开垦，
看他造出个什么世界。

一九二五年四月

《浅说一首〈清明〉绝句》探究式教学

《浅说一首〈清明〉绝句》教学背后的事情

《浅说一首〈清明〉绝句》是上海 H 版高级中学三年级《语文》（试用本）的一篇课文，作者周汝昌。我翻阅《唐诗鉴赏辞典》（萧涤非、周汝昌等撰写），其中《清明》的鉴赏文章，撰写者正是周汝昌。这二者主要内容相同，估计选入教材时，作者又做了适当修改，加写了一些文字。

2002 年下半年，我在上海徐汇区一所中学实习，教高中三年级语文。教完这篇课文后，有一位男同学疑惑地提出一个问题：课文有些词语好像用得不当。我叫他指给我看看，他就指"气候"为例来说。我思考了一下，觉得他说得有理。我对之表示赞赏，叫他回去再研究研究，其实我心里也打算回去研究研究。周汝昌，是我国当代最杰出的红学家。对他的文章中的小问题，我们要慎重处理，不能视而不见，也不能为名家找借口，要正视问题，给学生一个正确的说法。再说凡人均会出错，名家也会犯错，只不过出错少些。一般名家都是胸怀宽广的人，信奉真理，别人指错，若确实是，他一定会颔首赞成。学生明白这一点，就会大胆质疑。

我到了办公室，就"用词"作为阅读重点，认认真真阅读了原文，对一些疑点翻查了《现代汉语词典》，还查看了《中国文化史词典》（杨金鼎主编），结合自己的理解，觉得这篇文章的确有好几处用词问题。于是我又将这一类问题转化为教学内容，作为作业布置给学生，让学生"咬文嚼字"，培养学生语感，磨炼思维，然后组织同学们研讨，遂有此课。

2016 年 9 月，中国学生发展核心素养研究成果发布。用核心素养的理论成果来看十四年前的这节课，可发现新的亮点：教师鼓励学生大胆质疑，但又引导学生尊重事实，理性思考，查阅参考文献，慎重辨析，追求真知，能锻炼学生的科学理性精神。这节课里，学生表现的理性、智慧和勇气，令我鼓舞，也给我启发。崇尚真知，追求真知，获得真知，是学生学习的一大追求，甚至是人的一生追求，人类的永恒追求。科学精神，是获得真知的利器。因此，我认为，语文学科既要培养学生的形象思维，也要培养他们的科学精神，二者并重，缺一不可。此为后话。

这篇教学叙事写好后，拟什么题为好？我苦恼了一段时间。最初就叫"《浅说一首〈清明〉绝句》用词辨析"，觉其太实，给人看了不就是词语辨析吗？有啥好读的？后改为"《浅说一首〈清明〉绝句》的探究"，有一点新课程的味道了，似乎又太高深。我还是不满意，最后《清明》中的"纷纷"一词点击了脑海中的火花：我的课堂不也是"纷纷"的吗？周汝昌先生是"浅说"，他是谦虚，实似"深说"；我们七嘴八舌，"纷纷"说，才是真正的"浅说"。于是我满心欢喜地写下"浅说深说纷纷说"作为主标题，它既契合所涉及的文章，也合乎我的课堂教学情境，语言活泼有趣，能给人眼前一亮的效果。写成后，我投给了中国教育部主管的中文核心期刊《语文建设》。这是我第一次给首都的期刊投稿。

有一天，《语文建设》编辑部和我联系，说稿子不错，准备采用，要我寄一份这篇课文的复印件给他，并要我将课文附录在文稿后面，以备读者核查。我心里明白，编辑部对此也是十分谨慎的，周汝昌先生毕竟是著名学者啊。若我们后辈自己出了差错，不就无故损害了周先生的美誉了吗？这是绝对不能做的。

浅说深说纷纷说

——对《浅说一首〈清明〉绝句》的探究

和同学们一起学完周汝昌先生《浅说一首〈清明〉绝句》之后，我动情地说："周先生不愧是古典文学研究家，小小一首绝句，他竟挖掘出如此丰厚的意蕴，让我们领略到我国古典文学的美妙。真是不见大海不知天下之大，不见大家不知学问之厚啊！"话音刚落，一位男同学举手，我示意说："请讲。"他说："我发现这篇文章有一个明显的错误。"同学们都惊奇地打量着他。他从容不迫地说："课文第二段中'可是又正值气候容易发生变化的期间'中的'气候'，应该改为'天气'为好。"同学们经他一点，恍然大悟，原来"气候"是指一个地区比较稳定的气象状况，并不容易变化，只有天气才容易发生变化。我问同学们：他说的有没有道理？同学们异口同声地说：有道理。我当场高度赞扬了这位同学大胆质疑的精神，不迷信书本，敢于向红学大师、专家权威挑战。我随口问同学们还有没有其他疑点，同学们低头认真读起课文来。过了一会儿，有一位女同学问："清明能说佳节吗？"接着有几位同学们纷纷发问：寒食节是在清明的前两天吗，我好像在哪本书看到是前一天？"纷纷"究竟是什么意思，怎么描写雪就是大雪，描写雨就是细雨了呢？这时下课铃响了，我说："刚才同学们提的问题，我不能当场完全回答。也许还有其他问题。我们回去再仔细阅读一下，查查资料，明天上课的时候，我们再来探讨、交流。"

第二天语文课一开始，同学们就迫不及待地发起言来。

甲：我认为清明节不能称作"佳节"。清明节是上坟扫墓祭祖的日子，一般来说祭者的心情是沉重的、痛苦的，而"佳节"是指欢乐愉快的节日，这二者蕴含的情绪是截然相反的。因此，我认为"清明佳节"是矛盾的说法。我们常说"中秋佳节""佳节又重阳""元旦佳节"，而不说"清明佳节"。杜牧在诗中就用"清明时节"，就没有用"清明佳节"。

同学们对这番有理有据的发言报以掌声。没有人反驳，我问道："根据周汝昌先生的说法，古代清明时，还有踏青游玩、家人团聚的风俗。如果就这一点来说，可不可以称清明为佳节呢？"

乙：似乎可以。但不知周先生的这个说法可靠不可靠，有待查证。但是，就杜牧这首诗而言，我认为周先生将"清明时节"改称"清明佳节"，是不妥的，因为诗中流露的是愁苦的感情，不是轻松快乐的情感。

丙：我来说"纷纷"。查《现代汉语词典》，"纷纷"有两个义项：（1）（言论、往下落的东西等）多而杂乱。（2）（许多人或事物）接二连三地。杜牧诗中的"纷纷"应该取第一个义项。我认为把"雪纷纷"理解为大雪不准确，同理，把"雨纷纷"理解为细雨也是不妥的，"雪纷纷""雨纷纷"就是雪片、雨线多而杂乱。只有这样理解，才能理解"雨纷纷"更好地表现了行人"欲断魂"的情绪。

丁：我接着说。课文第二段最后一句是"诗人杜牧遇上的，正是这样一个日子"。根据前文，"这样一个日子"应该指代"疾风甚雨"的日子。"疾风甚雨"是什么意思？我理解为"猛烈的风、厉害的雨"。可是下文又说"雨纷纷"是细雨，显然这不又是前后矛盾吗？

听了丁同学的发言，其他同学们交头接耳了一番。我问有没有道理，许多同学表示赞同。我说："这位同学能联系上下文理解，发现名人专家前言不合后语，难能可贵。还有吗？如果有，再接着说。"

戊：关于寒食节，我来说两句。寒食节究竟在哪一天，有三种说法：一是清明节两天前；二是清明节一天前；第三种说法是在清明节三天前。我是查《中国文化史词典》才知道的。看来各地风俗不一，课文用的是一种通行的说法。

教室里发出"哦——"的一声。"大家说得不少了。没有了吧？"我笑道。我一看时间，快要下课了，想收场了。

己站起来：我还有一个看法，不知合理不合理。

她停了一下，同学们鼓励她快说。

己接着说：我认为"可巧"一词用得不恰当，应改为"不巧"。"可巧"有恰好、凑巧的意思，一般用在良好期望的情境中。举例说吧：母亲正在念叨他，可巧他就来了。清明在外的行人遇雨，应该是倒霉事，不是"可巧"，而是"不巧"。我们用"不巧"替换文中的"可巧"，就文从字顺了。

"高见，高见！"有的同学连声赞叹。我笑着对同学们说："这节课，不是我教你们，而是你们在教我，你们敢于批判，且言之成理。我十分钦佩同学们的大勇大智。现在我们把课文的第二段'佳节''可巧''气候'几个词语改过来，然后齐声朗诵一遍。"

下课的铃声伴奏着同学们高昂的朗诵声，汇成一首雄壮的交响曲。我迈着轻快的步子走出教室。这节课虽然我没讲什么，但是又确是一节实实在在的语文探究课。

（发表于全国中文核心期刊《语文建设》2004 年第 10 期）

专家点评

探究是培养创新精神的需要

河南师范大学教授 王文彦

所谓探究学习，就是从学科领域或现实生活中选择和确定主题，在教学中，创设一种类似于学术（或科学）研究的情境，通过学生自主、独立地发现问题、实验、操作、调查、搜集与处理信息、表达与交流等探索活动，获得知识、技能、情感与态度的发展，特别是探索精神和创新能力的发展的学习方式和学习过程。实施探究性学习的根本要素是相信学生。如范金豹老师在教学著名学者周汝昌先生的《浅说一首〈清明〉绝句》（上海 H 版高中三年级课文）时，引导学生对课文进行探究，学生竟对课文提出了多处质疑。如：（1）课文中称"清明"为"佳节"不合语境，清明节是扫墓祭祖的日子，祭者的心情是沉重的、痛苦的，而佳节是指欢乐愉快的节日。杜牧在诗中就用"清明时节"，而没有用"佳节"。（2）课文第二段中"可是又正值气候容易发生变化的期间"中的"气候"，应该改为"天气"。因为气候是指一个地区比较稳定的气象状况，并不容易变化，只有天气才容易发生变化。（3）课文中的"可巧"应改为"不巧"。"可巧"有恰好、凑巧的意思，一般用于表达某种美好的期望，清明在外的行人遇雨，应该是倒霉的事，不是"可巧"，而是"不巧"。

《全日制义务教育语文课程标准（实验稿）》之所以积极倡导自主、合作、探究的学习方式，首先是关注和尊重学生及学生的需要。学生有探究的需要，有获得新的体验的需要，有获得认可与欣赏的需要，有承担责任的需要。在语文教学过程中，自主、合作、探究的学习方式满足了学生的需要，是教学取得成功的条件。这种学习方式可以在教学过程中得到许多收获——如经验的激活、丰富与提升，知识的建构与运用，认知策略与学习策略的完善，情感的丰富、细腻和纯化，态度和价值观的形成、改善和完善，技能的形成、巩固和熟练等。（王文彦，蔡明. 语文课程与教学论（第二版）[M]. 北京：高等教育出版社，2006：139. ）

附:《浅说一首〈清明〉绝句》原文

浅说一首《清明》绝句

周汝昌

晚唐时代有一位著名的、有才华的诗人杜牧。杜牧字牧之,人们喜欢称他做"小杜"。这是因为有老杜——杜甫这位大诗人在他前头,所以需要这样分别地称呼,而这里面也就包含了一定的联系、比拟的意义。杜牧这首短短的《清明》绝句诗,历来为大家所喜爱、传诵。

这一天正是清明佳节。诗人在行路中间,可巧遇上了雨。清明,虽然正是柳绿花红、春光明媚的时节,可是又正值气候容易发生变化的期间,常常赶上"闹天气"。远在梁代,就有人记载过:在清明前两天的寒食节,往往有"疾风甚雨",还有个专名叫作"泼火雨"。诗人杜牧遇上的,正是这样一个日子。

诗人用"纷纷"两个字来形容清明雨,真是好极了。怎见得呢? "纷纷",若是形容下雪,那该是大雪,所谓"纷纷扬扬,降下好一场大雪来"。但是临到雨,情况却正相反,那种叫人感到"纷纷"的,绝不是大雨,而是细雨,——这细雨,也正是春雨的特色。细雨纷纷,是那种"天街小雨润如酥"样的雨:它不同于夏天的如倾如注的暴雨,也和那种淅淅沥沥的秋雨绝不是一个味道。这"雨纷纷",正抓住了清明雨的精神,传达了那种"做冷欺花,将烟困柳"的凄迷而又美丽的境界。

这"纷纷"在此毫无疑问是形容春雨的意境;可是它又不只是如此而已,它还有一层容易被大意的读者所忽略的特殊作用,那就是,它实际上还在形容着那位雨中行路者的心情。

你觉得这种说法有点儿新鲜吗?我们按下这一头,且看下面的一句:"路上行人欲断魂。""行人",是出门在外的行旅之人,行人不等于"游人",不是那些游春逛景的人。那么什么是"断魂"呢? "魂"就是"三魂七魄"的灵魂吗?不是的。在诗歌里,"魂"指的多半是精神、情绪方面的事情。"断魂",是极力形容那一种十分强烈,可是又并非明白表现在外面的很深隐的感情。比方,相爱相思,惆怅失意,暗愁深恨,等等。当诗人有这类情绪的时候，就常常爱用"断魂"这一词语来表达他的心境。

清明这个节日，在古人感觉起来，和我们今天对它的观念不是完全一样的。在当时，清明节是个大节日，休假、游赏之外，家人团聚、上坟扫墓，是主要的礼节风俗，除了那些贪花恋酒的公子王孙等人之外，有些头脑的，特别是感情丰富的诗人，他们心头的滋味是相当复杂的。倘若再赶上孤身行路，触景伤怀，那就更容易惹动了他的心事，偏偏又赶上细雨纷纷，春衫尽湿，这给行人又增添了一层愁绪。这样来体会，才能理解为什么诗人在这当口儿要写"断魂"两个字；否则，下了一点小雨，就值得"断魂"，那不太没来由了吗？

理解了这一层，就可以回到"纷纷"的问题上来了。本来，佳节行路的人，已经有不少心事，再加上身在雨丝风片之中，纷纷洒洒，冒雨趱路，那心境更是加倍地凄迷纷乱了。所以说，纷纷是形容春雨，可也形容情绪，——甚至不妨说，形容春雨，也就是为了形容情绪。这正是我国古典诗歌中寓情于景、情景交融的一种绝艺、一种胜境。

第一句、第二句，情景交代了，问题也发生了，——怎么办呢？须得寻求一个解决的途径。行人在这时不禁想到：往哪里找个小酒店才好。事情很明白：寻到一个小酒店，一来歇歇脚、避避雨，二来小饮三杯，解解料峭中的春寒，暖暖被雨淋湿的衣服，——最要紧的是，借此也就能散散心头的愁绪。于是，向人问路了。

是向谁问路的呢？诗人在第三句里并没有告诉我们，妙莫妙于第四句："牧童遥指杏花村。"在语法上讲，"牧童"是这一句的主语，可它实在又是上句"借问"的宾词——它补足了上句宾主问答的双方。牧童答话了吗？我们不得而知，但是以"行动"为答复，比答话还要鲜明有力。我们看《小放牛》这出戏，当有人向牧童哥问路时，他将手一指，说："您顺着我的手儿瞧！"是连答话带行动——也就是连"音乐"带"画面"，两者同时都使观者获得了美的享受；如今诗人手法更简捷、更高超：他只将"画面"给予读者，而省去了"音乐"，——不，不如说是包括了"音乐"，读者欣赏了那一指路的优美"画面"，同时也就隐隐听到了答话的"音乐"。

"遥"，字面意义是远。但我们读诗的人，切不可处处拘守字面意义，认为杏花村一定离这里还有十分遥远的路程。这一指，已经使我们如同看到，隐约红杏梢头，分明挑出一个酒帘——"酒望子"来了。若真的还距离太遥远，就难以发生艺术联系，若真的就在眼前，那又失去了含蓄无尽的兴味：

妙就妙在不远不近之间。《红楼梦》里大观园中有一处景子题作"杏帘在望"，那"在望"的神情，正是由这里体会脱化而来，因此正好为我们讲诗时作一个好注脚。《小放牛》里的牧童也说，"我这里，用手儿一指……前面的高坡，有几户人家，那杨柳树上挂着一个大招牌"，然后他叫女客人"你要吃好酒就在杏花村"，也是从这里脱化出来的。

"杏花村"，是真村名吗？不一定。杏花村就是酒家吗？二者更不能画等号。后来真有某村叫杏花村了；甚至某酒馆就名叫"杏花村"了，那完全是运用典故。在诗里，只需要说明指往这个美丽的杏花深处的村庄就够了，不言而喻，那里是有一家小酒店在等候接待雨中行路的客人了。

不但如此，在实际生活中，问路只是手段，目的是得真的奔到了酒店，而且喝到了酒，才算一回事。在诗里就不必然了，它恰恰只写到"遥指杏花村"就戛然而止，再不多费一句话。剩下的，行人怎样的闻讯而喜，怎样的加把劲儿趱上前去，怎样的兴奋地找着了酒店，怎样的欣慰地获得了避雨、消愁两方面的满足和快意……这些诗人就都不管了。他把这些都含蓄在篇幅之外，付与读者的想象，由读者自去寻求领会，他只将读者领入一个诗的境界，他可并不负责导游全景。另一面，他却为读者开拓了一处远比诗篇文字字面所显示的更为广阔得多的想象余地。

这才是诗人和我们读者的共同享受，这才是艺术，这也是我国古典诗歌所特别擅长的地方。古人曾说过，好的诗，能够"状难写之景，如在目前；含不尽之意，见于言外"。拿这首《清明》绝句来说，在一定意义上，也是当之无愧的。

这首小诗。一个难字也没有，一个典故也不用，整篇是十分通俗的语言，写得自然之极，毫无雕琢、造作之处。音节十分和谐、圆满；形象非常清新、生动，而又境界优美，兴味隐跃。它之流传众口，历久如新，为广大读者所喜爱，不是偶然的。

这首小诗，由篇法讲也很自然，看起来是顺序而下的写法。第一句交代情景、环境、气氛，是"起"；第二句是"承"，写出了人物，显示了问题；第三句是一"转"，然而也就提出了解决问题的办法；而这就直接逼出了第四句，成为整篇的精彩所在——"合"。在艺术上，这是由低而高、逐步升高，高潮顶点放在最后的手法。所谓高潮顶点，却又不是一览无余，索然兴尽，而是含蓄未尽，余韵邈然，耐人寻味。这些，都是诗人的高明之处，也是值得我们学习继承的地方。

《邹忌讽齐王纳谏》
文言文创意教学

《邹忌讽齐王纳谏》教学背后的事情

　　高中语文教学，一直有一个明确的目标：一切为了高考。文言文高考内容主要考三大块：常用文言词汇、文章内容理解、语句翻译。文言文教学三个字：读、讲、译。读，主要是学生读，熟悉课文；讲，主要是教师讲，讲重点实词词义、虚词用法；译，就是翻译，学生翻译，教师补正。单调的教学方式，减弱了学生对古代经典的学习情趣。在实施高中新课程的今天，如何开展有效的、生动活泼的文言文教学？这种教法，一要确保学生达到文言文学习目标，二要学生学得有趣，达到从学习文言到学习文章再进而学习文化的教学境界，增进学生对我国古代文化的热爱之情。我一时一筹莫展。我没有找到，并不意味着没有。好的方法一定会有的。

　　反复学习领会普通高中《语文课程标准》（实验）精神，再研读名师优秀课例，我选择了较为浅易的文言文《邹忌讽齐王纳谏》，看能不能试验一种新的教法。在反复研究文本的时候，我发现这篇文章内含一个典型结构，就是"三"。中国人讲"大禹三过家门而不入""三人为众""事不过三""三人行，必有我师焉"，等等，可见"三"是我国文化的一个重要概念，这一概念也反映在文学作品中，比如《三国演义》中"三顾茅庐""三气周瑜"，《水浒传》中"三打祝家庄""三碗不过冈"，《西游记》中"三打白骨精""三借芭蕉扇"，《红楼梦》中"刘姥姥三进荣国府"，等等。此发现，开启了我的教学思路。若学生能够领会课文中丰富的"三"，就会迅速把握全文结构以及内容，对于词汇、语句的理解就会化整为零，一点一滴积累起来，学生顺着这一思路再背诵文章，也会水到渠成。妙！这个"三"可以牵一发而动全身。最后，我还要做一点拓展，因为学文言文不是"为了学文言文而学文言文"，学文言文是有用的，也是要用的，因为经典文言文承载了中国的优秀文化。学而有用，学以致用，领略到中国文化的美妙，才能巩固所学内容，又能激发学生学习文言文的浓厚情趣。

这篇教学叙事发表在中文核心期刊《中学语文教学》的"创意教学"栏目里。大约编辑认为这样教文言文有一点"创意"吧？也许有一点吧。

2005 年 8 月我到了教研室后，翻看新课标人教版初中语文教材，发现《邹忌讽齐王纳谏》出现在第六册里。这篇课文"下放"了。现在的新课标人教版高中语文教材自然就不会编入了。《邹忌讽齐王纳谏》编入高中语文教材，就文意理解来看，高中生学习，确实是比较容易的。我想，《邹忌讽齐王纳谏》该"下放"，诸葛亮的《出师表》就要"上调"。因为诸葛亮的《出师表》比《邹忌讽齐王纳谏》内容深，也复杂多了，初中生学习它又太难了。而《出师表》依然在初中语文教材，不是第六册，而是第五册。这涉及教材文言文的编选问题，我为此写了一篇论文——《浅探中小学文言文课文编选的科学化》，2008 年获得安徽省教科院论文评选二等奖。

发现"三"

文言文教学也可以实践新课标提倡的"自主、合作、探究"教学方式。《邹忌讽齐王纳谏》是传统文言文名篇，是适用这种教学方式的极好文章。我在教学这篇文言文时，是这样做的。

学生听完课文录音带之后，自己又朗读了若干遍，我让学生仔细地默读，能不能发现这篇课文内容结构上的一大特点。学生说了好几个特点，但是都不能统摄全文。我点拨说："这篇课文内容结构上暗含了一个数字。"这一点，石破天惊，学生异口同声答道："三！""那么就让我们来找一找，这篇课文究竟暗含了多少个'三'。我们看看哪个小组发现得多。"我笑着说。学生又专心致志阅读，然后小组交流。接着是小组汇报。学生一个接一个说，最后找到了课文中的许多"三"："三问""三答""三类比""三赏""三时"。我问："还有没有？"学生继续"搜视"，又发现了新的目标，"三思""三日""三比美"。基本上差不多了。我叫学生将这些"三"排一排队，理顺课文内容；罗列出"三"的具体内容，用一种方式加以呈现。最后，学生一致认为用表格呈现较为简明。下面就是学生集体精心绘制的表格。

三日	三问	三答	三比美	三思	三类比	三赏	三时
（第一日）朝服衣冠，窥镜	谓其妻曰：我孰与城北徐公美	妻：君美甚，徐公何能及君也	邹忌：修八尺有余，而形貌昳丽。徐公：齐国之美丽者也。	吾妻之美我者，私我也	宫妇左右莫不私王	群臣吏民，能面刺寡人之过者，受上赏	令初下，群臣进谏，门庭若市
	复问其妾曰：吾孰与徐公美	妾：徐公何能及君也		吾妾之美我者，畏我也	朝廷之臣莫不畏王	上书谏寡人者，受中赏	数月之后，时时而间进
（第二日）旦日，客从外来	问之客曰：吾与徐公孰美	客：徐公不若君之美也	一比美：忌不自信	客之美我者，欲有求于我也	四境之内莫不有求于王	能谤讥于市朝，闻寡人之耳者，受下赏	期年之后，虽欲言，无可进者
（第三日）明日，徐公来			二比美：（忌）孰视之，自以为不如				
			三比美：（忌）窥镜而自视，又弗如远甚				

接下来，我要求学生 5 个人一组，将课文内容做一个分角色表演，希望学生尽可能地将人物的形象、话语恰如其分地表现出来。然后要求学生根据黑板表格，展开背诵比赛活动。最终脱离提示，熟练背诵全文。

作为这篇课文的最后一个环节，我分发准备好的"资料包"，资料内容包括：《谏逐客书》《谏太宗十思疏》以及《晏子春秋》中一些记载晏子劝谏齐王的短小文章等，让学生探究古人的劝谏术。要求学生自己搜求一下古今中外关于劝谏类文章，同学们之间互相交流分享。

这篇课文的作业有两道：1. 完成课后练习，积累文言语汇。2. 课外探究类题：收集含有"三"的中国熟语（成语、谚语、歇后语、惯用语、本地俗语等）；翻一翻古代小说、神话传说故事等，看看有多少含有"三"的故事，比如"三打白骨精"。想一想："三"这个数字有什么特殊性？与中国文化有何秘密联系？最后写一篇文章，展示你的搜集成果和思考成果。

（发表于全国中文核心期刊《中学语文教学》2005 年第 6 期）

专家点评 1

聚焦"三"　拓展"三"

中国浦东干部学院副教授　李冲锋

范金豹老师的《邹忌讽齐王纳谏》的教学很有新意，对文言文教学具有借鉴意义。

从教学方法上看，实现了文言文教学由"串讲法"到"发现法"的转变。传统的文言文教学是以"串讲法"为主的，这是一种"师讲生听"为主的授受教学。在这种教学中，学生的学习主体性得不到发挥，而且容易受到抑制。范老师的这堂课，让学生寻找发现课文究竟暗含了多少个"三"，自己制作表格理清内容，并让学生分角色扮演，深入体会课文内容，实现了学生自主学习、主动发现的学习主体地位，突破了"串讲法"的束缚，符合新课程提倡的"自主、合作、探究"的学习方式。从这节课不难看出，文言文的教学也完全可以摆脱"串讲法"，而改由学生自主、合作、探究的学习。

从教学内容上看，注重了教学内容的聚焦化、系统化。本课以"三"为突破点，以发现"三"、呈现"三"、表演"三"展开教学，课后还让学生进一步探究"三"，在教学内容上是较为聚焦的。让学生把课文中与"三"有关的内容通过表格的方式呈现出来，这个过程是将内容系统化、条理化的过程，有助于学生加深对课文的理解和记忆。当然，在此基础上还可以做得更好。教学中只是发现和呈现了课文中众多的"三"，即"三"的内容，但没有进一步深入揭示为什么会出现这么多"三"，这么多"三"在内容表达上有什么功能。如果能够在这方面推进一步就更好了。这一步推进之后，课外作业的第二题，即课外探究就会更有意思。

从教学资源上看，本教学注重教学资源的开发与利用。从课上分发准备好的"资料包"，包括《谏逐客书》《谏太宗十思疏》《晏子春秋》等，可以看出教师课前进行了广泛阅读，收集、开发了与教学内容相关的教学资源，并有选择地利用于教学。课后作业第二题，让学生收集含有"三"的中国熟语等，也是教学资源开发与利用的一种表现。可见，教师具有强烈的教学资源开发与利用意识。好的教学一定需要大量优质教学资源的支撑，这也是上好课、教好学的重要保障。

此外，范老师对文本的解读（解读出众多"三"）、教学活动的设计等方面也是不错的，值得我们好好学习。

专家点评2

最佳"切入点"与"核心内容"的有效达成

马鞍山高等师范专科学校副教授　潘天正

新课程教学提倡"自主合作探究"学习，其教学依据来自于课堂教学的落脚点是"学"而不是"教"，但放给学生的"自主""探究"并不意味着教师引导的放任和旁观。就语文教学而言，教师的主要任务则是为学生"怎么学"设计最集中的学习思路，教学的重点是指向"核心内容"和给学生提供最佳"切入点"。依此看出，这两方面也是范金豹老师《邹忌讽齐王纳谏》教学的亮点。

从这节课的教学设计看，劝谏方法技巧抑或"劝谏术"应是本课的"核心内容"，这在教学过程、资料包、作业等设置中逐步被强化，而用"三"作为教学的"切入点"也很巧妙，这似乎照应了王荣生教授所言语文教学的"一根筋"价值，有了最佳"切入点"的这根筋，本文教学的各个环节严整而又自然地串联起来，从"三日""三问""三答""三比"到"三思""三赏"和"三时"，课堂教学也就像"剥竹笋"层层推进，集中指向"核心内容"。有效的课堂教学就是这样：学生的主动学习都是在教师巧妙设计下逐层指向目标。

附：《邹忌讽齐王纳谏》原文

邹忌讽齐王纳谏

《战国策》

邹忌修八尺有余，而形貌昳丽。朝服衣冠，窥镜，谓其妻曰："我孰与城北徐公美？"其妻曰："君美甚，徐公何能及君也？"城北徐公，齐国之美丽者也。忌不自信，而复问其妾曰："吾孰与徐公美？"妾曰："徐公何能及君也？"旦日，客从外来，与座谈，问之客曰："吾与徐公孰美？"客曰："徐公不若君之美也。"明日徐公来，孰视之，自以为不如；窥镜而自视，又弗如远甚。暮寝而思之，曰："吾妻之美我者，私我也；妾之美我者，畏我也；客之美我者，欲有求于我也。"

于是入朝见威王，曰："臣诚知不如徐公美。臣之妻私臣，臣之妾畏臣，臣之客欲有求于臣，皆以美于徐公。今齐地方千里，百二十城，宫妇左右莫不私王，朝廷之臣莫不畏王，四境之内莫不有求于王：由此观之，王之蔽甚矣。"

王曰："善。"乃下令："群臣吏民能面刺寡人之过者，受上赏；上书谏寡人者，受中赏；能谤讥于市朝，闻寡人之耳者，受下赏。"令初下，群臣进谏，门庭若市；数月之后，时时而间进；期年之后，虽欲言，无可进者。燕、赵、韩、魏闻之，皆朝于齐。此所谓战胜于朝廷。

《罗布泊，消逝的仙湖》
实用文教学探索

《罗布泊，消逝的仙湖》教学背后的事情

《罗布泊，消逝的仙湖》，是新课标人教版初中语文教材八年级下册的课文。也许是新入编课文的缘故，更容易成为老师上公开课的选择对象。2006年3月中旬，我参加片区语文教研活动，一位教师就执教此文。一堂课听下来，引发了我不少想法：如果这篇课文不这样教，还可以怎么教？

于是我就钻研这篇课文。这篇课文内容理解难度不大，如果一堂课就理解课文而教，那又何必呢？因为大部分学生不需教而能基本掌握。不少老师正是在这一点上锲而不舍。本文是报告文学体裁，借机传授一点报告文学的文体常识，又有多大意义呢？思维习惯逼迫我不断追思：这一篇报告文学的教学价值是什么？

为了让这份"报告"，打动读者的心灵，唤起强烈的环境忧患意识，激发国人立刻行动起来，保卫我们的美好家园，作者主要采取了四种表现手法：一是对比；二是情景描写；三是强烈直接抒情；四是同类事件反复叠叙。感受这些手法的艺术效果是手段，呼吁国人积极行动保护环境是目的。因此，本文的教学出发点和归宿是：学习这篇报告文学的艺术手法，体会其艺术效

果；感受文章的忧患意识，唤醒学生环保意识，激起实际行动。这两点就是本文的教学目标所在。只教前一点，没错，是语文教学的本分，可是置学生于象牙之塔，学会此术，不关宏旨，是捡了芝麻丢了西瓜；只教后一点，是国情教育、环境教育，是非语文的教学，空洞说教，无感染力。因此，二者必须有机结合。

我个人认为，本文最大的教学价值要实现学生、文本和现实三者之间深度关联。教学不应是苍白无力的，而应具有实践的指向性：激发学生爱国情感，改变学生环保行为，产生现实影响力。学生一旦确认到自己的本质力量，就会体验到生命的快乐，就像幼儿看见自己在地上涂鸦，会产生自豪感。反过来，一旦认识现实的恶劣，学生也会拿起手中稚嫩的笔抒发自己心中的"咿呀"！

一篇文章的力量有一个最佳释放时机的问题。《实践是检验真理的标准》究其思想内容并不新鲜，但是在"文革"后能大胆地投放我国社会，就产生了深远的历史影响。明乎此，我备好了课，特意选定 3 月 22 日"世界水日"这一天执教这篇文章。

这篇课文上完了，这个班级的语文老师说：这个班一直死气沉沉，今天学生不知怎么特别活跃，好像不是他们一样，表现出乎意料得好。过了一段时间，这个学校的另一位语文老师告诉我，学生写了"世界水日"宣传单，在校园里四处张贴。虽然教学这篇课文，有不足与遗憾，但是课堂内外出现了这些动人情景，我已感到十分满足。我们的学生潜藏着不可估量的生命力和智慧，他们在我的这节课里释放了一点点，就让熟知他们的老师惊讶了。我们语文老师要让学生生命力在语文的课堂里蓬勃地燃烧！

《罗布泊，消逝的仙湖》教学设计

（一）教学设想

《罗布泊，消逝的仙湖》是一篇语言优美且具有强烈环保忧患意识的报告文学。学生理解这篇课文内容障碍不大，了解报告文学的常识也不难，但是如何唤起学生强烈的环保意识，确实不易。而这恰是学习本文的重点，也是难点。为了突破这一点，必须唤起学生的爱国情感。教师要提供必要的资料，让学生披情以入文，与自己的生活经验联系起来；教学中要真正确立学生学习的主体地位，让学生自主探究、比较、体会和活动。另外，为了让本文释放更大的震撼力，应该选定 3 月 22 日（世界水日）这一天来学习课文。

教学目标：能感受对比、描写与抒情相结合等艺术手法的效果；唤醒学生的忧患意识，增进学生的环保意识。

重点：学习对比、描写与抒情相结合的艺术手法。

难点：培育学生环保思想。

（二）教学过程

1. 课前准备：创设教学需要的良好氛围

（1）课前播放歌曲《我爱你，中国》，多媒体屏幕显示中国地图以及中国各地优美风景图。

（2）在黑板右侧写下中国的面积、安徽省的面积（13.9 万平方千米）、芜湖县的面积（940 平方千米）、所在乡镇的面积。学生了解面积大小，以便与罗布泊等面积比较。

2. 新课导入，激发学生阅读期待

（1）师：刚才同学们看到祖国各地的优美风景，请每位同学说一句话来表达爱国之情以及热爱的理由。（学生发言）刚才同学们说得很感人，可是祖国每一处名胜古迹都有可能被毁灭！今天我们来学习的一篇课文就是一个证明。

（2）阅读课文题目，谈谈你对罗布泊的了解以及预习中遇见的问题。

（3）明确罗布泊在哪儿。媒体呈现中国地图和新疆地图，让学生找到塔里木沙漠、塔里木河和罗布泊等。

3. 学习课文第 3~24 段

（1）要求学生在阅读时，标出与下面内容有关的语句、段落：①罗布泊 1970 年之前、之后各是什么样的；②课文中表示罗布泊面积、塔里木河长度、塔里木河沿岸胡杨林生长、塔里木河沙漠化、塔里木河沿岸居住人口的变化情况的数据。

（2）读之后，填写图表，然后互相说说图表表达的事物变化趋势以及发现它们之间的关系。

① 罗布泊面积变化图　　② 塔里木河长度变化图

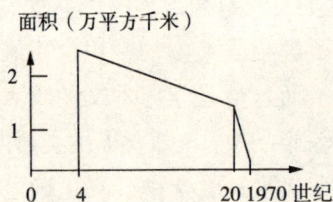

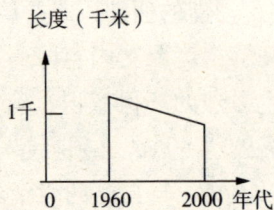

③ 塔里木河胡杨林面积

面积（万亩）

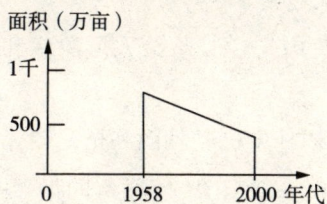

④ 塔里木河土地沙化情况

占土地面积的%

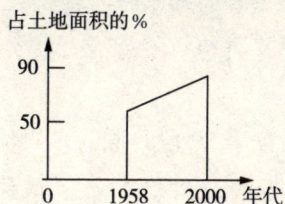

⑤ 塔里木河流域人口增长情况

人数（激增）

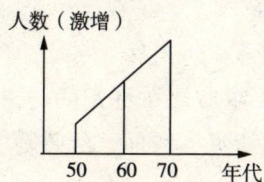

⑥ 用一种方式来表示它们之间的关系，并讨论如何来解决这一恶性循环（明确：治沙先治人。采取计划生育，控制人口增长；统筹规划，合理使用水资源，减少盲目浪费）：

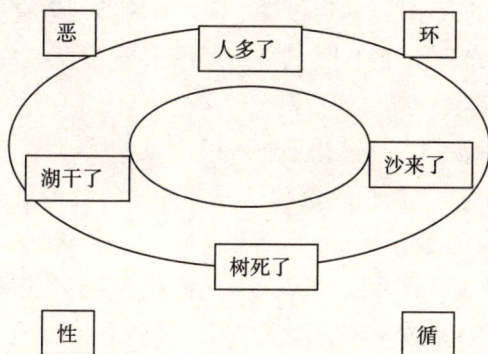

⑦ 填表：罗布泊今昔对比情况。要求学生从课文中寻找相对应的词语，填写罗布泊现在的情形。媒体显示罗布泊今昔对比图片，学生面对对比图，说自己的真实感受和想法。

昔（教师提供）	今（学生完成）
清水盈盈	黄沙滚滚
绿洲	死湖
仙湖	干湖
热闹繁华	荒凉萧瑟
令人神往	令人恐怖

4. 品味语言的形象性与抒情性及其艺术效果

（1）哪些语句、段落给人真实感？哪些语句、段落给人形象感和强烈的抒情性？

（2）精读第 19 段。同时多媒体显示胡杨林生机勃勃图和枯死图。

师：胡杨树是什么？是"最美丽的树"，是保护人类家园的"绿色长城"，是抵抗沙漠进攻的"防沙卫士"！可就是这样的树，却惨死在人的手下！（教师朗读第 19 段）

（一名女学生读第 19 段，接着全班学生齐读。）

师："又像是向谁伸出求救之手！"向谁伸出求救之手呢？胡杨树可能说些什么话？请假设自己站在罗布泊边缘，就自己所见、所闻、所感写一段话。要求语言形象，融情于景。

（写好后同学互相传阅，推荐优秀者当堂诵读。）

5. 从文本到现实：国情播报

（1）学生朗读课文第 26 段，男生读前半部分"青海湖的悲剧"，女生读后半部分"月牙泉的悲剧"。然后说说中国还有哪些地方有类似的悲剧。

（2）学生说说自己所在村庄、学校水污染情况以及浪费水的现象。

（3）6 位学生读教师提供的资料。

学生 1：我国沙漠以及沙漠化土地面积

我国有八大沙漠，总面积约为 52 万平方千米。其中塔克拉玛干沙漠面积为 33.76 万平方千米，我国第一，世界第二。

根据 1989 年的统计，我国沙漠化土地面积为 33.4 万平方千米，而且正以平均每年增加 1560 平方千米的速度扩展。

学生 2：我国水资源

我国是一个干旱缺水严重的国家。我们的淡水资源总量为 28000 亿立方米，占全球水资源的 6%，但人均只有 2300 立方米，仅为世界平均水平的 1/4、美国的 1/5，在世界上名列 121 位，是全球 13 个人均水资源最贫乏的国家之一。

学生 3：我国森林资源

我国现有森林面积 1.34 亿公顷，占世界森林面积的 3%。我国森林覆盖率仅为 16.55%，人均森林面积 0.11 公顷（1.65 亩），相当于世界人均的 18%，位居世界第 120 位。而芬兰的森林覆盖率为 69%，人均 60 亩。

长江流域 12 个省的森林面积在 50 年内减少了 30%~40%，上游荒山荒坡地面积达到 1.7 亿亩，占土地总面积的 11.3%。

学生 4：我国水土流失情况

中国是世界上水土流失最为严重的国家之一！我国人均耕地不到世界人均水平的 40%。

根据我国水利部 2000 年开展的第二次土壤侵蚀遥感普查，全国现有水土流失面积 356 万平方千米，超过国土总面积的 1/3，约占国土面积的 38%。

近 50 年来，我国因水土流失毁掉的耕地达 5000 多万亩，平均每年约 100 万亩。

东北黑土区每年流失掉的黑土近 2 亿立方米。按照目前的流失速度，再过 50 年黑土层基本流失。东北黑土区将变成第二个黄土高原。

学生 5：日益增长的中国人口

根据国家统计局统计，2005 年末我国现有人口 13.0756 亿（不包括港台澳地区），预计到 2033 年将达到 15 亿。

学生 6：生态环境恶化的危害

日益恶化的生态环境，给我国经济和社会带来极大危害，严重影响可持续发展。一是加剧贫困程度。目前，全国农村贫困人口 90% 以上生活在生态环境比较恶劣的地区。恶劣的生态环境是造成当地群众贫困的主要根源。二是加剧经济和社会发展的压力。我国人多地少，土地后备资源匮乏，如果不能有效地控制水土流失和土地荒漠化，将严重影响我国的可持续发展。三是加剧自然灾害的发生。由于降雨量减少和水土流失等原因，黄河河道淤积越来越严重，加之超量用水，断流时间越来越长，长此下去，黄河有可能成为间歇性河流；由于不合理开发，长江流域植被减少，土壤流失，崩塌、泥石流等灾害频繁发生，泥沙量逐年增加，威胁中下游地区经济和社会发展。全国每年因干旱、洪涝等各种自然灾害造成的损失呈大幅度增长之势。

（4）齐读课文最后一段。男生齐读"救救青海湖"，女生齐读"救救月牙泉"，男女生合读"救救所有因人的介入而即将成为荒漠的地方"。

（5）聆听《毕业歌》："同学们，大家起来，担负起天下的兴亡！……"

6. 活动结束课堂

3 月 22 日是"世界水日"，发"世界水日"宣传单一生一张。要求学生先在草稿纸上写一句标语口号，同学之间互相传阅并做适当修改。修订后写在宣传单上，课后选择适当的地方张贴自己做的"世界水日"宣传单。

（发表于全国中文核心期刊《语文教学通讯B》2007年第2期，收入本书略有改动）

专家点评1

一份感恩 一份忧患

《语文教学通讯》编辑 佩兰

"语文是工具性和人文性的统一"，但这并不意味着"语文"是一个可以一分为二的学科。所以在《罗布泊，消逝的仙湖》所在单元的单元提示中指出"学习本单元，要在理解课文内容的同时，树立环保意识"，似乎是将"工具性"列在了"人文性"的前面。但执教此课的范金豹老师却有意将"人文性"放在首位。这显然不是一种随意的改造与调换，其中却有着教师对自身职业的一种严肃而庄重的思考。面对《罗布泊，消逝的仙湖》这样一篇文章，我们宁愿使学生学过以后写一篇合乎规范的科学文艺作品，还是宁愿使学生从此对自然怀有一份感恩，对人类目前的所作所为怀有一种忧患，从此自觉成为一名环保公民？我们愿意培养他们笔下有规矩，还是愿意使他们胸中有天地？"师者，所以传道受业解惑也。"面对这样一篇教学设计，我不由得再次想起了这句话。

（《语文教学通讯B》2007年第2期）

专家点评2

以课文为话题的教学

新疆师范大学文学院 赵春燕 夏敏

范老师的教学关注的主要是作者在课文中所传递的强烈的环保忧患意识，

他只是把课文作为破坏环境的典型案例，想通过剖析这个典型案例，拈出环境保护的话题，然后拓展开去，联系现实，以便唤起学生强烈的环保意识，所教知识实际上是一些道德观念方面的知识。

持以课文为话题的课文观的语文老师，往往既不看重语言学、文章学等方面的学科知识，也不注重语言运用方面的操作性知识，而是把道德观念当作教学内容，认为引导学生领悟作者通过课文传递的思想感情、社会意义、历史意义等人文知识，是在体现语文学科人文性，如果能进一步使学生产生思想碰撞、情感交流、心灵净化，则是提高了学生的人文素养。实际教学过程中，他们往往将课文作为话题，把课文蕴含的丰富情感和道德观念作为课堂教学的主要内容，并进行过度拓展，目的是使学生认同并内化课文传递的社会意义、历史意义以及思想感情和人生价值等。

（《语文教学通讯 B》2017 年第 4 期）

附：《罗布泊，消逝的仙湖》原文

罗布泊，消逝的仙湖

吴　刚

塔克拉玛干沙漠边缘有个罗布泊。自 20 世纪初瑞典探险家斯文·赫定闯入罗布泊，它才逐渐为人所知。

1980 年，中国著名的科学家彭家木在那里进行科学考察失踪；16 年后，探险家余纯顺又在那里遇难，更给罗布泊增添了几分神秘色彩。罗布泊，一望无际的戈壁滩，没有一棵草，一条溪，夏季气温高达 70℃。罗布泊，天空中不见一只鸟，没有任何飞禽敢于穿越。

可是，从前的罗布泊不是沙漠。在遥远的过去，那里却是牛马成群、绿林环绕、河流清澈的生命绿洲。

罗布泊，"泊"字左边是三点水啊！

翻开有关西域的历史书籍，你会惊异于罗布泊的热闹与繁华。

《汉书·西域传》记载了西域 36 国在欧亚大陆的广阔腹地画出的绵延不

绝的绿色长廊，夏季走入这里与置身江南无异。昔日塔里木盆地丰富的水系滋润着万顷绿地。当年张骞肩负伟大历史使命西出阳关，当他踏上这片想象中荒凉萧瑟的大地时，却被它的美丽惊呆了。映入张骞眼中的是遍地的绿色和金黄的麦浪，从此，张骞率众人开出了著名的丝绸之路。

另据史书记载，在 4 世纪时，罗布泊水面超过 20 万平方千米。到了 20 世纪还有 1000 多平方千米水域。斯文·赫定在 20 世纪 30 年代进罗布泊时还乘小舟。他坐着船饶有兴趣地在水面上转了几圈，他站在船头四下远眺，感叹这里的美景。回国后，斯文·赫定在他那部著名的《亚洲腹地探险 8 年》一书中写道：罗布泊使我惊讶，罗布泊像座仙湖，水面像镜子一样，在和煦的阳光下，我乘舟而行，如神仙一般。在船的不远处几只野鸭在湖面上玩耍，鱼鸥及其他小鸟欢娱地歌唱着……

被斯文·赫定赞誉过的这片水域于 20 世纪 70 年代完全消失，罗布泊从此成了令人恐怖的地方。

罗布泊的消亡与塔里木河有着直接关系。

塔里木河全长 1321 千米，是中国第一、世界第二大内陆河。据《西域水道记》记载，20 世纪 20 年代前，塔里木河下游河水丰盈，碧波荡漾，岸边胡杨丛生，林木茁壮。1925 年至 1927 年，国民党政府一声令下，塔里木河改道向北流入孔雀河汇入罗布泊，导致塔里木河下游干旱缺水，3 个村庄的 310 户村民逃离家园，耕地废弃，沙化扩展。新中国成立后的 1952 年，塔里木河中游因修筑轮台大坝，又将塔里木河河道改了过来。塔里木河下游生态环境得以好转，胡杨枝重吐绿叶，原来废弃的耕地长出了青草，这里变成牧场。

问题出在近 30 多年。塔里木河两岸人口激增，水的需求也跟着增加。扩大后的耕地要用水，开采矿藏需要水，水从哪里来？人们拼命向塔里木河要水。几十年间，塔里木河流域修筑水库 130 多座。任意掘堤修引水口 138 处，建抽水泵站 400 多处，有的泵站一天就要抽水 1 万多立方米。

盲目增加耕地用水、盲目修建水库截水、盲目掘堤引水、盲目建泵站抽水，"四盲"像个巨大的吸水鬼，终于将塔里木河抽干了，使塔里木河的长度由 20 世纪 60 年代的 1321 千米急剧萎缩到现在的不足 1000 千米，320 千米的河道干涸，以致沿岸 5 万多亩耕地受到威胁。断了水的罗布泊成了一个死湖、干湖。罗布泊干涸后，周边生态环境马上发生变化，草本植物全部枯死，防沙卫士胡杨林成片死亡，沙漠以每年 3 米至 5 米的速度向湖中推进。罗布泊很快与广阔无垠的塔克拉玛干大沙漠浑然一体。

罗布泊消失了。

金秋十月，我站到了位于新疆巴音郭楞自治州的塔里木河的大桥上。

放眼望去，塔里木河两岸的胡杨林似一道绿色的长城。

胡杨，维吾尔语称作"托克拉克"，意为"最美丽的树"。胡杨林是牲畜天然的庇护所和栖息地，马、鹿、野骆驼、鹅喉羚、鹭鸶等百余种野生动物在林中繁衍生息，林中还伴着甘草、骆驼刺等多种沙生植物，它们共同组成了一个特殊的生态体系，营造了一个个绿洲，养育着南疆 750 余万各民族儿女。

如此重要的胡杨林因塔里木河下游的干涸而大面积死亡。1958 年，塔里木河流域有胡杨林 780 万亩，现在已减少到 420 万亩。伴随着胡杨林的锐减，塔里木河流域土地沙漠化面积从 66% 上升到 84%。"沙进人退"在塔里木河下游变成现实，至罗布庄一带的库鲁克库姆与世界第二大沙漠塔克拉玛干沙漠合拢，疯狂地吞噬着夹缝中的绿色长城，从中穿过的 218 国道已有 197 处被沙漠掩埋。

我们沿塔里木河向西走出 200 千米后，绿色长城突然从眼中消失。塔里木河两岸的胡杨林与两边的沙地成了一个颜色。由于缺水，长达数百公里的绿色长城在干渴中崩塌。罗布泊的胡杨林号称千年不死的胡杨林啊，在忍受了 20 余年的干渴后终于变成了干枯的"木乃伊"。那奇形怪状的枯枝，那死后不愿倒下的身躯，似在表明胡杨在生命最后时刻的挣扎与痛苦，又像是向谁伸出求救之手！

再向前，我们到了罗布泊的边缘。同来的同志告诉我，再也不能向前走了。若想进入罗布泊，至少要有两辆汽车，必须备足食品和水。我们只得钻出汽车，将目光投向近在咫尺的罗布泊。

站在罗布泊边缘，会突然感到荒漠是大地裸露的胸膛，大地在这里已脱尽了外衣，露出自己的肌肤筋骨。站在罗布泊边缘，你能看清那一道道肋骨的排列走向，看到沧海桑田的痕迹，你会感到这胸膛里面深藏的痛苦与无奈。

罗布泊还能重现往日的生机吗？我问自己。

此时此刻，我们停止了说笑。那一片巨大的黄色沙地深深地刺痛着我们的心，使我们个个心情沉重。30 年在历史的长河中只是一瞬。30 年前那片胡杨茂密、清水盈盈的湖面就在这瞬间从我们的眼中消失了。

这出悲剧的制造者又是人！

悲剧并没有止住。同样的悲剧仍在其他一些地方上演。

世界著名的内陆湖——青海湖，50 年间湖水下降了 8.8 米，平均每 6 年下降 1 米，陆地已向湖中延伸了 10 多千米；数千年风沙未能掩埋的甘肃敦煌月牙泉，却因当地超采地下水，水域面积从 20 世纪 50 年代的 1.1652 万平方米缩小至 5397 平方米，水深只剩尺余，大有干涸之势……这一切也都是人为的！

救救青海湖，救救月牙泉，救救所有因人的介入而即将成为荒漠的地方！

《在困难的日子里》
经典教学探索

经典教学背后的思考

苏联著名教育家苏霍姆林斯基有一个坚定的信念：无限相信书籍的力量。他在《帕夫雷什》里写道："一所学校可能什么都齐全，但如果没有为了人的全面发展和丰富精神生活而必备的书，或者如果大家不喜爱书籍，对书籍冷淡，那么就不能称其为学校。一所学校也可能缺少很多东西，可能在许多方面都很简陋贫乏，但只要有书，有能为我们经常敞开世界之窗的书，那么，这就足以称得上是学校。"我们学校的书是有的，甚至是丰富的，可是我们相当一部分学生整天读书，却不爱读书，大部分是为考试而读书。

著名教育学家、"新教育实验"创始人朱永新教授在《一个人的精神发育史就是他的阅读史》里说："很久以来，我们一直都仅将阅读看作个体的行为。这样的认识是片面的。我认为，一个国家、一个民族的共同阅读决定了其精神力量，而精神的力量对于一个国家软实力与核心竞争力的培育，起着关键作用。国际阅读协会在一份报告中曾经指出，阅读能力的高低直接影响到一个国家和民族的未来。"

当前，我国国民阅读整体氛围不浓。2015 年 3 月 5 日，在十二届全国人大二次会议上，李克强总理代表国务院向大会做政府工作报告，报告中首次提到倡导全民阅读。他指出："文化是民族的血脉。要培育和践行社会主义核心价值观，加强公民道德和精神文明建设。继续深化文化体制改革，完善文化经济政策，增强文化整体实力和竞争力。促进基本公共文化服务标准化均等化，发展文化艺术、新闻出版、广播电影电视、档案等事业，繁荣发展哲学社会科学，倡导全民阅读。"这是从国家发展战略的高度来提倡全民阅读。

我是一个"读书人"。对读书的价值，有一点个人体会：正是因为读了一些书，不限于教科书，也不限于语文书，内心觉得充实一些，也觉得有精神的脊梁挺得更有力量一些。

抗日战争时期，陶行知先生就大力提倡"六大解放"。我们首先要"解放学生的时间"，坚决减去不必要的无意义的作业；其次要创造适宜学生阅读的空间，为学生阅读提供各种良好的便利条件。

当今，是全民平均读书数量不高的时代，也是书籍泛滥的时代。面对浩如烟海的书，我们的学生应该首先读什么？读经典！这是全世界的共识！

经典，是人类最智慧的结晶，是世界上最有营养的精神食粮。

无限相信阅读的力量，无限相信经典的力量。

在"困难"的日子里

2003 年 9 月，我任教高一两个班语文。期中考试之后 11 月 18 日至 21 日，一连 4 天，我为这两个班的学生朗读了当代著名的作家路遥的作品《在困难的日子里》。为什么会在这个时候朗读这篇小说呢？

我所任教的学校是一所省示范高中，坐落在县城，录取的学生大多数来自农村，还有一部分来自城镇。这些农村来的学生，相对城镇学生，一般家境比较贫穷，而他们在小学、初中时，学习成绩多是所在学校的佼佼者，一直被老师宠爱着。囿于狭窄的视域，他们通常有点儿夜郎自大。期中考试之后，由于各种各样的原因，大多数来自农村的学生考试成绩退步了，不像小学、初中时那样名列前茅，可以说"泯然众人矣"。农村的学生其他方面一般不如城里学生，唯一让他们自豪的是学习成绩，可是现在学习成绩一下子变得没有优势可言了。考场的失利，让这些来自农村的脆弱的孩子在学校抬不起头来，回家也无颜面对父母。他们整日愁眉苦脸。

此情此景，不禁让我想起路遥的小说《在困难的日子里》。这篇小说叙说了1961年"我"马建强——一个来自农村贫困家庭的学习成绩优秀的学生，在升入高中第一学期这个困难日子里遭遇的种种故事。这个小说里的许多情节不正与我现在所教的高一学生相似吗？趁此时机，将这篇小说读给学生听听如何？

可是学生能接受这样的作品吗？这篇小说所写的时代背景是20世纪60年代初，距离今天，四十多年了。这四十多年，我国发生了多大的变化呀！当今的高中生思想、情趣、阅读爱好与那时已经大相径庭，对路遥这个当代著名的小说家，一个班七十多位学生，知道者有几人欤？更不用说读他的小说了。面对这个陌生的时代、陌生的作家的小说，感兴趣者有几人欤？我真的难以乐观预计。但是我又想，目前高一第一个期中考试后，班级多数学生萎靡不振，如果评完试卷后立即上新课，他们一般心不在焉，教学效果肯定不好。再说，这篇小说主人公年龄与他们相仿，所遭遇的事情与他们有不少共同点，或许能引起他们共鸣？我想借这篇小说对学生实施潜移默化的影响：面对比我们现在所面临的大得多的种种困难，马建强同学是如何面对的；我们当今的高中生应从中受到鼓舞、启发，从而走出考试后的沼泽。

于是我决定试一试。我很重视此举，但对学生说的时候却很随意，我微笑着说："这几天，我看多数同学情绪不大好，接着上新课呢，大家又没劲，我来读一篇小说消遣消遣如何？"班上绝大部分学生表示同意，我问大家知不知道路遥这位当代著名的作家，班里没反应。我说："我像你们这么大的时候，读他的小说《人生》，读得潸然泪下。明天我们读他的一篇小说：《在困难的日子里》。"我顺手在黑板上写下"路遥""在困难的日子里"。同学们也没反对，于是这事就这么定了。

《在困难的日子里》一共有14章，约4.5万字。根据章节，要在课堂里朗诵完，至少需要4节课。每天持续地读90分钟，对我也是很大的困难，因为我有比较严重的咽喉炎。想到这对学生有积极意义，我必须知难而上。

我开始读了。一开始，大部分学生带着好奇心，眼看着我，注意听；还有少数几个人在看自己的书，极个别理科爱好者甚至在做数理化作业。我也没强求这些少数同学，停止自己的私活。我就很投入地读下去，开始我读得比较慢，渐渐地加快语速。教室里很安静，没有人轻举妄动，只有我在教室里来回慢速移动。虽然我眼看着书，但是我感觉到同学们的视线随着我的移动而移动，听到周文明捉弄马建强的情节，教室里不时发出一阵又一阵的哄笑。或许这笑声惊动了那些忙着自己私活的同学，他们也停止了做作业，加入到听我读小说的行列中来。突然刺耳的下课铃响了，我读到第三章，还差一页结束。我说："我下一节课还要在高一（7）班读呢，这节课就读到这里吧。"谁知全班同学异口同声地叫起来："接着读。"若在平时拖一会儿堂，学生坐立不安，今天真是太阳从西边出来了！我还是不要扫大家的兴，乘兴读下去。于是我将教室门关严，将教学楼满楼的喧闹关在门外。我们好像与世隔绝了，教室里只有我的读书声。

两节课 90 分钟读下来，一口水都没空儿喝，下课后我已经是口干舌燥，咽部难受，不想说一个字，立即掏出金嗓子喉宝塞到嘴里。但是我打心眼里高兴，这堂阅读课学生听得如痴如醉。今天的学生居然喜欢发生在 20 世纪 60 年代的故事！谁说今天的学生只喜欢流行文学？

第二天过去了，第三天我请一位朗读能力最棒的同学替我读，虽然吃了不少润喉片，但是我的嗓子还是难以支撑。学生听了一会儿，唉声叹气，说没味儿，一致要求："还是老师读吧。"我只好接过来读。为了持续读下去，我只好放低一点儿声音。同学们都全神贯注，随着情节的展开，时而哄堂大笑，时而神情凝重。第八章结尾是写周文明发现马建强和吴亚玲在一起，说了一串阴阳怪气的话后，边走边唱，唱《九九那个艳阳天》影射他俩。我笑道："你们谁能唱这首著名的民歌？"班上七十多位学生，无人接腔。全班学生都叫喊："老师你唱！"我难为情地说："我嗓子不好，难听死了。"大家不饶我，非要我唱，我只好献丑。同学们听了之后，竟然掌声雷动。得到同学们的喝彩，我更有兴致了，虽然读到最后，我嗓子几乎发不出什么声音了，喉咙很难受。

我每天连读两节课，就这样持续读了 4 天，终于将 4.5 万字的《在困难的日子里》朗读了两遍。读完这篇小说之后，就有不少学生立即向我借路遥获奖小说集《人生》。不少学生询问路遥的其他作品，我默默地在黑板上写出路遥其他的优秀中短篇小说以及长篇小说《平凡的世界》。

在《在困难的日子里》陪伴下，那些因期中考试失利而痛苦的学生，逐渐走出了考试之后的沼泽。更让人意外的是，这次活动激起了学生课外阅读的欲望，从此我班同学逐渐养成了爱读课外书的习惯。在这个基础上，我大胆地开设每周一节阅读课。这是我所在的学校历史上不曾发生过的。

（发表于《语文学习》2006 年第 3 期）

专家点评

阅读经典：走出语文困境的尝试

《语文学习》执行编辑　孙戈

用经典来熏染学生、感动学生，进而让学生热爱经典，恐怕是每一个语文教师心里的想法。然而在现实中，这样的想法常常会因为遭遇到各种阻力而无法实现。这些阻力都有很堂皇的帽子：浪费太多时间阅读经典收益太不明显；经典太晦涩，阅读起来太没感觉；经典和现实有脱节，阅读起来太没意思……这样的帽子还有很多，有的是老师奉送的，有的是学生家长强戴的，有的则是学生自己自愿自觉扣在头上的。

遭遇这样一顶堂皇的帽子，语文教师除了无奈，还是无奈；阅读经典，通常只能存在于语文教师的愿望之中了。

范金豹老师一定也有这样的想法。他可能没有什么很宏观的计划，但他很朴素地认识到阅读经典文本对学生所发生的作用：农村学生到城里来读书，会遇到这样或那样的困难，在这困难的日子里，要给学生精神上的支持。于是他很"奢侈"地动用了8节课的时间，全文为学生朗读了路遥的《在困难的日子里》。在这8节课里到底发生了什么，范老师并没有详述，然而，学生们态度的转变，热情的被调动，范老师用心良苦的坚持，还是让我们为之感动。经典文本的作用得到了确证，而不是相反；只要老师指导得法，学生还是会喜欢经典的。

……

于漪老师曾呼吁改变中学语文"小四子""小五子"的地位，从这个意义上说，语文也正处于"困难"的境地；从上述两位老师的做法来看，要走出困境，从阅读经典开始，似乎可以被看作是一个不错的尝试吧。

（《语文学习》2006年第3期"编后记"）

附：《在困难的日子里》精彩选读

第六章

我气喘吁吁地来到破烧砖窑口上。在我一猫身准备钻进去的时候，发现脚下的草丛里似乎丢着一个锈铁盒子之类的东西。仔细看了看，是过去那种装过染料的小方铁盒，扁扁的，上面的绿漆颜色已经磨损得斑斑驳驳，四角的铁边也锈上了红斑。这东西躺在垃圾堆里，倒也不起眼，但在这干黄洁净的秸草上丢着这么个玩意儿，却怪引人注目的。

我一条胳膊抱着些禾，另一条胳膊伸下去好奇地捡起了这个破铁盒，反过来正过去看了看，也没多大用处，正想随手扔出去，可一种莫名其妙的好奇心使我不由得用大拇指把那铁盒的盖儿掀开了一点缝。我的脑袋立刻"嗡"的一声，两条腿跟着打了个哆嗦，一屁股就塌在了土地上！

我惊慌地把这铁盒子先放到一边，脑袋下意识地在脖子上转了一圈。当我发现周围确实没有人时，才又像拿一颗定时炸弹一样把这个小铁盒战战兢兢地拿在了手里。

我手指哆嗦地发着抖，重新揭开了盒盖：老天啊！这里面的确是一撂钱和粮票！

这是多么的不可思议啊！我竟然一下子捡了这么多钱和粮票，简直就像到了神话中的世界——这个世界里有一个永恒的上帝，经常替人世间的不幸者带来幸福……

我眨巴眨巴眼睛：蓝天、白云；荒山，秃岭；枯黄的草，破败的烧砖窑……这一切都是真实的！我的手里捏着一把钱和粮票，紧张得连气也透不过来了。

这时候，我的眼前猛然跳出了国营食堂大玻璃窗后面那些吃得前俯后仰的身影。接着，馒头，菜，汤，所有吃的东西顿时都在眼前搅成了一团——这些意念立刻使胃囊开始痛苦地抽搐，抵抗饥饿的意志被手里这个魔术般的小铁盒瓦解了；本能的生理作用很快就把理性打得一败涂地！不知什么时候，饥饿已经引导着两条疯狂的腿，腾云驾雾般从山坡上冲下来了；前面和在左右两边的景色都变得模糊不清，只有那些汤呀，菜呀，馒头呀，在眼前旋转着，旋转着……

直到十字街口的时候，我才渐渐放慢了脚步。

我先站在铁匠铺后面的墙角里，心怦怦直跳，一边喘气，一边朝食堂的玻璃后面望了望——班上的同学们已经不在了。

我一只手在衣袋里紧紧捏着那个铁盒子，兴冲冲地向食堂门口走去。一颗心依然在胸膛里狂跳着。

在食堂门口，我猛一下停住了，因为我突然模模糊糊地觉得，我这样做似乎不很妥当。

强大的理性很快又开始起作用了。一刹那间，一个我和另一个我在内心激烈地展开了一问一答——

"你来这地方干什么？"

"我来饱餐一顿。"

"钱从什么地方来的？"

"拾到的。"

"这说明钱并不是你的！"

"是的，是别人的。但别人丢了，我拾到了。"

"拾到别人的钱应该怎么办？"

"应该交给班主任。"

"那么你现在为什么跑到这儿来了？班主任在这儿吗？"

"……"

提问题的"我"立刻问住了回答问题的"我"。我啊！我啊！我只感到脸上又烧又痒，像什么人在头上扔了一把火！

我站在食堂的门口，简直像莎士比亚戏剧中的人物那般矛盾。理智告诉我，我正在做着一件非常不光彩的事；而眼下还有挽救的余地！

不幸的是，此刻食堂里那诱人的饭菜的香味，正在强烈地刺激着鼻子的感觉，五脏六腑都在剧烈地翻腾着，竭力和理智抗争，希望解除对他们强烈需要的束缚。上帝啊，我可真抵抗不了这个诱惑！

我站在食堂门口，进退两难，这时候，欲望与理性像两个角斗士一般在我的精神上展开了一场搏斗：一方面，理性像一把寒光闪闪的剑逼着欲望后退；另一方面，欲望却用自己的盾牌拼命地抵抗着，以求得酣畅，求得满足！

这场内心的搏斗是极其残酷的。说实话，要我放弃这顿饭我会很痛苦；

同样，要我心安理得去吃这顿饭，也一样痛苦！

怎么办！

我只好对自己妥协说：还是先到一个什么地方待一会，等心情稍微平静一下再说吧！

于是，我便折转身，抬起沉重的脚步，穿过街道，出了南城门，向县体育场走去。我知道那里最安静，没什么人去锻炼身体——困难时期谁有多少体力到这里来消耗呢？

我来到体育场，解开脖项里的纽扣，在一根很长的平衡木下面坐下来，开始"平衡"自己的思想情绪。

我双手抱住腿，头无力地低垂在膝盖上，一边困难地咽着口水，一边继续做着痛苦的思想斗争。首先，我对这场内心冲突的本身就感到痛苦：这是在决定我该不该做一件不光彩的事啊！

"可是，这一切都是该死的饥饿逼出来的！"我对自己说，"要是我有饭吃，我就绝不会是这个样子的！我拾东西又不是头一回了，哪一回没把东西交给老师呢？我在上小学二年级的时候，在公路上拾到一只手表都交给了学校，还受到了公社的表扬呢！可我现在已经到了一种什么样的境况了啊！要是我没有到了这种地步，我就会毫不犹豫地把钱和粮票交给老师的！当然，我知道把拾到别人的粮票和钱自己花了是不好的。但这和偷的、抢的还是有区别的呀！再说，要是我不拾起这个小铁盒，说不定这些钱和粮票也叫风雨沤烂了呀！现在，我用了总比沤烂强一些吧？……"

我几乎被自己的"雄辩"说服了，加上肚子饿得实在难受，马上就又想往食堂里跑！

可是我又忍不住问自己：既然你终归还是要进食堂去，那么又跑到这儿干什么来了？还不是觉得自己这么做不好吗？

我立刻像瘫了一般，软绵绵地躺在了土地上，长长地叹了口气。是的，这的确是不好的，亏自己刚才还把那些歪道理想得那么通顺！

西边的太阳快要落山了。日脚下依傍着几块宁静的暮云；云边上染着好看的绯红的颜色。不知为什么，这时候吴亚玲的面容突然在我的眼前闪现出来；我似乎看见她带着那么惊讶和惋惜的神色在看着我……

我把朝天仰着的脸一下子埋在了胳膊弯里，无声地痛哭起来。一种难言的羞愧像火一般烫着我的心，同时也为自己的灵魂还没有在现在彻底堕落而庆幸，我这时也想起了我的一瘸一拐的父亲；想起了他对我的那些一贯的教导："咱穷，也要穷得刚刚骨骨的，不吃不义之食……"

啊，亲爱的爸爸！啊，尊敬的吴亚玲同学！我不会给你们丢脸的！不会的！请你们原谅我一时的糊涂吧！

我猛地爬起来，用袖子揩了揩脸上的泪痕，把手伸进了衣袋里——嗯，那个硬硬的家伙还在。

我把脖项里的那道纽扣重新扣上，用手指头匆忙地梳理了一下乱蓬蓬的头发，就向学校走去了。

（路遥．在困难的日子里∥中国当代作家丛书·路遥［M］．北京：人民文学出版社，1998：135-139.）

《老王》
散文教学探索

《老王》教学的背后问题

《老王》是人教版新课标八年级上册新入选的散文，篇幅不很长，语言通俗，生字词很少，文章内容脉络清楚，结构不复杂，似乎一读即知。因此，这样的课文容易成为教学研究课，也常被选作教学比赛课文。作为专职听课的我，听老师上《老王》不知多少次了。

关于这篇课文，常见的教学目标主要有三：①把握文章内容，体会老王的善良和不幸。②品味文中简明且富有表现力的语言。③培养学生对弱势群体的关爱之情。主要教学环节，常见的有：①读课文第1至4段，提取有关老王的信息，了解老王。②读课文第5段至19段，归纳记叙了几件事，表现了老王的哪些思想性格。③阅读课文最后一段，探究问题：为什么作者感到愧怍？④品味语言，把握杨绛的语言风格：平淡有味，意味深长。教师要求学生集中品析老王来送香油、鸡蛋这一部分段落。⑤归纳本文主旨。有的老师是这样总结的："这篇散文以平淡似水的笔调，记述了老王的艰辛生活琐事、人生经历，尤其是与作者一家的交往，热情讴歌了老王不畏艰辛、任劳任怨、待人忠厚、舍己为人的金子般的心，寄托了作者对普通劳动人民的同情、敬佩和热爱之情。"⑥拓展延伸。请你关注你周围，有没有像老王一样的普通百姓，你能为他做点什么？请说说。⑦作业。小练笔：仔细观察生活中那些弱者和不幸者，挖掘人性中的至真的闪光点，写一个片断。

我个人认为，像这样的教学设计暴露的问题主要有：①教师对《老王》文本解读浅表化，有的甚至有偏差。这篇散文，作者意在反思自己的灵魂，抒写自己的"愧怍"之情，不是对外歌颂老王的高尚品质，虽然课文记叙的几件事能表现老王善良、诚实等可贵品质。一旦老师的理解与初中学生的理解没有落差，课堂教学就缺乏教师的引领，导致学生学习效果微乎其微。学生感觉教与没教差不很多。②本课教学，往往出现"往外跑"的现象，就是把握课文内容后，就让学生关注周围的"老王"们，说说他们的生存状态，讲他们的高尚品质，诉说自己的心声等等。对此，有的老师可能心安理得：这充分挖掘了课文的育人功能，实现了新课标提出的"工具性和人文性的统一"。语文教育研究专家王荣生认为：散文阅读和教学，始终都在"这一篇"散文里；散文阅读教学，实质是建立学生的已有经验与"这一篇"散文所传达的作者独特经验的链接。③教师对文本语言的品位不深不丰厚，不能引导学生玩味咀嚼字里行间的深层意蕴，也就触摸不到作者潜隐的复杂的思想感情，浅尝辄止。

归纳起来，《老王》教学暴露了语文教学常见的老问题、大问题：一个是教师专业化程度不高的问题；一个是不能依据文本的独特体式，确定适宜的教学内容。

《老王》：一个时代的"愧怍"

——兼谈如何引导学生理解文中的最后一句

《老王》结尾最后一句话："几年过去了，我渐渐明白：那是一个幸运的人对一个不幸者的愧怍。"这是全文画龙点睛的一笔。如何理解这一句，是我们教学的重点，也是难点。我们一般的理解是：这句中的"一个不幸者"指"老王"，"一个幸运的人"自然就是文中的"我"，也即作者。所谓理解，也就是转化一下，即这句话的意思是："我"对"老王"感到愧怍。其实，我们的教学不能就此止步，因为这是浅表层的理解。

学生理解这句话，有两个难点：一是"我"怎么就是一位"幸运的人"？因为文中没有明显叙写"我"是如何幸运的，相反还流露了"我"的不幸运，比如文中两次将"我"在"干校"的经历作为叙述背景，还有"'文化大革命'开始，默存不知怎么的一条腿走不得路了"。对于这个难点，教师可补充介绍作者经历，让学生懂得杨绛其实也是一个"不幸运的人"，只是相比较而言，杨绛认为她自己比"老王"幸运一些吧。二是"一个幸运的人对一个不幸者"怎么会产生"愧怍"之情？一般来说，面对"一个不幸者"，"一个幸运的人"可能会产生厌恶、无动于衷、同情、怜悯、骄傲等之情，"愧怍"的应该是"一个不幸者"，怎么会是"一个幸运的人"？杨绛直抒的"愧怍"之情，学生没有这方面的情感体验和理解图式，确实难以理解这句话。我们可让学生以"我"和"老王"的交往为线索，梳理二者之间的情谊交流，特别是紧扣老王的这句话"我不是要钱"，追问"老王究竟要什么？"激发学生思考、讨论，从而认识到：老王对"我家"友好，不仅是热情服务，而且还有精神上的体贴理解，不是为了钱，而是对正直知识分子的敬重；而"我"只被动关心老王，对他很多情况都不知道，更不了解、也不去理解老王的内心世界，只是一而再，再而三硬塞给他冷冰冰的钱，以此求得自己内心的平衡和安稳，可是事过几年后，"我"明白了："我"和老王的交往是不对等的，"我"对老王这样一个社会最底层的"不幸者"理解、关心得还不够，特别是对他精神上的关心和体谅远远不够，因此而感到"愧怍"。

以上两个难点，是显而易见的。如果仅止于这样理解，我们只走完理解之路的一半。其实这句话还有更深广的内涵，这是我最近的一个新认识。如果让学生体认这一点，那又是一个大难点，我想可以通过引导学生"知人论世"来解决。

如果仅仅表达"我"的愧怍之情，那么最后一句作者应该这样写："几年过去了，我渐渐明白：那是我对老王的愧怍。"可是作者并没有这样写，而是这样表达："几年过去了，我渐渐明白：那是一个幸运的人对一个不幸者的愧怍。"作者为什么这样表达？我们以此问来激发学生探讨。

从语意角度来说，假定"我"是"一个幸运的人"，但是"一个幸运的人"不仅仅指"我"一人，而是泛指天下所有"幸运的人"；同理，"一个不幸者"是包括老王在内的天下所有"不幸者"。因此，这两句表达看似意思等同，实则迥异。改句只表达了一个人对另一个人的"愧怍"，原文却表达了一类人对另一类人的"愧怍"，范围由个人扩大到整个人类。这是一个空前高度的概括，是对一个特定时代"共同情感"的准确揭示。为什么这样说呢？

《老王》创作于 1984 年 3 月，是"四人帮"粉碎后的第 8 年，改革开放之后第 6 年。其时，从 20 世纪 70 年代末到 80 年代初，我国大陆先后出现了伤痕文学和反思文学。杨绛先生的这篇散文也明显带有伤痕和反思色彩。文章起笔从"北京解放后"写起，写了老王——一个典型的"无产者"受到新社会的累累"伤痕"，竟成了一个"不幸者"。"北京解放"，时代大变样了，"人民当家做主"了，可是他的"不幸"命运依然如故：他还是一个蹬三轮的单干户。他不仅没有被"解放"，反而心理负担却加重了，"常有失群落伍的惶恐"。"文化大革命"，学术权威斯文扫地，劳动者"高呼打倒一切"，可是老王这个劳动者并没有"作威作福"，生活只是"凑合"。时代在变，世风在变，人心在变，似乎一切都在变，唯有老王的不幸命运不变，唯有他一颗淳朴、善良、真诚的心地不变。作者将老王"直僵僵地镶嵌在门框里"的形象定格在他的文章中，也定格在每一位读者的心目中，更定格在以"为人民服务"为宗旨的新中国大地上。当老王这个无产者，这个劳动者，这个正直善良者，在我们这个"社会主义大家庭"中，还在为"活命"拖着病体苦苦挣扎，我们每一个"幸运的人"岂能心安理得？岂能不"愧怍"？不仅如此，在当今改革开放的伟大时代，我们"幸运的人"应该为改变"老王"们的不幸命运做些什么呢？

作者最后用"愧怍"这个词结束全篇，为什么不用"惭愧"这个词？这个词语的应用也可以让学生品味品味的。这两个字都是仄声，比"惭愧"刚劲有力，可谓力透纸背、掷地有声，如鼓槌重重地捶打在我们每一个人的心弦上，哀转久久不绝！另外，"惭愧"是一个口语化词汇，很普通，而"愧怍"是一个书面语，不常见，经作者一用可以产生"陌生化"的感觉，使阅读者印象更深刻，久久难忘。

这篇文章，杨绛先生不仅仅是为了表达一己对老王的"愧怍"之情，更是作为一个知识分子，作为有良知的一介公民，抒发一个特定时代的共同情感：新中国成立三十多年了，"老王"不幸的命运依然如故，我们每一个"幸运的人"都应该反思，都应该感到"愧怍"啊！

因此，《老王》是一个时代的"愧怍"——愧疚之作。

（发表于全国中文核心期刊《语文教学通讯 B》2012 年第 9 期）

名课研习：黄玉峰《老王》教学点评

黄玉峰老师，是我敬仰的一位语文老师。在点评他的《老王》教学之前，先说说我与黄老师的一点交往。

2002年12月23日下午，我们华东师范大学语文教育硕士11位同学，慕名赶往复旦大学附中，拜访黄老师。我们想见识见识这位语文教学的"叛徒"——1999年4月22日《中国青年报》"冰点"栏目曾以《语文教学的"叛徒"》一文对他进行了长篇报道。他还被李镇西老师戏称为"五四青年"，其实他已年过半百了。

他在其工作室接待了我们。他没有名师的架子，说话直率、真诚、随和，一下子消除了我们的拘谨。从言谈举止中，我感受到：他是一个热爱教育事业的人，热爱学生的人，热爱语文的人。他主张放羊式语文教学：不是放任自流，而是引领学生到肥沃的草原上——读世界经典，读大自然山水画卷。

临别之时，我们一位同学发现黄老师弃在废纸篓里的书法次品，捡起来带回去收藏。他说："这不好，这东西怎么好意思送人？你们留下通信地址，以后我写好了寄给你们。"他说到做到。2003年7月4日下午，我收到黄老师寄来的两幅书法作品。

2009年11月28日至30日，"长三角语文教育论坛"暨"语文课堂教学内容的确定"主题研讨活动在绍兴举行。没想到在这里见识了黄老师课堂教学的神采。29日下午，黄老师执教《老王》，所用班级是绍兴一中高一文科特色班，上课时间为一个半小时。

常言说"文如其人""字如其人"。我要说：黄老师，"课如其人"。

杨绛的《老王》，语言很通俗，叙述平淡，实则似海，深不可测，隐藏着激流回旋。一个语文老师，没有超凡的文本解读能力，是读不懂这篇文章的。研读黄老师的《老王》教学实录，可以有多方面的价值。

首先能学习他的文本解读方法，深化我们对这篇课文的理解。他往往从四个层面读散文随笔：一、要读出作者想通过形象和文字直接告诉我们的；二、作者不想告诉我们，要我们经过细细品读的，读出隐藏在文字和形象背后的东西；三、还要读出作者不想告诉我们，甚至故意掩盖起来的内心世界；四、更进一步，要读出作者自己也没有意识到的，或者在潜意识中的东西。他从不同角度来研读《老王》这篇文章，读出了这四个层次。一是从老王的角度来研读，二是从杨绛的角度来研读，三是他以读者的身份分别与老王、杨绛进行对话，把自己的理解、情感、评价、感想等坦诚说出来。

从学生对三个预习问题的回答，黄老师了解到学生对文本理解比较肤浅，存在一些偏差，于是就将自己的理解，一段一段的理解，呈现出来，并提示学生应该怎么读：或者慢慢地读，或者默读，一点也不要发声，或者朗读，或者紧扣关键词来读。这是黄老师常用的串讲法。自新课程提倡"自主、合作、探究的学习方式"以来，很多老师不敢用"讲解法"，以为一用这个方法，就是保守，不符合新课改理念。这是对新课程精神没有透彻把握的缘故。《老王》这篇课文，运用串讲法是适宜的，因为这篇散文字里行间，掩藏着丰富的、深刻的思想情感，有的地方必须要教师补充当时的社会背景、作家经历等知识来作为学生理解文本语句的支架。这些地方，老师不讲，如果要学生自主合作、探究，有何学习效果？因此，根据特定文本、学生学习需要，当讲必讲，这里显示了黄老师过人的胆识。黄老师的串讲，对学生而言，还有方法指导的意义，学生可以领会：这一段原来需要这样读，这样读才能读出文字背后的心灵世界。果然，后面学生再次发表他们对《老王》的理解，就丰富多了，深刻多了，课堂诞生了难得一见的精彩。学生发言质量之高，一方面说明绍兴一中特色班学生自身素质确实较高，另一方面表明黄老师的串讲起到了启发式教学的效果。这节课，他大胆使用串讲法，能刺激我们好好反思自己。

这节课也有两点值得我们思考。一是课后作业。第一题是半个月内读完《复活》，写读书笔记。第二题是作文：《我和"某某"》（某某指你周围的弱势群体中的一员，要求：有事例、有感情、有思想），从作业的功能来说，它是与教学内容相关的练习，达到巩固教学目标的作用。本节课的教学目标是：学生学会用自己的眼光品读，读出字里行间的隐藏意义。这是阅读方法的教学。第一题，与《老王》无关，也与本节课的教学目标无关，这是与教学目标不一致的表现。第二题，是写作能力训练，写的内容与课文内容有关联，但是这节课不是写作训练课，要求写作也是与教学目标不一致的。这两题作业把整节课的完整性破坏了。二是黄老师这样教《老王》，良好的学习效果并不能保证。黄老师在绍兴这样教，主要是基于教师本人的深厚的专业素养，依据《老王》这一特定的文本体式。后来黄老师应邀在徐州也这样教，学习成效并不明显，因为教学对象变了。一旦学生目不暇接黄老师丰富的、深刻的、多样的理解，被动地被老师引领着，消化不了老师的理解内容，可以推想：学习完毕，学生对本文的理解几乎还是停止在教学之前的层次。这是需要我们学习者思考、引以为戒的地方。

附录：黄玉峰在绍兴执教《老王》实录

预习思考题：

（1）老王为什么要把如此珍贵的东西送给作者？作者杨绛对老王一贯抱怎样的态度？她最终理解了老王的心意吗？

（2）文末作者说"每想起老王，总觉得心上不安"，作者为什么不安？她又说"那是一个幸运的人对一个不幸者的愧怍"，你如何理解这句话？

（3）作者写这篇文章想告诉我们什么？你又读出了什么？

黄老师：我是绍兴人，出生在鉴湖街，从小就离开了绍兴。今天我很高兴，我能回到阔别多少年的故乡来上课。课前安排了同学们预习，同学们对这篇文章有自己的理解。现在老师把自己的理解和同学们做个交流，然后再请同学们说说。

教学过程：

（一）老王是怎样的人

请齐读文章开头，定调，缓慢、沉重、沉思：

我常坐老王的三轮。他蹬，我坐，一路上我们说着闲话。

玉峰感言：

读了这一节，我们知道了老王的"职业"是蹬三轮；知道了老王与"我"是蹬车与坐车的关系；还知道他们有时超越了这种雇佣关系——一路上，还能闲聊。

请男同学朗读第2段：

据老王自己讲：北京解放后，蹬三轮的都组织起来；那时候他"脑袋慢"，"没绕过来"，"晚了一步"，就"进不去了"。他感叹自己"人老了，没用了"。老王常有失群落伍的惶恐，因为他是单干户。他靠着活命的只是一辆破旧的三轮车；有个哥哥，死了，有两个侄儿，"没出息"，此外就没什么亲人。

玉峰感言：

读了这一节。我们知道了老王的生存状态：他是个边缘人物，被排除在体制外。单干户在当时就等于无依无靠的流民，等于绍兴的"堕民"，地位低，很丢人。我们还可以推知，老王大概五十岁左右，没亲人。只有两个侄儿。他自己并不出息，却骂侄儿没出息，可见侄儿们与老王关系不好。总之，他既没有社会的温暖，也没有家庭的温暖。不过，我不明白，杨绛为什么要特别强调"据老王自己讲"，而且，还用了六个引号？看来杨绛也怀疑老王没有进体制，"没出息"，是另有原因的！

我们且看下去，请看第3段，看得慢一点：

老王只有一只眼，另一只是"田螺眼"，瞎的。乘客不愿坐他的车，怕他看不清，撞了什么。有人说，这老光棍大约年轻时候不老实，害了什么恶病，瞎掉一只眼。他那只好眼也有病，天黑了就看不见。有一次，他撞在电杆上，撞得半面肿胀，又青又紫。那时候我们在干校，我女儿说他是夜盲症，给他吃了大瓶的鱼肝油，晚上就看得见了。他也许是从小营养不良而瞎了一眼，也许是得了恶病，反正同是不幸，而后者该是更深的不幸。

玉峰感言：

果不其然。原来有人在背后说"闲话"，说老王生过恶病，说他"年轻的时候不老实"！看来，杨绛强调"据他自己说"不是无缘无故的。不过，杨先生一家还是可怜他，给他药。不过，那只是可怜，而不是同情，因此文章写道：同是不幸，而后者该是更深的不幸。

什么叫更深的不幸：那就是不但生活苦，而且名声坏，精神更苦！

然而，看了"老光棍"这个词，我心里总不舒服。这不是在骂人吗！

请看文章第4段：

有一天傍晚，我们夫妇散步，经过一个荒僻的小胡同，看见一个破破落落的大院，里面有几间塌败的小屋；老王正蹬着他那辆三轮进大院去。后来我坐着老王的车和他闲聊的时候，问起那里是不是他的家。他说，住那儿多年了。

玉峰理解：

原来老王住在这样的地方，与杨先生家相距不远。不过那"不是他的家"。理由是：老王只是说，"住那儿多年了"。

小结四个自然段老王的生存状态：

请抓词语：

没组织——单干

身体差——瞎眼、没人坐他车

住房条件——荒僻、破破落落、塌败

——而且还不是他的"家"，他没有"家"的感觉。

玉峰按：

读了上面四节，可知这是个不幸的人。物质上穷也罢了，精神上还极苦恼，又有病，还被人瞧不起！真是"老病有孤舟"。但是，我们要问，这"脑袋慢"是他的过错吗？这恶病要怪谁！

——这是一个苦难的年代，一个恶的年代。我读出了作者的控诉，也读出了作者与老王的距离！

一个不幸的人，一个恶的时代。

从第5~7段开始，作者写他的为人处世了：

三送：送冰、送病人、送"货"（请抓关键词语）

请第一组女生读第5段：

有一年夏天，老王给我们楼下人家送冰，愿意给我们家带送，车费减半。我们当然不要他减半收费。每天清晨，老王抱着冰上三楼，代我们放入冰箱。他送的冰比他前任送的大一倍，冰价相等。胡同口蹬三轮的我们大多熟识，老王是其中最老实的。他从没看透我们是好欺负的主顾，他大概压根儿没想到这点。

玉峰在想：

他对"我"好，"愿意车费减半"。凭什么？因为"我"这个大知识分子，大人物肯与他聊天，不嫌弃他，还给他药。

送的冰"大一倍，冰价相等"。哪有那么便宜的事！看来是不但没赚他们一分钱，兴许还亏了些。

看来，这个时代还有感恩的人。

请第二组女生读第6段：

"文化大革命"开始，默存不知怎么的一条腿走不得路了。我代他请了假，烦老王送他上医院。我自己不敢乘三轮，挤公共汽车到医院门口等待。老王帮我把默存扶下车，却坚决不肯拿钱。他说："我送钱先生看病，不要钱。"我一定要给钱，他哑着嗓子悄悄问我："你还有钱吗？"我笑说有钱，他拿了钱却还不大放心。

玉峰想：

"钱先生"就是大名鼎鼎的钱钟书，老王不收他的钱，还悄悄问："你还有钱吗?"老王理解并同情"文革"中的知识分子的处境。但是他不知道，"钱先生怎么会没有钱"，比你老王，他们不知要多多少。可老王却还要替人家"不放心"。真乃菩萨心!

齐读第7段（稍慢）：

我们从干校回来，载客三轮都取缔了。老王只好把他那辆三轮改成运货的平板三轮。他并没有力气运送什么货物。幸亏有一位老先生愿把自己降格为"货"，让老王运送。老王欣然在三轮平板的周围装上半寸高的边缘，好像有了这半寸边缘，乘客就围住了不会掉落。我问老王凭这位主顾，是否能维持生活，他说可以凑合。可是过些时老王病了，不知什么病，花钱吃了不知什么药，总不见好。开始几个月他还能扶病到我家来，以后只好托他同院的老李来代他传话了。

玉峰按：

哦，三轮取缔了，不能为"资产阶级分子"服务了。可他改成平板车后，还搞什么"半寸高的边缘"，打擦边球，与党的政策对着干。看来，"脑子"并不"慢"啊。

老王对他的"货"服务周到。苦到这地步，还说能"凑合"。可见，老王是个安贫知足的人。

小结老王的为人处世：

善良、诚实，义气、体贴、安贫，不过，逆来顺受，有点窝囊——恶的时代仍有老实人。

玉峰按：

可是，到底太苦太累，老王终于病倒了。看了令人心酸，如此"活着"，身心两伤，怎么能不病!

难道这也是恶病?

思考：老王临死前为什么送蛋和油?

第8到16段最要紧，必须细细体会。特别要注意遣词造句的潜意识!

看第8段，要默读，一个字一个字读，千万不要读出声来!

有一天，我在家听到打门，开门看见老王直僵僵地镶嵌在门框里。往常他坐在蹬三轮的座上，或抱着冰伛着身子进我家来，不显得那么高。也许他平时不那么瘦，也不那么直僵僵的。他面色死灰，两只眼上都结着一层翳，分不清哪一只瞎，哪一只不瞎。说得可笑些，他简直像棺材里倒出来的，就像我想象里的僵尸，骷髅上绷着一层枯黄的干皮，打上一棍就会散成一堆白骨。我吃惊地说："啊呀，老王，你好些了吗?"

玉峰无言：

呵！老王来送蛋送油了。

"镶嵌"两字实在用得好！它使我联想到火葬场里的骨灰盒。

呵！老王，你怎么成了这模样？后面的一组描写，让人不忍再看一眼。怎么作者这样写他，简直让人感到有些可怕！

杨先生说"说得可笑些"，这可笑吗？

请看下去，第9段：

他"嗯"了一声，直着脚往里走，对我伸出两手。他一手提着个瓶子，一手提着一包东西。

玉峰按：

老王"嗯"了一声。对别人的问候，哪怕是礼节性的，他都会感动得热泪盈眶，何况是你杨先生！

可惜杨先生没看见，她只看见"一手提着个瓶子，一手提一包东西"。

再仔细看各人的心理和语言：

我忙去接。瓶子里是香油，包裹里是鸡蛋。我记不清是十个还是二十个，因为在我记忆里多得数不完。我也记不起他是怎么说的，反正意思很明白，那是他送我们的。

我强笑说："老王，这么新鲜的大鸡蛋，都给我们吃?"

他只说："我不吃。"

玉峰对老王说：

啊呀！老王，你怎么把这么贵重的东西送给别人！它的金贵我知道。那年代，我是走过来的，一人每月二两油、一张蛋票（只可买冰蛋饼）。

啊呀，老王！这可是你的全部积蓄啊！这么多财富！你为什么自己不享用，要送人？你为的是什么呀?!！

杨先生也在问你，可你只回答三个字："我不吃。"

"我不吃"是什么意思？是你不会吃？不懂吃？不，也许你是舍不得吃，也许你觉得这么好吃的只配杨先生他们享用！也许你已吃不下了！也许你想反正明天要死，吃它干什么！总之，你都没说，你只说"我不吃。"可是你为什么不送给大院的穷哥们或者你的侄儿，而要走这么多路，来送给杨先生呢?!

齐读第13段，注意两个"谢了"，一个"转身"，一个"赶忙"：

我谢了他的好香油，谢了他的大鸡蛋，然后转身进屋去。他赶忙止住我说："我不是要钱。"

玉峰感言：

老王，杨先生说了两次"谢了谢了"。当她转身进屋去时，你是怎么知道她是去拿钱的？呵，看来你是了解他们的。他们是不肯接收你的礼物的，可是你多么盼望他们能收下啊，你临死前就这么一个小小的心愿，你是真心诚意来送给他们的呀！所以，你赶忙止住说："我不是要钱。"

老王啊，这是你说得最有分量的话呀！真是字字千斤哦！——"我不是要钱"，那么，你要什么？杨先生懂了吗？

请第三组女生读（口气诚恳、认真）：

我也赶忙解释："我知道，我知道——不过你既然自己来了，就免得托人捎了。"

玉峰评点：

看来，杨先生没有懂，她说"我知道，我知道"，其实她根本不知道！她还说，"免得托人捎了"。这太伤你的心了！伤透了你的心！这明摆着是逼迫你接受：

"你不拿，我就托人捎！"

"托人捎"！"托人捎"！

"托人捎"啊！

第15段只有一句话，琢磨一下：

他也许觉得我这话有理，站着等我。

玉峰插话：

什么叫"他也许觉得我这话有理。"理在哪里？其妙莫名！

玉峰动情：

111

读到这里，老王，我哭了！

我看着你"直僵僵地""站着等"，"站着等"，不，是"撑着"等，你在等什么呀？老王，我想你当时是多么尴尬！我猜想为了送蛋送油，你曾经度过多少个不眠之夜，你一个一个一滴一滴地积起来，你为了送这珍贵的礼物，拿出多大的勇气！他们是"高知"，我是"蹬车的"，老李他们一定要说我是在高攀呀！他们会收吗？可是你又想，反正我就要死了，我要用生命的最后力量去实现这个朝思暮想的心愿！可怜现在你"站着等"——等她拿钱给你：你在他们眼里，还是一个交易关系啊！你只不过是一个蹬车的！

请看第 16 段，注意其中的几个动词、形容词和数字：

我把他包鸡蛋的一方灰不灰、蓝不蓝的方格子破布叠好还他，他一手拿着布，一手攥着钱，滞笨地转过身子。我忙去给他开了门，站在楼梯口，看他直着脚一级一级下楼去，直担心他半楼梯摔倒。等到听不见脚步声，我回屋才感到抱歉，没请他坐坐喝口茶水。可是我害怕得糊涂了。那直僵僵的身体好像不能坐，稍一弯曲就会散成一堆骨头。我不能想象他是怎么回家的。

玉峰有话说：

到这里，老王，我已不忍再看下去了！

你就这样等着杨先生慢条斯理地把灰不灰、蓝不蓝的方格子布"叠好"——你一定感到，那是何等漫长，就像等了苦难的一生！然后，你就这样，一手拿着你的"布"，一手攥着她的钱，滞笨地转过了身子！老王啊，你怎么能不"滞笨"呢！他们居然没有叫你进屋坐一坐，他们竟让你"直僵僵地"一直"镶嵌"在门框里！并看着你一级一级走下去！

老王啊！他们真忍心！

老王，你何苦去送东西。我理解，你不是想感谢他们——你早就谢过了——你不欠他们的情，您更不是想攀高枝。

我知道你没有亲人，没人理解，杨先生肯与你闲聊，关心你，不嫌弃你，她是你的朋友。你多么盼望有这样一个朋友亲人！你知道自己快死了，如果他们能把你当朋友亲人，那多好！

如果他们能收下"我"的礼物，对"我"说一句知心话，"我"死也瞑目了！

从文章学的角度，玉峰提请注意：

油、蛋的价值——无价

送蛋的深意——希望把自己当朋友，死也瞑目

为什么？——因为老王认为杨先生没嫌弃他，因为他老王敬重他们。

小结：

老王的愿望——需要心理安慰，临终关怀

老王的愿望实现了吗？

没有！可是他们没有，他们没有把我当朋友、当亲人，他们高高在上，他们看都不正眼看我一眼，他们不接受我的东西，钱先生坐在书房里也没有出来。杨先生看着我一级一级地下楼，也没来扶我一把。他们连一口水都不让我喝，他们连一句贴心话也没说一声！我真的那么讨人嫌吗？！

是我这个穷人的样子吓着他们了吗？

是我曾经生过恶病？

是我太恶心，太可厌，太可怕，太恐怖了吗？

老王，你是怎么回家的？杨先生问你是怎么"走"回去的。我要问，你是怀着怎样的心情"走"来的？现在，你又是"拖"着怎样的心情，走完这段人生最后的旅程！

你在这最后的路上想了些什么？在这最后的路上，你都没有得到一点温暖，你一定觉得这个世界太冷了！太冷了！太冷了呀！你已经对这个世界没有任何留恋！你希望快点死——果然，你——第二天——死了！

老王啊，老王，可怜的老王啊！

（二）杨绛怎么对老王

再请看第1段：

我常坐老王的三轮。他蹬，我坐，一路上我们说着闲话。

玉峰点评：

杨先生，我真佩服您的文笔，寥寥几个字，就把身份、关系甚至各人的情感都交代的一清二楚。您真是大手笔！我还敬重您肯与"老王闲话"，如果没有您与他说闲话，也许就没人与他说话了，您给他带来温暖，带来了愉快。

作为读者，我感谢您！

您不但与他谈话，还帮助过他，您在五七干校都没忘记关心他，您的女儿给他吃了一大瓶鱼肝油，使他晚上就看得见了。您真是大慈大悲！为此，这位没有组织关心、没有亲人关心的老王，一定感动得五内如焚，把您当作亲人了。

那个年代，您真不容易！

再看第 4 段：

有一天傍晚，我们夫妇散步，经过一个荒僻的小胡同，看见一个破破落落的大院，里面有几间塌败的小屋；老王正蹬着他那辆三轮进大院去。后来我坐着老王的车和他闲聊的时候，问起那里是不是他的家。他说，住那儿多年了。

玉峰要问：

呵，原来老王住处离您家不远，你们夫妇散步经过那儿。可是，您怎么与他几年相识却刚知道他住这儿呢？

这一段，再慢慢品味一遍，特别是画线的几句，读出言外之意：

有一年夏天，老王给我们楼下人家送冰，愿意给我们家带送，车费减半。我们当然不要他减半收费。每天清晨，老王抱着冰上三楼，代我们放入冰箱。他送的冰比他前任送的大一倍，冰价相等。胡同口蹬三轮的我们大多熟识，老王是其中最老实的。他从没看透我们是好欺负的主顾，他大概压根儿没想到这点。

玉峰要追问：

我有点糊涂了：您当然不会去占别人的便宜。可是您知不知道他送的冰"大一倍，冰价相等"是什么意思？我更不明白，您为什么在写老王时，要表白一下"他没有看透我们是好欺负的主"，难道其他的"老王们"都欺负您了吗？我不明白，行文至此，您怎么会想到说出这样的话。您是不是忍不住要发泄怨言？您想过没有，"老王们"才是被欺负的主呢！

不要再看第 8 段，太惨了！

玉峰忍不住要说：

杨先生，读这一段时，我震惊了，您怎么会用这样的笔调来刻画老王，写得那么恶心！那么恐怖！您一连用了这么多比喻！您平时写文章不是这样，你从来就喜欢白描的，您在这里却浓墨重彩。杨先生，这段话我真不敢看第二遍，不知您写的时候是什么心情。也许，这是您当时的直觉。可是，无论如何，太残忍！太残忍了！您不该这样写老王！

是不是在下意识中您就鄙视他，讨厌他！不相信他说的话！

请细细推敲最后这几句话：

　　每想起老王，总觉得心上不安。因为吃了他的香油和鸡蛋？因为他来表示感谢，我却拿钱去侮辱他？都不是。几年过去了，我渐渐明白：那是一个幸运的人对一个不幸者的愧怍。

　　杨先生，老王是来送蛋的，您以为他是来感谢你吗？

　　从最后一段看，您确实是这样认为的，您下意识里，您总记得你们对他的恩情？

　　然而，杨先生您错了，他不是来感谢的，是来与"朋友"永别的。您却把他拒之门外！

　　是的，您给了钱，也许还多给了！但是，他要的是钱吗？除了给"钱"，您是否还有别的选择？您是否可以亲自去看看他？你们常常散步经过的。这十多天里，为什么不去弯一下呢？如果您去了，只要问一声，"老王，你好些了吗？"（就像当年老王问你"你还有钱吗？"），他一定感到"蓬荜生辉"！也许他不会马上死，即使死了，他也将含笑九泉。

　　要知道，这就是他撑着病体送蛋给你们的真正原因啊！

　　不幸的是，杨先生，你们把钱当场给了他！你还用"托人捎"来逼他收下！你们是那么冷，那么冷啊！你们压根儿没想过有另一种选择。

　　杨先生啊，"文革"时，老王曾问你"还有钱吗？"，您是不是也可以去问一问？难道您与他的关系，就只是"他蹬，我坐"的雇佣关系、金钱交易？难道您用"钱"显示自己"清高"？说一声"我们从不欺负人，我们是被欺负的主！"就够了吗？

　　杨先生，我曾经看过《德兰修女传》，当我看到她为麻风病人擦身时，当我看到她把倒在路边、露出骨头、爬满蚂蚁的人背回家时，我哭了！我哭得很伤心，真的，我为她那种崇高的精神而哭，我为自己曾经鄙视穷苦人而哭泣！

　　杨先生，您和您先生都是大学问家，是知识分子的代表和表率，你们无书不读，您一定知道这些事，您为什么不能对身边的这个不幸的人多关怀一点呢！您是中国知识分子的泰斗级人物，连您都这样，中国知识分子还有什么希望！

　　请齐声朗读结尾一句两遍（想想这句话与开头的联系，想想那个年份）：

　　几年过去了，我渐渐明白：那是一个幸运的人对一个不幸者的愧怍（一九八四年三月）。

玉峰沉思：

我看到您在几年后的愧疚，您说是"一个幸运的人对一个不幸人的愧怍"。

我记得这话原来是爱因斯坦讲的。它曾使我深深地感动！

可是此时此地，老王的悲剧，不是因为我们多吃多占，他要的是理解，是尊重；他要的是我们能把他当朋友，把他当个"人"！而不仅仅是一个"蹬三轮的"！

请允许我冒昧地再说一遍，他要的不是同情，更不是怜悯，他要的是理解！是尊重！是人的尊严！

可是，杨先生，您没有给他！

玉峰反省：然而，杨先生，我仍然敬重您，因为您写出了真实，真实的事，真实的"我们"，您揭示了知识分子的弱点，您使知识分子反省自我，就像鲁迅面对一个人力车夫！

作为知识分子，我们占有了社会较多的资源，我们能否问一问自己的良心，面对弱势群体，我们做了些什么？

当年，托尔斯泰他老人家也想过这个问题，他把自己的庄园、财富都捐给了穷人！宁愿忍受妻儿的不理解！

今天，我们能为他们做些什么？

（三）我们

我曾听过几位老师谈《老王》的主题。

一位说：是写老王的善良、无私、尊重。

一位说：是写作者对老王的同情、关怀和怜悯。

还有一位说：是写作者在忏悔，那忏悔是伟大的。

还有一本权威教参上说：在我们周围，有一些人，他们生活艰难，不被人重视，却有金子一般的心，《老王》中的主人公就是这样一个人。

他们读懂了《老王》吗？文章是写"金子一般的心"吗？

我不这样认为，我在上面把自己的意思说出来。

我深深地感到，人与人之间的隔膜：

老王和杨绛；

我和杨绛；

我和那几位老师；

我和教参；

116

……

请大家再齐读最后一节，用思想者同时是鉴赏者的姿态，朗读、浸润、感悟。

探究"愧怍"的内涵：

愧怍：是因为有一种东西进入了我的心中。那是什么？是人的平等，是人的观照，是真情。老王已经一无所有了，但他有人的感情、人的尊严！这种源于人的力量，使我的心里不安，乃至几年后才认识自己。

人需要反省，反省才能超越；愧怍是反省，愧怍使人超越自我，超越才能成长。我们也应该像杨绛那样反省。在反省中成长！

人哪，多一点信任，多一点理解，多一点关心，多一点平等的交流，少一点居高临下的俯视吧！

作为幸运的知识分子，更要想一想，想一想自己对弱势群体的责任！！

现在玉峰用最简洁的语言概述开篇的思考题：

第1问：老王为什么在临死前支撑着病体，送鸡蛋香油给杨绛家？

答：为了得到精神安慰，得到临终关怀，得到平等的人的地位，得到人的尊严。

第2问：杨绛理解老王的心事吗？杨绛说感到"愧怍"，她"愧怍"什么？

答：杨绛没有理解老王，她始终认为老王是来表示感谢的。她的愧怍仅仅是因为没有接受老王的感谢，给了他钱，拿钱侮辱了他的好意。

第3问：看完课文，你读出了什么？你想到了什么？

答：我想，今天的老王们已经不是三十年前那逆来顺受的可怜的窝囊的老王了，面对如此悬殊的贫富差距，面对今天的老王们，我们这些多吃多占，占有了较多资源的人们，应该怎样对待他们？并为之做些什么？

请同学们发表高见，并向我提问题。

学生发言很踊跃、很精彩。语略。

（四）课后拓展及作业

（1）半个月内看完托尔斯泰的小说《复活》，并写读书笔记。

（2）作文：题目《我和某某》，某某指你周围的弱势群体中的一员。要求：有事例，有感情，有思想。参考：下面是我写的习作，劳诸位花费几分钟时间，看一遍，并指正。

红 鼻 子

黄玉峰

红鼻子，是一个菜贩的名字。并不是因为他姓洪名别之，而是因为他长着一个酒糟鼻，有时微红，有时鲜红，有时还会紫红。照理拿别人的生理缺陷开玩笑，似乎有点缺德。但实在因为不知他叫什么。如果买菜时问"您贵姓"，或问"您的大名是——"这样反而显得不自然。好在他也不在乎别人这样称呼他，反而很高兴。每当我们走近他，叫一声"红鼻子"时，他就一面高兴地迎上来，一面连连打招呼：

"周教授，好久不见，出国啦？"

"吴老师，最近很忙噢！"

"陈阿姨，今天的韭菜很嫩，买一点去？"

"王先生，这菜捡起来很烦，您去转一圈，我老婆给您捡好。"

总之是走到他跟前，便是"阿姨""老伯""先生""太太"……地叫个不停。每当这时，他的鼻子也由微红而转为鲜红。

妻子有一个怪脾气，买菜买肉不看菜肉的成色，而是认准一个摊子，凡是这个摊子的，即使菜不怎么好，她也觉得心里踏实。凡不是这个摊子的，即使菜新鲜欲滴，她也不愿走上前去，那种面孔凶相的摊主，她更是敬而远之。这与品评人物相似，她是所谓"因人废言"。而我恰恰与之相反，喜欢听其言看其货而决定弃取。

红鼻子是个四十岁上下的汉子。每天一大早和傍晚，他就在复旦大学宿舍附近的菜市场上摆开摊子，各式时鲜蔬菜，样样齐全。有茄子、荠菜、山药、豌豆、西红柿，玉米棒……按节气不同，有不同的货。我们城里的人，正是通过他的摊子感受四季的变化，通过他的摊子与农村兴衰丰欠紧紧连在一起。

红鼻子的菜摊总是拾掇得整整齐齐，品种分得清清楚楚，一等的、二等的、处理的，红的、黄的、绿的、白的、黑的。如果你是一个有生活情趣的人，如果你是一个印象派画家，你一定可以从他的菜摊获得无穷的乐趣和灵感。

红鼻子不但鼻子红而且口吃。他的服务态度又特别热情。你一到，他就给你介绍新到品种，哪些菜便宜、时鲜，哪些菜贵了点，哪些菜已过季。他都实事求是地介绍。几年来，我们已与他混得很熟。有时还故意与他开玩笑，说："红鼻子，你这玉米是哪里贩来的，这么老这么硬还卖这个价！"听了这话，他便急着争辩："你不要乱说，我这玉米绝绝绝绝对新鲜，我我我我不会骗你的。"说着说着，他鼻子便由微红而转为鲜红，又由鲜红逐渐转变成紫红。

于是菜摊边便充满了戏谑的笑声。

我有时偶尔也上菜场，如前所说，与太太的"因人废言"不同，我只认菜不认人，自以为能识别优劣。其实，我根本分不清菜的好坏，尽管细细观察、认真分析，结果还是常常上当。以为是很鲜活的东西，买回来一看，不是化了妆的，就是灌了水的。于是妻把她那简单的方法教给我，说："你只要认人，买蔬菜看准红鼻子，不会错。"但我心里总有些不服，认为妻子这个笨办法肯定会漏掉了其他摊位的好东西。

前年我们搬了家，搬到离复旦有两三站路的公寓里。这样一来，到红鼻子那里去的机会就少了。不过妻子还常在双休日里骑了车去红鼻子那儿买菜。

又到了大年三十，天上飘起了雨夹雪。我们的年货已备齐，妻子忽然想到什么，说要到复旦菜场去一次，我说都有了，还去买什么？妻神秘兮兮地说："到路上告诉你。"为了赶时间，我们便打了的。到了复旦菜场，妻直奔红鼻子的摊位，她对我说："年年除夕都在红鼻子那里买菜，习惯了，又是一年了，总要到他那儿买一点，让他也赚一点，才安心。"我笑她真是一个情痴！

我们打着伞，踏着水塘，向红鼻子的摊位走去，却不见他的人影，摊位空空的没一个人。问边上的菜贩，回答说"红鼻子回乡看老娘去了"。

妻似乎茫然若失，在另几个熟悉的摊主那儿胡乱买了点，便赶紧打的回家。

开学以后，当我经过红鼻子菜摊时，不由自主地总要看看他的摊位。他又在那儿忙开了：

"马师母，您的篮子太重，放在这儿吧！"

"杨太太，你没带零钱，下次给吧！"

"……"

"……"

我想，他哪里会知道有一个顾客在大年三十，特地打了的，冒着雨，撑着伞，踏着水塘，来买他的菜呢！

附：《老王》原文

老　王

杨　绛

我常坐老王的三轮。他蹬，我坐，一路上我们说着闲话。

据老王自己讲：北京解放后，蹬三轮的都组织起来，那时候他"脑袋慢"，"没绕过来"，"晚了一步"，就"进不去了"，他感叹自己"人老了，没用了"。老王常有失群落伍的惶恐，因为他是单干户。他靠着活命的只是一辆破旧的三轮车。有个哥哥，死了，有两个侄儿，"没出息"，此外就没什么亲人。

老王有一只眼，另一只是"田螺眼"，瞎的。乘客不愿坐他的车，怕他看不清，撞了什么。有人说，这老光棍大约年轻时候不老实，害了什么恶病，瞎掉一只眼。他那只好眼也有病，天黑了就看不见。有一次，他撞在电杆上，撞得半面肿胀，又青又紫。那时候我们在干校，我女儿说他是夜盲症，给他吃了大瓶的鱼肝油，晚上就看得见了。他也许是从小营养不良而瞎了一眼，也许是得了恶病，反正同是不幸，而后者该是更深的不幸。

有一天傍晚，我们夫妇散步，经过一个荒僻的小胡同，看见一个破破落落的大院，里面有几间塌败的小屋；老王正蹬着他那辆三轮进大院去。后来我坐着老王的车和他闲聊的时候，问起那里是不是他的家。他说，住那儿多年了。

有一年夏天，老王给我们楼下人家送冰，愿意给我们家带送，车费减半。我们当然不要他减半收费。每天清晨，老王抱着冰上三楼，代我们放入冰箱。他送的冰比他前任送的大一倍，冰价相等。胡同口蹬三轮的我们大多熟识，老王是其中最老实的。他从没看透我们是好欺负的主顾，他大概压根儿没想到这点。

"文化大革命"开始，默存不知怎么的一条腿走不得路了。我代他请了假，烦老王送他上医院。我自己不敢乘三轮，挤公共汽车到医院门口等待。老王帮我把默存扶下车，却坚决不肯拿钱。他说："我送钱先生看病，不要钱。"我一定要给钱，他哑着嗓子悄悄问我："你还有钱吗？"我笑着说有钱，他拿了钱却还不大放心。

我们从干校回来，载客三轮都取缔了。老王只好把他那辆三轮改成运货的平板三轮。他并没有力气运送什么货物。幸亏有一位老先生愿把自己降格为"货"，让老王运送。老王欣然在三轮平板的周围装上半寸高的边缘，好像有了这半寸边缘，乘客就围住了不会掉落。我问老王凭这位主顾，是否能维持生活。他说可以凑合。可是过些时老王病了，不知什么病，花钱吃了不知什么药，总不见好。开始几个月他还能扶病到我家来，以后只好托他同院的老李来代他传话了。

有一天，我在家听到打门，开门看见老王直僵僵地镶嵌在门框里。往常他坐在蹬三轮的座上，或抱着冰侊着身子进我家来，不显得那么高。也许他平时不那么瘦，也不那么直僵僵的。他面如死灰，两只眼上都结着一层翳，分不清哪一只瞎，哪一只不瞎。说得可笑些，他简直像棺材里倒出来的，就像我想象里的僵尸，骷髅上绷着一层枯黄的干皮，打上一棍就会散成一堆白骨。我吃惊地说："啊呀，老王，你好些了吗？"

他"嗯"了一声，直着脚往里走，对我伸出两手。他一手提着个瓶子，一手提着一包东西。

我忙去接。瓶子里是香油，包裹里是鸡蛋。我记不清是十个还是二十个，因为在我记忆里多得数不完。我也记不起他是怎么说的，反正意思很明白，那是他送我们的。

我强笑说："老王，这么新鲜的大鸡蛋，都给我们吃？"

他只说："我不吃。"

我谢了他的好香油，谢了他的大鸡蛋，然后转身进屋去。他赶忙止住我说："我不是要钱。"

我也赶忙解释："我知道，我知道——不过你既然来了，就免得托人捎了。"

他也许觉得我这话有理，站着等我。

我把他包鸡蛋的一方灰不灰、蓝不蓝的方格子破布叠好还他，他一手拿着布，一手攥着钱，滞笨地转过身子。我忙去给他开了门，站在楼梯口，看他直着脚一级一级下楼去，直担心他半楼梯摔倒。等到听不见脚步声，我回屋才感到抱歉，没请他坐坐喝口茶水。可是我害怕得糊涂了，那直僵僵的身体好像不能坐，稍一弯曲就会散成一堆骨头。我不能想象他是怎么回家的。

过了十多天，我碰见老王同院的老李。我问："老王怎么了？好些没有？"

"早埋了。"

"呀，他什么时候……"

"什么时候死的？就是到您那儿的第二天。"

他还讲老王身上缠了多少尺全新的白布——因为老王是回民，埋在什么沟里。我也不懂，没多问。

我回家看着还没动用的那瓶香油和没吃完的鸡蛋，一再追忆老王和我对答的话，捉摸他是否知道我领受他的谢意。我想他是知道的。但不知为什么，每想起老王，总觉得心上不安。因为吃了他的香油和鸡蛋？因为他来表示感谢，我却拿钱去侮辱他？都不是。几年过去了，我渐渐明白：那是一个幸运的人对一个不幸者的愧怍。

第 三 辑

语文新课程理性思索

语文散论

一、何谓"语文"

"语文"作为一个名词出现，最早在 20 世纪 30 年代后期，叶圣陶、夏丏尊首倡，比如当时说的"大众语文"。那时的"语文"是"语言"和"文字"的合称。"语文"真正作为一门学科的名称，则是在新中国刚刚成立之时。

叶圣陶先生在《答滕万林》这封信里说："'语文'一名，始用于一九四九年华北人民政府教科书编审委员会选用中小学课本之时。前此中学称'国文'，小学称'国语'，至是乃统而一之。彼时同人之意，以为口头为'语'，书面为'文'，文本于语，不可偏指，故合言之。亦见此学科'听'、'说'、'读'、'写'宜并重，诵习课本，练习作文，固为读写之事，而苟忽于听说，不注意训练，则读写之成效亦将减损。原意如是，兹承询及，特以奉告。其后有人释为'语言''文字'，有人释为'语言''文学'，皆非立此名之原意。……"① 作为"语文"一词的首创者，叶老对"语文"的解释，应该是最有权威性的。

这段话，首先说明了"语文"作为对新中国学习汉语课本的称呼，基于两点考虑：一是受民国时期的课本名称"国语""国文"二词的影响，二是因为口头为"语"，书面为"文"。其次，明确了"语文"学科课本的编写要求："听""说""读""写"并重。"听""说""读""写"是语言文字运用，教材要包含这四个方面的内容，意在全面培养学生这四者的能力。最后叶老明确否定了有的人对"语文"的解释："语文"不是指"语言""文字"，也不是"语言""文学"。后来有人将"语文"解释为"语言""文章""语言""文化"，同样，"皆非立此名之原意"。

语言学知识告诉我们，名词的命名是随意的。将我国学习汉语的教科书命名为"语文"，叶老虽有自己的命名意图，但还是有一定偶然性、随意性。

---

① 刘国正．叶圣陶教育文集（第三卷）［M］．北京：人民教育出版社，1994：506.

换句话说，学习汉语的教科书也可以不叫"语文"，比如此前的"国语""国文"（现在台湾汉语教材仍沿用这两个词语），再比如新加坡也学习汉语，2015 年小学华文一年级新版教材叫《欢乐伙伴》。如果国外引进我国中小学语文教科书，那么教材的名称大概要翻译成"Chinese"，它是"汉语"或者"中文"的意思。我们切不可望"语文"生义，也不可以用"语文"课本所涉及的内容来随意解释"语文"一词。

"语文"就是"语文"，它所指：一指"语言和文字"，二指新中国成立之后学校开设的一门学习汉语汉文的学科（课程）——"语文学科"或"语文课程"。

有的老师将我国古代的《三字经》《百家姓》《千字文》等蒙学教材，称为古代"语文"教材。这是用当代新生的"语文"概念来涵盖古代的蒙学教材，这其实扩大了"语文"这一概念的外延。正如我国引进的美国中学（12～18 岁）文学教材，却翻译为"美国语文"，美国岂有"语文"？美国中小学生学习英语，实行分科教学，分科教材有：语言、文学和写作。我个人以为，为避免"语文"的纷争，也是为了客观起见，应为"语文"一词"减负"——不要无限地在"语文"一词里人为注入不必要的所指。"American Literature（12～18 age）"就翻译为"美国文学（12～18 岁）"又何妨？一个名词，一旦它的外延扩大，它的内涵必定更加丰富，它的原汁原味也就变了。"橘生淮南则为橘，生于淮北则为枳，叶徒相似，其实味不同。""语文"也是。

顺便再提一个值得注意的方面。"语文"一词，也不能有意无意地用其他所谓的同义词语替代。有的学者在讨论我国中小学语文教育的时候，有时将"语文"替换成"母语"，他可能认为二者同义，其实变成了讨论我国中小学母语教育的问题。当前我国中小学"语文"教育，是"汉语"教育，汉语是汉族的母语，而我国是一个多民族的共同体，汉语对于维吾尔族、藏族等是普通话、中华民族的共同语，不是少数民族的母语。

二、从学科比较的角度来认识语文课程

关于语文与中小学其他学科之间的差异，著名教育家夏丏尊曾说："摆在诸君案头的教科书有两种性质可分，一种是有严密的系统的，一种是没有严密的系统的。如算学、理化、地理、历史、植物、动物等科的书，都有一定的章节、一定的前后次序，这是有系统的。如国文读本、英文读书，就定不出严密的系统，一篇韩愈的《原道》可以收在初中国文第一册，也可以收在

高中国文第二册；一篇富兰克林的传记，可以摆在初中英文第三册，也可以摆在高中英文第二册。诸君如果是对于自己所用着的教科书留心的，想来早已知道这情形。这情形并不是偶然的，可以说和学科的性质有关。有严密的系统的是属于一般的所谓科学，像国文、英文之类是专以语言文字为对象的，除文法、修辞教科书外，一般所谓读本、教本，都是用来做模范做练习的工具的东西，所以本身就没有严密的系统了。"①

简而言之，中小学语文教科书（除文法、修辞教科书外）：一、没有严密的系统；二、因没有严密的系统，它就不属于科学；三、它是用来做模范做练习的工具的东西；四、它与英语是一类，与理化生、地理历史等学科不是一类。语文课本这些情形，与语文学科的性质"没有严密的系统"有关。我们可由此来反推语文课程与中小学其他课程的异同。

反推其异同，就要追寻每门学科背后的科学支撑。这就牵涉到科学及其分类。什么是科学，至今还没有统一的定义。"科学是关于自然、社会和思维的知识体系。"（中国《辞海》）这个定义涉及两点：一、科学是知识体系；二、按照科学所探究的对象来分，分为三类知识体系：自然科学、社会科学和思维科学。如果按照这三大块来分，我国中小学的物理、化学、生物、地理、体育等学科的知识属于自然科学知识体系；语文、历史、政治、英语、音乐、美术等学科的知识属于社会科学。像哲学一样，数学涉及科学的三大领域。

若再进一步考察，广义的"社会科学"，分为人文学科和社会学科。历史学科属于历史学，政治学科属于政治学，它们都属于社会学科，可以用科学的方法加以研究。音乐、美术属于艺术类，属于人文学科。英语、语文应属于语言文字类。可是语文具体属于哪一门社会科学呢？属于语言学还是文字学？文学还是文章学？是阅读学还是写作学？归为人文学科还是社会学科？都不能把它归为某一学科内，是兼而有之。这就是语文学科的特殊性。

中小学语文、英语学科是中小学学科里的孪生姊妹，它们必须承担培养学生听、说、读、写能力的任务。我国语文，学习的是汉语——我们民族的共同语，这是民族传承发展的必然要求；而英语，只是国家教育战略的一种选择。因此，这四者，在课程目标、内容、要求等方面有主次、层次之分。这四者在其课程中所处的位置，可以从高考英语、高考语文试题中直接分辨

① 夏丏尊.怎样阅读（OLB）. https：//www.douban.com/group/topic/18228448/.

出来。英语满分 150 分，听力 30 分，写作 25 分，剩下的几乎全是阅读 95 分。英语的"说"只作为考查而已。高考语文，没有听说类的题目，主要是阅读和写作。这就揭示了语文和英语的明显区别。

阅读，是语文和英语学科的重中之重。在英语课程中，阅读主要是理解，依次是获取信息、归纳概括、逻辑推理等。而语文的理解，在同等年级，要求更高，最终要达到鉴赏、评价的层次。语文的写作，除了英语课程中要求常见的应用文、记叙文等之外，还有说明文、议论文甚至文学作品的写作要求。

如此说来，语文学科的性质与英语学科，在课程目标、课程内容、课程标准要求等方面存在差异，但它们的课程性质应该是基本相同的。2001 版义务教育《语文课程标准》和《英语课程标准》都写明："工具性和人文性的统一，是语文课程（英语课程）的基本特点。"我们还不能满足于这一共同的基本特点，必须追问：是什么性质将这两门学科清晰地区别开来？

三、从国别比较的角度来认识语文课程

西方英语国家没有"语文"一词，语言就是 language，包括口头语言、书面语言，文字就是 character。我国的"语文"作为"语言和文字"来讲，相当于英语的"language"。"语文"作为一门学科名称，在英语中就是"Chinese"。如果用"Chinese"来替代"语文"，讨论我国的"Chinese"教育，是不是可以停止名词解释的纷争，而集中精力转入对"Chinese"课程实质性建设的探讨？

就《英语课程标准》的适用范围来说，英国实行全国统一的《英语课程标准》，而美国各州有各州的《英语课程标准》。但是英美国家中小学英语教育，并不是像我国一样，采用综合型课程，而是实行分科型课程：语言和文学两门学科。美国有的州将写作独立设科，形成语言、文学、写作三足鼎立之势。日本 1900 年后改革成阅读、写作、书写三科。我国在 1956 年也试行分科课程，将语文课程一分为二：汉语和文学，试行不到两年即终止。实行语文分科型课程的国家，没有所谓的"语文课程性质"之争。因为每一门学科所归属的知识体系都很明晰：语言归属语言学，文学归属文艺学，写作归属写作学，书写归属书法。

语文课程采取分科型还是综合型，这不仅是一个学术问题，也是政治决策的问题，还与一个国家教育传统有关。

四、也说语文课程的性质

语文课程的性质是什么？采用综合型语文课程的西方发达国家，有各种观点，也有一些纷争，但一般采取宽容的做法，并不追根究底，将某一观点定于"一尊"，非要做出硬性规定。

探究语文课程性质的目的是什么？有人认为这是为语文教育"定位"，好像没有这个"定位"，语文教育就没有准星，乱了方寸。我个人以为并没有那么严重。

讨论语文学科课程的问题，我以为，目的是探寻语文课程的特质，将之与其他课程区别开来，认识其独有的课程责任，完成其他课程无法承担的职责。

曾经一段时期，我国的语文课程遭遇了"性"骚扰：基础性、广泛性、实践性、思想性、科学性、民族性、综合性、言语性、语用性，等等。从2001 年新课改以来，其他各种各样的"性"被搁置一边，工具性和人文性，被奉为"座上宾"。2011 版义务教育《语文课程标准》增加了"实践性""综合性"。审查《语文课程标准》（2001 版）对语文课程性质的表述，不难理出其逻辑：语文课程具有工具性，是因为语文具有工具性，又因为语文是工具；语文课程具有人文性，是因为语文是人类文化的重要组成部分，因为语文学科归属于人文学科。其实这样的推理逻辑是混乱的。我们说"语文是最重要的交际工具"，这里的"语文"是"语言文字"的意思，并不是"语文课程"的意思。说"语文（语言文字）是最重要的交际工具"，根本不能推导出"语文课程具有工具性"，只能演绎出"语言文字具有工具性"。其实语文课程是工具，是用来实现语文课程目标的手段。说"语文课程具有人文性"，是说"语文课程"本身是人类教育文化现象。我们不能偷换概念，将"语文课程"偷换成"语文教材"，认为"语文教材"内容包含了文章、文学等人类创造的文化产物，就说"语文课程"具有人文性。

其实工具性是所有课程之共性，人文性也是，实践性、综合性莫不皆是。"工具性和人文性的统一"（如果这个陈述符合逻辑和事理的话），也是各课程之共同的"基本特点"。因此，人云"工具性""人文性""工具性和人文性的统一"以及"实践性""综合性"等是语文课程性质，均未"一语中的"。

语文课程性质乃语文课程之本质特性，是与中小学其他课程相区别开来的"这一个"。语文课程性质，简而言之，学习汉语是也。汉语之学得性与习得性有机结合的特点是其与其他课程分割开来的界标。其他课程皆不以学习语言为课程职能，唯英语课程是也。而我国英语课程以学习英语为要务，是通过学得的方式来获得听、说、读、写英语的能力。我国的语文课程，也要靠学得方式来获得汉语的听说读写能力，但是它还有得天独厚的习得方式，这一点就将语文、英语课程区分开来。

（部分发表于全国中文核心期刊《中学语文教学参考》（中旬刊）2012 年第 1–2 期）

摭谈语文教育研究中的五对基本概念

楚渔先生新著《中国人的思维批判——导致落后的根本原因是传统的思维模式》问世以来，引起强烈反响。楚渔先生说："……中国人迫切需要改变的是模糊、混乱、僵化的思维模式，这种思维模式的特点是概念模糊、逻辑混乱、模式僵化。……"他又说："中国语言比较大的两个弱项，一是概念模糊，二是逻辑性不强。"① 这段话引起了我的共鸣。著名语文教育研究专家王荣生也说："长期以来对关键概念界定的不准确、不清晰，造成我们研究和实践当中出现了很多混乱的地方。"② 我们来看义务教育《语文课程标准》（实验稿）中关于课程性质的一段话：

"语文是最重要的交际工具，是人类文化的重要组成部分。工具性与人文性的统一，是语文课程的基本特点。"

这段话，同样出现在 2003 年出版的普通高中《语文课程标准》中。2012年问世的义务教育《语文课程标准》（2011 版），对此作了重大修改，但在逻辑上仍有可推敲的地方。这一段，我反复读了不知多少次，我觉得存在两个问题："一是概念模糊，二是逻辑性不强。"这里标题是"课程性质"，明确

---

① 陈娜. 从改变思维模式起提高素质——楚渔先生访谈录［J］. 博览群书，2010（8）.
② 高晶. 阅读教学研究的新进展——王荣生教授访谈录［J］. 语文教学通讯 C，2014（1）.

告诉读者下面这段文字表述的应该是语文课程性质，可是这一段第二句话落脚点是"语文课程的基本特点"。"性质"和"基本特点"是一个概念吗？似乎不是，如果不是，那不是文不对题吗？这一段中包含两句话，"语文"一词出现了两次，这两处"语文"是一个概念吗？第一句句首"语文"其实与"语言"是同义语，而不是"语文课程"中的"语文"。第二句中的"语文课程"中的"语文"是指中小学课程中的一门学科——语文学科名称。如果前后两句中的"语文"一词名相同而实不相同，这两句之间究竟是什么关系？

我国语文教育界历经多次争论，好像各方都是紧扣一个问题发表高见，其实往往是自说自话，并没有"共同语言"。在激烈地争论之后，我国的语文教育研究似乎并没有多少进展，有时反而更显混乱。我以为，我国的语文教育研究目前最紧要的是搭建一个"公用语言"平台——概念内涵和外延都明晰的一套语文教育研究专业术语，这是进行语文教育科学研究的前提。本文试图对语文教育研究的几个基本专业术语进行界说。

一、语文和语言

语文和语言是两个有联系又有区别的概念。

目前，我国语文教育研究界对"语文"一词注入了太多的含义，也就是所指太多。"前人之述备矣"，我不想赘述。

语言（这里的语言仅指口头语言）从本体上来认识，也就是作为一种客观存在的物质现象，不仅是一个声音和意义相结合的符号系统，还是一个很有规则的、约定俗成的、变动的结构体。这是狭义的语言。广义的语言，合称口头语言和书面语言（文字）。

我们再来看权威词典如何解释"语文"："（名词）①合称语言和文字：促进汉语～与国际接轨。②语言和文学：他在教中学～。"① 这里对"语文"只解释了两种含义，简洁明了。第一种解释"合称语言和文字"，结合后面的例句，很容易理解，也即"语言"（包括口头语言和书面语言）。我们看一看"语文"对应的英语单词是"chinese"。"chinese"是什么？是"汉语、华语、中国话"的意思。第二种解释"语言和文学"和所举的例句一对应就让人费解了。我们再举一个类似的例句，就可以更清楚地明白这个解释的问题，比

---

① 龚学胜.当代汉语词典（国际华语版）［M］.北京：商务印书馆国际有限公司，2007：2269.

如"他在教小学一年级语文",难道这里的"语文"还是"语言和文学"?我觉得这里的"语文"特指学科名称——学习汉语的学科名称。你看,就是权威的词典对"语文"也有误解,真是不可思议。

我们可以发现:"语文"和"语言"这两个概念,交集是"合称口头语言和书面语言",不同的是语文可指学校里的一门学科名称,而语言可特指口头语言。所以语文和语言在指"合称口头语言和书面语言"时是同义语,可以互相通用,余则不可。因此,当我们说"语文的性质"时,一可意指"语言的性质",还可意指"语文学科(课程)的性质"。为了避免歧义,我们最好不用"语文的性质"这一容易引起误解的短语。

我们现在的主要问题是,在实际语文教育研究中,使用"语文"这一词语时,有意或者无意地在"语文"两个约定俗成的所指中穿梭,造成概念不统一,从而导致逻辑混乱。还有一个问题是,我们忽略了语言的约定俗成性,凭自己的主观理解,企图为"语文"这一能指任意匹配所指,结果得不到公众认可,比如有论者说语文就是"语言和文章""语言和文学""语言和文化",等等。从这三个短语的内容来说,语用者实际在概括语文课程所涉及的课程内容范围,而他现在要探究的是"语文课程的性质"问题,这样回答岂不是风马牛不相及?再者,这三个短语本身是语病。"语言和文章""语言和文学""语言和文化"这三个短语,都是并列短语,"语言"能和"文章""文学""文化"并列吗?因为文章、文学都是语言概念里的子概念,而语言又是文化的子概念,它们不在一个层面上。

我们还是回头看一看叶圣陶先生当年怎样解说"语文"的。早在 20 世纪 30 年代后期,叶圣陶、夏丏尊二人提出了"语文"的概念,比如说"大众语文",当时"语文"一词还是指"语言文字"。后来他们尝试编写新的语文教材,他们编写的语文教材名称当时并不叫"语文",而是叫"国文百八课"。1949 年,叶圣陶先生再次提出将小学"国语"和中学"国文"合二为一,改称"语文"。当时为什么改称"语文"呢?叶圣陶先生在《答滕万林》这封信里这样写道:"'语文'一名,始用于一九四九年华北人民政府教科书编审委员会选用中小学课本之时。前此中学称'国文',小学称'国语',至是乃统而一之。彼时同人之意,以为口头为'语',书面为'文',文本于语,不可偏指,故合言之。亦见此学科'听'、'说'、'读'、'写'宜并重,诵习课本,练习作文,固为读写之事,而苟忽于听说,不注意训练,则读写之成效亦将减损。原意如是,兹承询及,特以奉告。其后有人释为'语言''文字'，有人释为'语言''文学'，皆非立此名之原意。……"① 这一段话说了好几层意思。他主要说明了"语文"就是新中国成立前小学"国语"和中学"国文"两门学科的合称，解释了为什么这么命名的理由；点明了"语文"学科教学的一个指导思想"'听'、'说'、'读'、'写'宜并重"；还含蓄地否定了对"语文"的两种误解。

具体到语言实际运用，"语文"一词还有其他特定所指。比如"我们每天都有一节语文"，这里的"语文"实际指"语文课"。再比如"把语文拿出来"，这里的"语文"则特指"语文课本"。这些都是语境义，临时性的。

"语文是什么"这个问题，其实并不复杂深奥，只是我们语文教育研究者弄得玄虚了。如果我们放在讨论中小学课程的语境里，我愿意这样回答：语文是学校开设的供学生学习理解并运用汉语的一门课程（学科）。

那么语文课程又是什么呢？

二、语文课程与课程

要认识"语文课程"，首先得弄清楚什么是课程。

什么是课程？这又是一个看似简单而又很难说清楚的复杂问题。课程研究历史几百年过去了，但是迄今尚无定论，也可谓"一千个课程研究者就有一千个课程"。根据课程研究专家对众多课程定义的归纳，目前大致可以分为六种：一是"课程即教学科目"；二是"课程即有计划的教学活动"；三是"课程即预期的学习结果"；四是"课程即学习经验"；五是课程"即社会文化的再生产"；六是课程"即社会改造"。我们看，这六种课程定义区别多么大。那么我们所讲的"语文课程"究竟是属于哪一种课程呢？我国的语文课程究竟归属于哪一种课程呢？我们大家平常所讲的"语文课程"，能指一样，所指是一样吗？

课程定义还有层次上的不同，美国学者古德莱德（J. I. Goodlad）指出存在着五种不同层次的课程：理想的课程、正式的课程、领悟的课程、运作的课程和经验的课程。那么我们的语文课程也相应地存在五个相应的层次。我们不禁要问：我们讨论的"语文课程"属于哪一个层次的课程？争论的双方是在同一个层次上探讨"语文课程"吗？

还有，某种课程背后都有课程理论作支撑。课程理论至今出现了影响较

---

① 刘国正．叶圣陶教育文集（第三卷）［M］．北京：人民教育出版社，1994：506.

大的三种流派：强调以学术为中心的学科结构课程理论；强调以社会问题为中心的改造主义课程理论；强调以学生发展为中心的人本主义课程理论。我们"语文课程"的课程理论是什么？属于哪一流派？

这些问题，在我们的语文课程研究中，鲜有阐述。如果我们不清楚语文课程的基石，遑论语文课程？如果连语文课程都云里雾里，更遑论语文课程的性质？如果说盲人摸象是可笑的，那么我们连"象"的一根毛都没有摸到，就说"象"是什么什么，不更是荒唐么？

目前我国的《中国大百科全书》和众多的教育学教材都这样定义：课程即学科。广义的课程指学生学习的全部学科；狭义的课程指某一门学科。这种定义的实质是强调学校向学生传授学科的知识体系，是一种典型的"教程"。或问，我国古代所谓的"语文课程"是属于这类课程吗？我国现代（1904年以后至1949年新中国成立前）的"语文课程"、当代（1949年至2003年）的"语文课程"以及新世纪我国新课程改革实施的语文课程都是属于这种课程吗？我们都用"语文课程"这一能指，其所指一样吗？

王富仁教授注意到它们实质上的不同，将"语文"分为"大语文"与"小语文"。他说："中国古代的教育，实质上就是'语文教育'，但是，这个'语文'的概念，实际上是一个'大语文'概念。这个语文概念实际包括了当时几乎所有用文字进行表述的东西。我们现在所说的文学、语言学、文艺学、哲学、政治学、伦理学、道德学、宗教学、社会学、民俗学、历史学、地理学乃至经济学、生物学、天文学、物理学等方面的知识都是通过语文学习进行传授的……所谓'大语文'，实际上是一个民族文字语言的总汇，它体现的是一个民族文化的全体，而不是它的一部分。"① 而"小语文"一般指的是教师在课堂内通过教科书向学生传授语文学科相关知识的语文。王富仁教授所说的"大语文"用的是课程的广义，"小语文"用的是课程的狭义——指"语文学科"这一门学科。还有河北著名特级教师张孝纯提出了"大语文教育"观。他的"大语文"又是指什么？与王富仁教授的"大语文"一样吗？研究一下张孝纯的"大语文"理论，就不难发现这二者所指不一样。张孝纯的"大语文"实际上是包括官方的正式语文课程以及校本语文课程。我们常说"生活中处处有语文"，这里的"语文"实际上说的是作为"隐性课程"的语文。"现在我国各地的课程改革，已把活动和社会实践列入正式课

---

① 王富仁."大语文"与"小语文"[J]. 现代语文（理论研究），2002（6）.

程，这说明把课程等同于教学科目是不周全的。"① 我们当前新课程改革实验课本内含"综合实践活动"，那么将"语文课程"理解为一种教学科目是否周全？

从目前我国新课程改革以来，审视语文课程理论，我国当前的语文课程的理论基石似乎是学科结构课程理论和学生中心课程理论，而重心由前向后转移。学科结构课程强调要把人类文化遗产中最具有学术性的知识作为课程内容，并特别重视知识体系本身的逻辑程序和结构。学生中心课程理论主张以学生的兴趣和爱好、动机和需求、能力和态度等为基础来编制课程。这种课程有两个基本特征：一、课程的核心不是学科内容，不是社会问题，而是学生的发展；二、课程的内容不是既定不变的，而是随着教学过程中学生的变化而变化的。我国中小学十二年制，分为五个学段。具体到每个选段基于哪种课程理论，或者兼而有之，情况比较复杂，因此我国当前的语文课程类型不一，语文课程的具体形态也比较多样。

这些复杂的成分全包裹在"语文课程"这一名词里，如果我们研究者不加具体分析，笼统用之，岂不导致思维混乱、表述不清？

在课程研究中，课程专家并没有笼统地指出"课程的性质"。而是在对课程进行分类后，阐述了不同类型的课程特征。比如，课程分为学科课程和经验课程，学科课程又包含三种典型的类型：科目本位课程、学术本位课程和综合学科课程。从这一角度来看，语文课程似应属于综合学科课程。综合学科课程，是把两门或者两门以上的学科整合起来，形成一门新的学科。从我国目前的语文课程具体形态来看，我国的语文课程内容综合语言学、写作学、文艺学等主要学科的知识。"总括科目本位课程、学术本位课程、综合学科课程，可以发现，学科课程具有如下两个显著特征：第一，以学科知识或文化的发展作为课程目标的基本来源，课程开发以学科知识及其发展为基点，强调学科知识的优先性；第二，课程组织遵循学科知识的逻辑体系进行。"我国当前的语文课程是否具有这两个显著特点？

"语文课程性质是什么"这个问题，国外母语课程标准几乎不论及。这种情况，可能有三种解释：一是根本就不存在"课程性质"；二是"课程有性质"，课程研究者还没有研究出来；三是国外对此问题认为研究无多大价值，不作研究。如果是这样，现在我们一般论者来求解"语文课程的性质是什

---

① 施良方. 课程理论——课程的基础、原理与问题 [M]. 北京：教育科学出版社，1996：4.

么", 能有个什么结果呢? 我们现在所说的什么"工具性""人文性", 还有什么"实践性、思想性、言语性、综合性"等等, 合理吗?

即便如此, 那么, 语文课程的工具性是指什么? 语文课程的人文性又是指什么? 这两者能统一吗? 这两者统一起来又是什么?

三、工具和工具性

什么是工具? 工具的词典义有两个: "名词①劳动、工作时使用的器具。②用以达到目的的事物: 交通~; 语言是交流的~。"①

我们说"语言是工具", 这里是从功用的角度来认识语言的。它究竟是一个什么样的工具? 语言, 首先是人类最重要的交际工具; 其次, 可以把语言看作是人类思维所依赖的主要工具; 最后, 可以把语言看作是人类保存认识成果的工具。

《语文课程标准》(实验稿) 说"语文是最重要的交际工具"。这里的"语文"其实是"语言"。

语文课程是不是工具? "课程本身就可以被理解为是使学生达到教育目的的手段。"② 因此, 语文课程也是使学生达到教育目的的手段。这个目的是什么? 就我国而言, 我以为, 语文课程最根本的目的就是使学生准确理解言语作品、熟练使用规范的现代汉语。

工具性是什么? "工具性"这一词语, 我查阅了几个权威词典, 均未收录; 语文教育研究专家都在大量地使用它, 恕我孤陋寡闻, 我至今没有发现在语文教育学著作或者其他语文教育研究论文中, 对此做出解释。"工具性"也许它太简单了, 不用解释, 一望而知? 那么, 究竟什么是工具性, 也就见仁见智了。我只得用这个办法来理解"工具性", 就是看看它是如何被使用的。我们还是看《语文课程标准》(实验稿) 中关于"课程性质"这一"经典"语句。

"语文是最重要的交际工具, 是人类文化的重要组成部分。工具性与人文性的统一, 是语文课程的基本特点。"

这段话虽然只有两句话, 却高度凝练, 颇值得反复玩味。这里只围绕"工具"和"工具性"来讨论。先说"语文是最重要的交际工具", 后隐含地

---

① 龚学胜. 当代汉语词典(国际华语版)[M]. 北京: 商务印书馆国际有限公司, 2007: 590.
② 施良方. 课程理论——课程的基础、原理与问题[M]. 北京: 教育科学出版社, 1996: 83.

136

说"语文课程具有工具性"，这一前一后有没有关系？如果有关系，那又是什么关系？是根据什么逻辑推理的？

说"语文是最重要的交际工具"，其实"最重要的交际工具"是"语言"。因此这里的"语文"就是"语言"。这一点我们务必弄清楚。这一认识，每一本语言学著作都有。或问，将这一常识写在此处是什么意图？它与"（语文）课程性质"有什么关系？我个人认为在"语文课程性质"下写上这一句话，不仅无益，反而有害，因为其与第二句话中的"语文"名相同而实相异，造成概念混乱。

"语言"和"语文课程"是什么关系？说"语文是最重要的交际工具"不能推出"语文课程是最重要的交际工具"。反过来，说"语文课程是工具"又不是由"语文（语言）是交际工具"推出来的。因此，"语文（语言）是交际工具"与"语文课程是工具"前后没有任何逻辑关系。那么"语文（语言）是交际工具"与"语文课程具有工具性"就更没有任何逻辑关系。

如果说"语文课程是工具"，那么"语文课程具有工具性"。"语文课程具有工具性"这一命题是这样推理出来的吗？我是凭自己想象来理解专家的观点的，不知妥否。那么"工具性"是什么意思？可以理解为"可以被当作工具使用的特性（特点）"吗？

说"语文课程具有工具性"，即意味"语文课程是工具"。那么国家设置语文课程，是想达到什么目的？最显性的目的是学习汉语、运用汉语。又因为语言是思想的外壳，所以学习汉语、运用汉语，汉语内涵的思想文化也自然而然相伴而来，从而达到"教化"这一隐性的目的。这二者是一体两面，不可分割。

"语文课程是工具"，是从功能的角度来认识语文课程，因此"工具性"可作为"语文课程"的功能特点。如果从本体的角度来认识"语文课程"，"语文课程"究竟是什么？具有什么特性？是人文性吗？

四、人文和人文性

"人文"这个词语，好像美丽的标签，被各阶层人士大肆张贴。或问"什么是人文"，这又是一个不易说清楚的概念。

"人文"一词，早就躺在我国古典书籍中。它最早出现在《易经》中贲卦的彖辞："刚柔交错，天文也。文明以止，人文也。观乎天文以察时变；观乎人文以化成天下。"宋代程颐《伊川易传》卷二释作："天文，天之理也；

人文，人之道也。天文，谓日月星辰之错列，寒暑阴阳之代变，观其运行，以察四时之速改也。人文，人理之伦序，观人文以教化天下，天下成其礼俗，乃圣人用贲之道也。"这里的"人文"和"天文"对举，但不是对立的。我国古人将宇宙分为三部分，除此二者之外，还有"地理"。《三字经》中有这样一句话："三才者，天地人。""地理"中含有一支——"水文"。这些可以帮助我们理解"人文"一词的最初含义。

《现代汉语规范词典》这样解释"人文"："（名词）原指诗书礼乐等，后泛指人类社会的各种文化现象。~资源、~精神。"①

据此不难判断：语文课程是人文。语文课程是人文，因此语文课程具有人文性。但是什么是"人文性"呢？翻遍权威词典，还是找不到"人文性"这一词条。对"人文性"所指，依旧是仁者见仁智者见智。

我看到很多语文教育著作或者研究论文，一论述"人文性"时，思维一滑就滑进了"人文主义"或者"人文精神"的快车道里去了，于是风驰电掣，而将"人文性"远远地抛在后面不顾了。在此我不想举例。难道"人文主义""人文精神""人文教育""人文关怀"都含有"人文"二字，就是"人文性"的同义语、近义词？

于是，我们又不得不再来追问"什么是人文主义"。"人文主义"一词是舶来品，它是对英语"humanism"的汉译，又可译作"人道主义"。《牛津高级英汉双解词典》这样解释"humanism"：" a system of thought that considers that solving human problems with the help of reason is more important than religious beliefs. It emphasizes the fact that the basic nature of human beings is good. "② 人文主义是欧洲文艺复兴时期的主要思潮。它反对当时占绝对统治地位的宗教教义和中古时期的烦琐的经院哲学，提倡学术研究，注重思想自由和个性解放，强调以人为主体和中心，尊重人的本质、利益、需要及各种创造和发展的可能性。人文主义思潮的目的就是要把人从宗教神学中解放出来，有人本思想。

"人文主义"含有"人文"二字，可"humanism"只是一个英语单词，并不含有"人文"二字啊！我们切不可将我国汉语词汇"人文"和汉译过来的"人文主义"中的"人文"混为一谈！当然，"人文性"也就迥异于"人

---

① 李行健．现代汉语规范词典［M］．北京：外语教学研究出版社、语文出版社，2005：1099.
② A S Hornby（霍恩比）．牛津高阶英汉双语词典（第七版）［M］．王玉辛，等译．北京：商务印书馆，2009：998.

文主义"！

那么，究竟什么是人文性？虽然我一直苦苦思索着，恕我生性驽钝，我至今领悟不出来别人一望而知的"人文性"含义。虽然我高度关注"人文性"，恕我孤陋寡闻，我发现语文教育著作或者论文中很少直接或者间接阐述"人文性"，有的论及也是含糊不清。

在《应用语言学》一书中，明确阐述了"语言人文性的含义"："语言的人文性是指语言在发展变化及应用过程中所表现的文化特征。"① 这是我首次在文献中读到这么直接定义"人文性"，虽然是语言的人文性。这可资理解"语文课程人文性的含义"。我们是否可以套用这一定义模式：语文课程的人文性是指语文课程在发展变化及使用过程中所表现的文化特征？

五、工具性和人文性的统一

我们再回到《语文课程标准》（实验稿）中关于"课程性质"的那段"经典"。"工具性与人文性的统一，是语文课程的基本特点。"这句话如何理解？可不可以这样理解：

语文课程是工具，因此语文课程具有工具性；语文课程是人文，因此语文课程具有人文性。所谓"工具性与人文性的统一"就是说这次新课程改革要实行的语文课程同时具备这两个特点？编写者言外之意是不是这样的：这之前的语文课程，或者只强调"工具性"，导致片面；或者也说"工具性"和"人文性"，但二者前重后轻，导致失衡；现在的新课程要语文二者"统一"，也即是"两手都要硬"？

对于这一表述，有论者认为这是语文教育研究的理论成果，是突破；也有持反对意见的，比如王尚文教授就说："它（指语文）是具有工具与人文两重性质的学科，可以称之为'二重论'。……放在历史的坐标中，就不难看出'二重论'从根本上违背了工具论前辈们的良好初衷，它对于前辈有关语文学科性质论述的扩充、加工，显然是一种倒退，而绝不是进步。"②

或问，"工具性与人文性的统一"仅仅是语文课程的"基本特点"吗？推而思之，英语课程不也具有这一特点吗？历史课程、科学课程不也如此吗？如此看来，"工具性与人文性的统一"竟是课程的"基本特点"？

---

① 于根元. 应用语言学概论［M］. 北京：商务印书馆，2003：123.
② 王尚文. 一弦一柱思华年——我看语文教育60年的理论争鸣［J］. 人民教育，2009（18）.

《语文课程标准》第一条是"课程性质",而其下内容却是"基本特点"。而精心提炼出来的这一基本特点"工具性与人文性的统一",原来不是语文课程所独有,而为所有学科课程共有。对此,我只有苦笑而已。

对"语文课程性质"苦苦探求,究竟有何意义?有论者说这是语文教育的前提,不弄清楚不行;也有研究者指出:"对语文课程性质在'形而上'层面的探索、争鸣是不是应当缓行,而把我们的主要精力放在语文课程内容的建构开发上呢?笔者认为,左右中国21世纪语文教育前进方向的一定是在语文课程内容这一基点上,这个问题解决不好,可能所有的问题都将沦为空谈。"① 我对此持赞同的意见。我们又必须追问:如何构建适合我国各地区学习的语文课程内容,尤其是义务教育阶段初中语文课程内容?

参考文献

[1] 陆俭明,沈阳. 汉语和汉语研究十五讲 [M]. 北京:北京大学出版社,2004.

[2] [瑞士] 索绪尔. 普通语言学教程 [M]. 高名凯,译. 北京:商务印书馆,1980.

[3] 刘国正. 叶圣陶教育文集(第三卷) [M]. 北京:人民教育出版社,1994.

[4] 施良方. 课程理论——课程的基础、原理与问题 [M]. 北京:教育科学出版社,1996.

[5] 张华. 课程与教学论 [M]. 上海:上海教育出版社,2000.

[6] 王荣生. 语文科课程论基础 [M]. 上海:上海教育出版社,2003.

[7] 庄文中. 外国母语课程改革与新课程标准——它山之石,可以攻玉 [C]. 湖北:湖北教育出版社,2004.

[8] 王本华. 重读张志公 走进新课程——语文教育现代化 [C]. 湖北:湖北教育出版社,2004.

[9] 于根元. 应用语言学概论 [M]. 北京:商务印书馆,2003.

[10] 张定远. 中学著名语文特级教师教育思想精粹 [C]. 北京:语文出版社,1999.

---

① 屠锦红,徐林祥. 六十年来语文课程性质研究之回顾与反思 [J]. 课程·教材·教法,2010 (6).

[11] 周庆元. 语文教育研究概论 [M]. 湖南：湖南人民出版社，2005.

[12] 倪文锦，欧阳汝颖. 语文教育展望 [M]. 上海：华东师范大学出版社，2002.

[13]《语文学习》编辑部. 教学争鸣录 [C]. 上海：上海教育出版社，2000.

[14] 江明. 问题与对策——也谈中国语文教育 [C]. 北京：教育科学出版社，2000.

[15] 曹宗祺，雷实，陆志平.《全日制义务教育语文课程标准》解读 [M]. 湖北：湖北教育出版社，2002.

[16] 倪文锦. 基于语文新课程的两点哲学思考 [J]. 课程·教材·教法，2010（8）.

[17] 王尚文. 一弦一柱思华年——我看语文教育 60 年的理论争鸣[J]. 人民教育，2009（18）.

[18] 屠锦红，徐林祥. 六十年来语文课程性质研究之回顾与反思 [J]. 课程·教材·教法，2010（6）.

[19] 陶本一，于龙. "语文" 的阐释 [J]. 课程·教材·教法，2007（11）.

[20] 余彤辉. 语文到底 "姓" 什么 [J]. 中学语文教学，2001（12）.

[21] 王富仁. 情感培养：语文教育的核心——兼谈 "大语文" 与 "小语文" 的区别 [J]. 语文建设，2002（5）.

中外作文教学目标取向的比较

作文教学目标的价值取向，是属于作文教学目标方向性的大问题。我们从不同角度观照当今中外作文教学目标的内容，可以发现它们的价值取向的同中之异和异中之同，从而可以在国际视野下来审视我国作文教学目标及其走向。需要说明的是：我们这里并称的两种价值取向，并非是对立的、非此即彼的关系，它们可以兼容而又各有侧重。

一、写作理念：工具性与人文性的写作取向

近代以来，西方科学技术的不断发展，激起了人们对科学的信仰。人们

相信科学无所不能。科学也被应用到语文教育中来。受科学主义的支配，人们自然要突出强调语文的工具性，于是强烈追求语文教育的学科化、科学化乃至"唯科学方法化"。美国、英国当代作文教学目标中具体、明确的说明性表述包含着强烈的科学主义理念；作文教学中，追求作文教学的能力训练序列也是科学主义的表现。典型的说法是"写作是为了有效的交流"，写作就是交流的工具。日本的作文教学目标注重人文性，但是仍以科学主义为主导。1998 年 12 月，日本颁布的中小学《学习指导纲要》中初中语文教育的总目标是："培养正确地理解和恰当地使用国语的能力。使学生在提高交流能力的同时，养成思考能力和想象能力，以及丰富的语言感受能力。加深对国语的认识，培养尊重国语的态度。"由此可见，目前西方的作文教学目标仍以工具性的取向为主，但是已经遭到后现代课程理论的不断批评。我国 20 世纪八九十年代的作文教学有强烈的模仿西方化色彩，作文教学中科学理性偏重，导致中学生作文普遍出现"新八股"风——苍白的语言、虚假的情感。人们开始反思语文，在指出语文的工具性的时候，同时强调语文的人文性。为改变这一局面，我国 21 世纪之初制定的中小学《语文课程标准》，在不放弃科学主义取向的同时，侧重强调人文性的价值取向。我国义务教育《语文课程标准》中对语文性质的界定是："语文是最重要的交际工具，是人类文化的重要组成部分。工具性与人文性的统一，是语文课程的基本特点。"写作被认为是运用语言文字进行书面表达和交流的重要方式，是认识世界、认识自我、进行创造性表述的过程。第四学段的"写作"中第二条是："写作要感情真挚，力求表达自己对自然、社会、人生的独特感受和真切体验。"这一条中就注重强调作文的真情实感，表现了人文性的价值取向。

二、写作目标：行为目标与生成性目标、表现性目标的取向

从写作目标设定的角度，来分析作文教学目标，以美国为代表的西方国家的作文教学目标主要是从学生的行为方面来确立目标，英国略有不同，除了行为目标，兼有情感目标，如要求培养学生对写作充满自信心。日本 1998 年 12 月颁布的中小学《学习指导纲要》中初中一年级的"写作"内容是："为培养写作能力，须注意下列事项：（1）从身边生活及学习中发现课题，收集材料，并归纳成自己的见解。（2）要明确自己想传达的事实、事情、主题、见解和心情。（3）为正确地表达自己的见解和心情而选择恰当的材料。（4）反复阅读所做的文章，梳理好记载内容、词语用法和叙述方法等，使文章变

得易读易懂。(5) 相互阅读所做的文章，注意别人选材和收集素材的方法等，用作自己写作时的参考。"美国俄亥俄州克利兰市市立学区《英语语言艺术课程说明》(6~9年级，1994年) 中的"写作"有一部分是："在跨学科方面，学生将能够：(1) 利用写作过程进行跨学科学习。(2) 利用写作过程了解、分析并展示对人类价值观念和世界问题的理解。(3) 在写作中重视并运用合作技巧。(4) 根据听、说、读、看的内容进行写作。(5) 运用交际程序，与他人合作发表一篇文章。(6) 运用跨学科知识完成写作任务。"而我国《语文课程标准》除了有行为目标规定，还有注重写作过程和方法的生成性目标、注重情感态度价值观的表现性目标，将三者融为一体，如普通高中《语文课程标准》"表达与交流"中有："(1) 学会多角度地观察生活，丰富生活经历和情感体验，对自然、社会和人生有自己的感受和思考。(2) 能考虑不同的目的要求，以负责的态度陈述自己的看法，表达真情实感，培育科学理性精神。(3) 能独立修改自己的文章，结合所学语文知识，多写多改，养成切磋交流的习惯。""多角度地观察""丰富生活经历和情感体验"和"养成切磋交流的习惯"包含着学生写作的过程和方法，"以负责的态度陈述""乐于相互展示和评价写作成果"是对学生写作中表现的描述。生成性目标和表现性目标是对行为目标的丰富和超越。

三、写作目的："为自己而写作"与"为不同读者而写作"的取向

以美国为代表的西方资本主义国家注重"为自己而写作"，可以说是它们的传统。英国语文课程标准指出："应帮助学生了解写作的价值所在。作为一种记忆、交流、组织和发展自己思想和信息的工具，写作还是一种享受。学生应学习独立地就自己感兴趣的和一些重要的题目进行写作。"但是近来更强调"为不同读者而写作"，突出强调学生写作的"读者意识"。英国语文教学大纲第二阶段学习大纲中要求："指导学生练习向不同的读者群而写作，例如，老师、同学、学校或社区中其他的孩子和成年人，以及想象中的读者。"第三、四阶段的学习大纲中指出，要提供机会指导学生针对特别读者群、广泛未知的读者等进行写作训练。英国写作二级达标标准中就有"表现出对读者的考虑"一句话；八级达标标准中要求："写作中学生能选择有特色的表达方式，体现独特的写作效果，吸引读者的兴趣。"我国在新中国成立后，写作

教学强调"为不同读者而写作"。"文革时期"是"为不同读者而写作"的极端化时期——社会大批评时期。近来，反思我国作文教学，学生写作只注重形式，"为不同读者而写作"演化为"为教师而写作"。鉴于此，我国《语文课程标准》中作文教学目标更侧重于学生"为自己而写作"。在《语文课程标准》中，有这样一句话"写作时考虑不同的目的和对象"，"能考虑不同的目的要求"，这是一句包容性很大的表述，包括"为自己""为不同读者"以及其他目的需要而写作。但是《语文课程标准》多次出现这样的语言表达："写出自己对周围事物的认识和感受"；"注意表现自己觉得新奇有趣的或印象最深、最受感动的内容"；"懂得写作是为了自我表达和与人交流"；"力求表达自己对自然、社会和人生的独特感受和真切体验"；"以负责的态度陈述自己的看法"。这些语句反复出现的是"自己"，表达的出发点都是"自己"。可以说我国当前提倡的是"为自己而写作"，以取代目前流行的学生"为语文老师而写作"的价值取向。

四、写作内容："切时文"与"切己文"的价值取向

所谓"切时文"，就是以社会生活为内容的文章，所谓"切己文"就是以自己的生活经历为内容的文章。我国封建社会写作是"代圣贤立言"；新中国成立以来到20世纪70年代末，以"切时文"为主，结果学生作文内容口号式的"假、大、空"。其后80、90年代二者并重。而今《语文课程标准》倡导"切己文"。这类文章便于学生写，使学生不必为无米下锅而发愁，有利于学生写真话、抒真情，有利于学生自由地表达、有创意地表达。这符合未来社会对人才的需求。普通高中《语文课程标准》里写道："力求有个性的、有创意的表达，根据个人特长和兴趣自主写作。"以美国为代表的西方国家，当今"切时文"与"切己文"并重，而以"切时文"为主，因为美国等国家经历了标榜"个性"的时期，而今更注重传达社会讯息的文章，要求学生关注社会，甚至要有国际视野。美国俄亥俄州的语文课程标准就有这样一句："利用写作过程了解、分析并展示对人类价值观念和世界问题的理解。"日本的写作教学目标受美国影响较大，二战后，发生了由"切己文"向"切时文"的转变。1999年11月，日本文部省颁布的高中《学习指导要领》中，要求培养各种能力，"并用以充实社会生活的态度"。我国的作文教学目标似应：不仅要求学生关心周围的生活、社会、自然，还要提倡学生拥有广阔的国际视野。

五、写作能力：语言能力与思维能力的取向

作文能力的结构一般包括写作基本能力和专门能力。从写作知识分解的角度来看，写作基本能力又包括观察能力、思考能力、联想能力、想象能力、逻辑能力；从写作过程的角度来看，写作专门能力包括审题能力、选择材料能力、结构文章能力、语言表达能力和修改能力。西方语文课程标准着重从写作的专门能力来设立写作教学目标，侧重于文章结构能力和语言表达能力，要求作品富有情趣，有吸引力，使读者有兴趣。美国加利福尼亚州的语文课程标准中，专门设有"组织与中心"和"书面语和口语惯例"两项。英国八年级达标标准中要求："写作中学生能选择有特色的表达方式，体现独特的写作效果，吸引读者的趣味。记叙文的写作能体现出对人物、事件和背景的把握，结构富于变化。词汇和语法的使用使得作品富于微妙的变化，达到强调的效果。"日本十分重视写作，作文教学目标中突出写作能力。1999 年 11 月，日本文部省颁布的高中《学习指导要领》中，第一款"目标"是："培养准确地理解和恰当地表现国语的能力。使学生在提高交流能力的同时，扩展思考能力，涵养情感，锻炼语言感受，加深对语言文化的关心，培养尊重国语以及谋求提高国语能力的态度。"由此可见，在写作中，西方作文教学目标更重视语言表达能力。鉴于我国当前作文教学偏向于语言形式化训练，结果学生作文中表现出思维混乱，或者思维模式化等等不良现象，我国《语文课程标准》侧重强调思维能力，在思维能力中突出想象能力和创新能力。在"总目标"中特别提出："在发展语言能力的同时，发展思维能力。"第一学段中提倡学生"写想象中的事物"；第四学段要求学生"运用联想和想象，丰富表达的内容"；普通高中《语文课程标准》要求高中生："在表达实践中发展形象思维和逻辑思维，发展创造性思维。"从我国的《语文课程标准》中不难看出，作文教学目标也重视培养写作的语言表达能力，但是突出强调培养想象能力和创造性思维能力。

六、写作功能：文学性写作与实用性写作的取向

从学生写作的功能来看，西方国家一直重视文学创作，可以说文学创作是它们写作教学的传统。这一传统，到 20 世纪 90 年代，得到加强，有关文学写作方案更为具体而全面。例如英国的写作教学目标中"学习范围"包括这些文学体裁：诗歌、散文、话剧创作、电影剧本、随笔、文学评论等。美

国一个州的语文课程标准要求培养学生的诗歌写作，鼓励学生掌握各种诗体的格式，以自己特有的风格创作与所读诗歌相关的诗文，同时根据自己的经历创作诗歌。西方这样重视文学写作与它历来主张的写作理论有很大关系，也与文学本身的教育功能有很大关系。西方一些国家强调："通过对文学的学习和研究，他们逐步理解别人，了解自己，欣赏语言的魅力，以及语言运用的千姿百态。"美国的一个州的语文课程标准认为："文学是人类想象的语言表达，也是人类文化赖以流传下来的基本方式之一。"美国在整个写作教学中均强调"美学意义和富有想象力的写作"。当然我们说西方重视文学创作，同时也注重实用文体的写作。日本在二战后，受美国教育思想影响，十分重视学生实用性写作，文学性写作的地位受到削弱。我国语文教育历来不鼓励学生文学创作。这与我国传统的写作理念有关。孟子曰："梓匠轮舆，能与人规矩，不能使人巧。"文学创作是个人兴趣方面的事，学校语文教育不便教授，任凭学生自己发挥。作文教学目标只规定学生练习规矩文、语体实用文。因此我国语文课程标准只要求学生学习记叙文、说明文、议论文以及日常应用文等，对文学创作只字不提。但是，从我国近几年来高考作文的要求来看，学生文学创作不再是禁区，高考作文的文体范围逐渐扩大，小说、戏剧、诗歌——被放入高考作文里来。

七、写作动机：外在驱力与内在驱力的价值取向

一切学习行为都是由动机引发的，这已经成了 20 世纪教育学家和心理学家们的一个信条。写作是一种行为，因此学生写作必有动机驱使。驱使行为的力量分外在驱力与内在驱力。日本作文教学目标中强调学生写作建立在内在驱力之上。日本初级中学《学习指导纲要》各年级的第一条是：初一：从身边生活及学习中发现课题，收集材料并归纳形成自己的看法和见解；初二：开阔观察事物的方法和思维方法，使学生掌握丰富的表达能力，同时培养在表达上下功夫的态度；初三：从广阔的范围发现课题，收集必要的材料，加深自己的看法和见解、思考方法。从中可以看出，日本学生的作文，不是老师命题，强迫学生去写，而是学生在生活中、学习中自然发现课题，产生了表达的需要与渴望，然后收集材料，加工成文。英国作文教学目标中，明确规定：教师"应帮助学生了解写作的价值所在。作为一种记忆、交流、组织和发展自己思想和信息的工具，写作是一种享受。学生独立地就自己感兴趣的和一些重要的题目进行写作"。让学生"体会到写作也是一项让人愉快的经

历"。要求教师培养"学生应对写作充满自信"。从美国的写作教学目标中看不出学生写作的驱动力倾向表述，但是从美国实际的写作教学来看，美国还是注重学生从写作的内驱力来从事写作的。我国传统的写作教学是命题作文，命题作文就是教师命题学生去写。命题作文是建立在学生写作外在驱力的基础上的写作方式，就是教师命题，学生不得不写，不会写也得写，不想写也得写。20世纪八九十年代的供材料作文、目前流行的话题作文基本上都是命题作文的变式。《语文课程标准》提出学生写作出于写作的内驱力。第一学段有"对写话有兴趣，写自己想写的话"；第二学段："留心周围事物，乐于书面表达，增强习作的自信心"，"注意表现自己觉得新奇有趣的或印象最深、最受感动的内容"；第三、第四学段要求教师鼓励学生多角度观察自然、社会，发现生活中的丰富多彩，从而激发学生的写作欲望。这些都是从学生写作内驱力着眼的。

八、写作过程：评价与修改的价值取向

以美国为代表的西方发达国家，十分重视学生自己对作文的评价与修改，提倡学生之间合作修改。美国加利福尼亚州的英语课程标准专门设立"评价与修改"一项，八年级的写作教学目标里规定："修改作文的选词、组织的合理性、观点的一致性和段落之间、部分之间及观点之间的过渡词语。"俄亥俄州的九年级语文课程大纲里写道："通过利用评分指南和在同学、教师帮助下理清表达思路、提出评估作文的标准；针对别人提出的文章修改意见做出思考和反应。"英国语文课程大纲第二阶段（3~6年级）中写有："就自己及他人的作品进行讨论或做出评价"；"修改——修改草稿"；"校对——改正原稿中的拼写和标点错误、补充遗漏、删除冗余"。日本最新初中国语教学大纲中明确规定："（4）反复阅读所做的文章，梳理好记载内容、词语用法和叙述方法等，使文章变得易读易懂。（5）相互阅读所做的文章，注意别人选材和收集素材的方法等，用作自己写作时的参考。"我国写作教学一直重视修改，以前的语文教学大纲中要求："养成多修改的习惯。"但侧重强调教师对学生作文的修改，学生对自己作文的修改。义务教育《语文课程标准》要求学生养成独立修改自己的文章的习惯，并侧重提倡学生之间互相评改。第四学段中有："能与他人交流写作心得，互相评改作文，以分享感受，沟通见解。"普通高中《语文课程标准》要求："多写多改，养成切磋交流的习惯。乐于相互展示和评价写作成果。"国外将学生作文的修改分为两部分：一是对习作的观

点、组织的修改；二是校对。我国语文课程标准只是要求修改做到"语句通顺""文从字顺"，侧重于词语运用、语言表达。

九、写作文体：强化与淡化文体的价值取向

就作文的范围和类型来看，西方包括日本将之分成两类：一类是表现自己的文章，即表达学生自己的所做所见所闻所思所感，包括日记、书信、感想类文和日本的"生活文"等。这类文章以学生自己的生活为基础，要求写出真情实感，以培养学生的个性和创造性思考。一类是传达社会信息的文章，即发挥社会传达机能的文章，包括记录、通信、报告、评论文等。这类文章以沟通思想为目的，要求写得明晰、简洁，起到达意的作用。以美国为代表的西方国家强调写作的文体，可以说文体意识特别强。这可以从作文教学目标中清楚地看到。美国加利福尼亚州的《公立学校英语课程标准》明确要求学生写叙述文、文学评论、研究报告、劝说文、技术性文章以及常用应用文。对每一文体都有明确规定。例如八年级的写作中，要求写传记、自传、小故事或叙述文，规定："（1）使用精选的细节，清楚、连贯地叙述事件、事情或情境。（2）反映论题的重要性或作者对主题的态度。（3）运用叙述性或描述性策略（如相关的对白、具体的动作、身体的描述、背景描述、比较与对照人物）。"英国作文教学目标中有"学习范围"一项，规定学生的习作文体，如要求学生写想象、探究、娱乐类的文体，包括各类故事、诗歌、话剧剧本、自传、电影剧本、日记；通知、阐释、描写类的文体，包括备忘录、会议记录、报道、资料卡、说明书、计划书、档案记录、摘要；还有劝说、辩论、建议类文体，分析、回顾、评论类文体。日本作文教学目标中没有明确的作文文体要求，但是在实际作文教学中像美英一样更加重视传达社会信息类的文体。我国《语文课程标准》并不特别强调文体，小学以叙述文为主；初中有明确的文体要求，"写记叙文，做到内容具体；写简单的说明文，做到明白清楚；写简单的议论文，努力做到有理有据；根据生活需要，写日常应用文。"普通高中，只要求能综合运用各种表达方式——记叙、说明、描写、议论和抒情，并没有明确的文体规定。这反映《语文课程标准》淡化文体意识的价值取向。由于我国《语文课程标准》强调学生作文个性化的表达，这就自然要求学生侧重于写表现自己的文章。

十、写作方式：纸笔写作与电脑写作的价值取向

计算机技术最先出现在美国，被广泛运用到社会各个领域，自然也被运

用到写作教学中，于是出现了电脑写作。与传统的纸笔写作相比，电脑写作更加优越。因而以美国为代表的西方发达国家，作文教学目标中要求学生使用电脑来写作或为写作服务。英国要求第一阶段（1～2年级）的学生就要运用电脑写作，如英国语文课程大纲中指出："给学生提供机会谋划并修改自己的文章，在纸上或屏幕上组织和发展自己的思想。"美国加利福尼亚州语文课程标准，在写作中，要求五年级学生，"使用电子媒体及其组织特点（如口令、进入和下拉式菜单、词语搜索、同义词典、拼写检查）来创建简单的文件"。要求八年级学生"通过使用计算机网络与调制解调器来计划与执行多步学习搜索"。可以说，西方在不放弃要求学生纸笔写作的同时，倡导学生电脑写作。因此，电脑写作成为写作的一大发展趋势。计算机技术进入我国上海校园是20世纪90年代初。作为我国最发达的地区上海市，《上海中小学语文课程标准》（2002年8月征求意见稿），并没有要求学生使用电脑写作。全国普通高中《语文课程标准》在"实施建议"里，对高中学生电脑写作提出了建议："还可采用现代信息技术演示自己的文稿，学习用计算机进行文稿编辑、版面设计，用电子邮件进行交流。"这只是初步的使用电脑来写作。实际上，更高级的电脑写作已经在我国的一些学校实验，可以乐观地预计：我国中小学电脑写作必将在不久的将来逐渐普及。

我国21世纪之初的《语文课程标准》是创新的，也是继承的。从作文教学目标的总体指导思想来看，体现了我国作文教学"先放后收"的思想，大致是小学重"放"，初中偏向于"收"，到了高中，是在"收"的基础上再"放"。此外，还体现了多思多写多改、作文与生活相结合、作文与做人相一致的思想，注重习惯的培养。它立足本国国情，拥有国际视野，以马克思主义为指针，借鉴现代课程理论和后现代课程理论，从知识-能力、过程-方法、情感态度-价值观三个维度来确立"行为目标""生成性目标"和"表现性目标"，追求目标的整体性、完整性、前瞻性和弹性。它理念新、内容新、角度新。

从写作取向来看，我国作文教学目标价值取向不少已经与"国际接轨"，比如，写作理念追求人文性，写作动机希望建立在内驱力之上。但是淡化文体的取向正好与国际强调文体的取向截然相反；电脑写作取向在我国才浮出水面，国外已经较为普遍；文学性写作还是我国作文教学的禁区，作为一个有悠久文化的"诗歌大国"，此点似与我国国情不协调，也与培养创造性、个性化的作文教学目标相悖，可以预料：文学性写作似应成为我国作文教学目标的一个追求。

作文教学目标的针对性强，也是国际作文教学目标的发展趋势。它表现在地方性语文课程标准的出现，比如国外的有美国各个州的语文课程标准，我国上海市中小学《语文课程标准》，这也许就是我国语文课程标准发展的一个征兆、预示。作文教学目标针对性强还表现在文体上、各年龄阶段的学段上，文体不同、学段不同，作文教学目标也应不同。

（本文发表于全国中文核心期刊《中学语文教学》2005 年第 2 期，后被中国人民大学《复印报刊资料：初中语文教与学》2005 年第 7 期全文转载）

浅探中小学文言文编选的科学化

一、文言文教学的问题与突破口

对于语文教学的难点问题，我好像总乐于思考。文言文是当今学生一怕，我就常想这是怎么回事。学生为什么怕文言文？一是文言文与白话文相比而言，不易理解，特别是虚词，还有紧密相连的实词像机关枪子弹一样发射过来，学生束手无策，脑子反应不过来；二是文言文脱离当今社会生活，学生对学习文言文不感兴趣。但是，与此形成鲜明对照的是，不少语文教师觉得上文言文好把握，文言文不就是理解语句，死扣常用实词、虚词，归纳文言特殊句式，等等？其实不仅仅是这些。尽管语文教师讲得唾沫横飞，津津有味，说实在话，文言文教学效果并不高，依然是不争的事实。这其中的原因很复杂，我们中小学的语文教材也是影响教学效果的一个方面。教育改革，首先从教材改革做起；文言文教学改革，是不是应该从中小学文言文编选改革做起？况且相比而言，文言文编选最容易做好。我一一翻阅现行的九年制义务教育人教版语文教材，反思我的近二十年的文言文教学实践，结合当今学习理论，还是觉得这套教材在文言文编选上存在一些问题。这些问题是可以逐步得到解决的，我期待着。我的这篇拙作，算是"愚者千虑"。

二、中小学文言文编选的依据与设想

在语文课程里，文言文是教学的难点，教学效率一直比较低。造成这一局面，原因是多方面的。从宏观的社会现实来说，学习文言文缺乏必要的社会环境和社会需求。自"五四"新文化运动以来，用文言文写作或者处理日常生活事件的人数逐渐减少，当今更是罕见。文言文不再是当代中国人现实生活中重要的书面交际语言；从微观方面来说，有教师自身古文功底问题和文言文教学方法问题，还有学生自身的兴趣爱好、认知理解水平问题。这些姑且不论，下面从中观来着眼，梳理我国的语文教学大纲或者语文课程标准，审视我们的语文教科书，论述这二者对中学文言文教学的影响。

这里需要说明的几点是：这里研究的语文教学大纲或者语文课程标准是从新中国成立以来至今颁布的；中小学语文教科书是 20 世纪 80 年代以后更迭的版本；考察的年级是从小学一年级至高中三年级整个 12 年的语文教材；这里使用的"文言文"概念外延不包括古代诗词曲，古典白话小说介于现代汉语和文言文之间，也忽略不算。我所用的"文言文"是狭义的，主要指先秦两汉的散文和后代以先秦两汉散文为范本创作的散文。

（一）新中国成立以来的语文教学大纲或者课程标准：文言文教学的"法理依据"

文言文曾经是我国古代主要的书面语言，对保存与发展我国文化的贡献无与伦比。但自"五四"新文化运动以来，特别是新中国成立以来，我们这个有着悠久文化历史的古国发生了翻天覆地的巨变。事实证明，不使用文言文，龙的子孙不仅生存下来而且获得了前所未有的发展。既然如此，还有没有必要让文言文来"折磨"知识经济时代的炎黄子孙？我认为：对任何个人或者其他国家来说，学习不学习文言文无所谓；对于曾经使用文言文并取得灿烂文化的中国能不能明确放弃文言文教学？不能，坚决不能！文言文，虽然载有糟粕，但更多的是文化宝藏，是世界独一无二的文化瑰宝。如果今天我们舍弃这个宝藏，就犯了历史虚无主义错误，将是我们民族无法估量的损失，也是世界文化无法弥补的损失；这样既对不起列祖列宗，也对不起后代子孙。因此文言文教学仍有必要，仍有无法估计的意义，不能削弱。

语文教学大纲或者课程标准是国家意志的体现，规定着文言文的教学目的、内容和方式，它是文言文教学的指导性文件及其存在的法理依据。回顾新中国成立以来中学语文教学大纲或者课程标准，它对文言文教学目的这个问题，似乎从来没有一个权威性的意见，语义表达不明晰，因而导致文言文教学某种程度上的混乱。

50 多年来，语文教学大纲或者课程标准中对文言文教学目的的表述，经历了多次变化，这表现了对这一问题认识不清楚。1950年颁布的《中学语文课程标准（草案）》中对初中学生没有提出文言文的学习要求，对高中学生的要求是："能够阅读平易的文言文，并且能够就语汇和句式，分辨文言和现代语的异同。"这对文言文教学的要求是很低的。1956年11月颁布的《初级中学语文教学大纲（草案）》中写有："古典文学作品的教学，可以使学生对古典文学作品里的词汇和语法，得到一些感性的知识，逐渐获得阅读古典文学作品的能力；同时，古典文学作品里的好些词语，至今还活在人民的口语中，所以，讲授古典文学作品，还可以丰富学生的词汇，提高他们运用语言的能力。"同时颁布的《高中语文教学大纲（草案）》中提出："通过这样的教学，进一步提高学生阅读、理解和欣赏文学作品的能力，培养学生阅读文言著作的初步能力，提高他们运用语言的能力，巩固学生经常阅读文学作品的兴趣和习惯，进一步扩大学生对社会的认识。"因为当时入选高中语文教材的古典作品绝大多数是文言文，所以以上的要求实际上就是指阅读文言文的能力。这种文学作品欣赏和语言运用的能力要求是比较高的，是脱离了文言文教学实际的，也是脱离学生的认识水平的。1963年颁布的《全日制中学语文教学大纲（草案）》对文言文教学的要求更高："培养学生初步阅读文言文的能力，为将来阅读祖国丰富的文化遗产，打下初步的基础；并且吸取古人语言有生命的东西，学习一些写作技巧。"这个大纲还规定了学习常用的文言实词、虚词和句式，要求学生能"初步阅读一般文言文"。这是新中国成立以来对文言文教学要求最高的一个大纲，更是脱离中学语文教学实际。因为要"吸取古人语言有生命的东西"，所以依据这个大纲编写的中学语文教科书中文言文所占的比重过大，占到课文总数的40%以上，各年级依次增多，高中三年级文言文占到50%。不仅如此，选入的文言文内容较深奥，如《国语》中的《王孙圉论楚宝》、李斯的《谏逐客书》；有的课文篇幅太长，《史记》的《李将军列传》一篇2000多字。这个大纲在执行中遇到了困难，中学语文教科书也砍去大批文言文，标志了这一文言文教学指导思想下的教科书的破产。但是这一文言文教学的指导思想对语文教师以及中学语文教育界仍然产生了很大影响，有的教师奉为圭臬。1978年教育部颁布的《全日制十年制中学语文教学大纲（试行草案）》，在"教学的目的和要求"中提出"能够阅读浅易文言文"（这是我国第一次提出"浅易"的要求，以后延续至今），在高中阶段提出了"继续培养阅读文言文的能力，整理和复习一般常见的文言词汇和句式，能借助工具书阅读浅易的文言文"的要求。这个大纲此后经过了若干次的调整，但没有大的变化。调整后，这个大纲对文言文的要求进一步降低。依据这个大纲编选的中学语文教科书不仅减少了文言文课文的数量，也降低了课文的难度。1996年国家教育委员会基础教育司编订的供实验使用的《全日制普通高级中学语文教学大纲》是在我国由应试教育向素质教育转变时期，为适应高级中学升学预备文理分科和就业预备的不同需要而制定的。依据这个大纲，人民教育出版社编写的实验教材，文言文比重有所加大，课文数量占到30%以上，难度也相应增大。紧接着1997年"世纪末语文教育大讨论"，在一片"谴责声"中，语文酝酿着又一次大的变革。2001年7月中华人民共和国教育部制定的九年制义务教育《语文课程标准》（实验稿）出版。这个"课程标准"在课程总目标中提出了义务教育阶段文言文教学的目标是："能借助工具书阅读浅易文言文"。另外，在第四学段（7～9年级），又特别要求初中生"阅读浅易文言文，能借助注释和工具书理解基本内容。背诵优秀诗文80篇"。"评价学生阅读古代诗词和浅易文言文，重点考查学生记诵积累的过程，考察他们能否凭借注释和工具书理解诗文大意，而不应考察对词法、句法等知识的掌握程度。"2003年4月，中华人民共和国教育部制定的普通高中《语文课程标准》（实验）出版。这个高中"课程标准"提出了必修课高中语文文言文的教学目标："学习中国古代优秀作品，体会其中蕴含的中华民族精神，为形成一定的传统文化底蕴奠定基础。学习从历史发展的角度理解古代作品的内容价值，从中汲取民族智慧；用现代观念审视作品，评价其积极意义与历史局限。阅读浅易文言文，能借助注释和工具书，理解词句含义，读懂文章内容。了解并梳理常见的文言实词、文言虚词、文言句式的意义或用法，注重在阅读实践中举一反三。诵读古代诗词和文言文，背诵一定数量的名篇。"这两个"课程标准"注重文言文学习的积累、记诵和学习方法能力的培养；不强调文言知识，突出了文言文教育的人文性，倾向于降低教学难度和考试难度，对中学文言文提出的要求仿佛是对20世纪1978年中学语文教学大纲的回归。这两个"课程标准"都一致规定"阅读浅易文言文"，混淆了初中和高中两个不同学段对文言文教学的不同要求。实际上，初中九年级文言文不是"浅易"而是较难，高中必修语文教科书总体都偏难。

综上所述，从新中国成立以来，中学文言文教学大纲"难度"形成了一个"驼峰"。这个驼峰的两个高点分别是1963年的"大纲"和1996年编制的中学语文实验大纲，而以 1963 年为最高。从 1963 年以来，教学大纲文言文目标总体趋势是在起伏中逐渐下降。虽然"大纲"要求降下来了，但是实际文言文教学却降不下来，或者明降暗升。究其原因，固然有教师观念问题、选拔性高考考纲的干扰，然而与国家"大纲"或者"课程标准"对文言文教学的要求摇摆不定有很大关系，与这样的大纲或者"课标"指导思想下的文言文编选有很大关系。下面以根据新课程标准编写的中学语文教科书中的文言文来分析说明。

（二）新课程中学语文教材：文言文教学的文本凭借

新课程改革背景下出台的《语文课程标准》，其中关于文言文教学的理念是对过去"大纲"的继承和丰富、创新。这里有一个问题："课程标准"先进的理念能否转化为与之相匹配的现实的语文课程，还有新课程中学语文教科书能否体现新课程的中学语文课程理念。

考察新课程中学语文教科书，较好地落实了新课程的"课程标准"理念精神。相对而言，初中语文教科书编选好于高中语文教科书（必修）。初中语文教科书，从选文的编排程序而言，由易到难，由少到多，与小学课本中文言文衔接较好，所占当册课本的比重从六分之一到三分之一，比例适当；从课文的篇幅而言，以短篇文言文为主，便于教学；从选入的课文来看，体裁多样，内容以故事、自然界奇山异水为主，趣味性、新奇性、思想性有机结合，适合学生的认知心理和理解水平，能满足学生的学习需求；课后练习一般三四题，分量适中，题目类型多样合理，基于课文又能向课外延伸，具有开放性、探索性。略感不足的是，九年级上册和下册的文言文难易颠倒；《送东阳马生序》（节选）一文曾经编在高中语文第三册（人教版 1987 年 10 月第二版），现在放入八年级下册，对于八年级学生难度太大；七年级的文言文分编在各个单元，不利于学生集中学习，不便于知识的积累和习惯的培养。

审视新课程高中语文必修 1 至必修 5，每册课文有四个单元，文言文从一个单元到两个单元，选文几乎都是经典名篇，文质兼美。在必修 5 的"梳理探究"板块里，安排"文言词语的句式""古代文化常识""有趣的语言翻译"，这是对所学文言文的总复习，是符合学生学习文言文的规律的。但是其存在的问题也比较多。第一，没有顾及新课程初中语文教科书，做好高中文言文教学与初中的衔接。比如，必修 1 内选入 4 篇千古名篇：《兰亭集序》《赤壁赋》《山中与裴秀才迪书》《游褒禅山记》。这几篇经典散文确实美妙，但难度明显高于九年级下册的文言文：《公输》《孟子二章》（《得道多助，失道寡助》《生于忧患，死于安乐》)《鱼我所欲也》《庄子故事二则》（《惠子相梁》《庄子与惠子游于濠梁》)、《曹刿论战》《邹忌讽齐王纳谏》《愚公移山》。它们在叙事写景中抒发个人的感慨和人生哲理，超出了绝大多数刚入高一新生的认知水平和文言文理解程度。再精美的文言文，如果不在学生最近发展区里安排学习，不仅劳而无获，反而劳而伤神。第二，高中新课程文言文编排程序，没有按照先易后难的顺序编排。比如必修1的文言文就比必修2、必修3、必修4的难。而必修5尤其难，特别是《滕王阁序》《逍遥游》。第三，新课程高中文言文不仅难度大，而且坡度陡。现在选入必修1至必修5的文言文，分属于之前高中语文六册书。原来要在三年内学完，现在要在高中起始阶段的一年多一点时间内学完。难度不减，时间减少一半多，刚入高中的学生年龄又偏小，文言文阅读能力不高，因此学习这些文言文的困难明显增大。第四，新课程高中必修教科书文言文选文偏长，不便于教学。比如《荆轲刺秦王》《鸿门宴》《过秦论》《廉颇蔺相如列传》《苏武传》《滕王阁序》《逍遥游》等，篇幅都比较长。当然整个高中文言文也不可能篇篇长短适宜，问题是在短短的一年多一点的时间内，连续学习这么多长篇文言文，就显得多了、难了，教师学生感觉到压得喘不过气来。第五，每篇课文注释非常多，大约是课文篇幅的5倍，对于高中生弊大于利。课文必要的注释是要有的，对于高中学生，过细太多，不利于培养学生查阅工具书的习惯，也不利于培养学生自主探究的学习方式。这是有悖于新课程理念的，也是文言文偏难的反映。

此外，新课程中学语文教科书编辑还存在其他问题。一是缺乏整体观，即没有将整个中小学12年作为一个有机有序的整体来构思；二是义务教育阶段的语文教材没有继承我国传统语文教材的一些优点；三是高中语文课程，对于学生学完5个必修模块之后，文言文该如何继续教学，没做适当安排，似乎给学生一个错觉：学完了5个必修模块中的文言文，就万事大吉了。

（三）中小学文言文编选科学化：文言文教学的必然选择

当前文言文教学成为难点的主要原因是：一是学生自身受实用主义思想指导，缺乏学习文言文的内在动力和热情。由于文言文在中国现实社会中几乎无用，学只是为了考试，学不能致用，形成了学生"文言文无用论"的观点。二是文言文教材没有很好地顾及学生学习文言文的习惯和兴趣的培养。三是中学语文教材中编选的文言文，脱离"课程标准"中对文言文教学的要求，增加了文言文教学难度；四是高考选文很不浅易，严重增加了文言文教学的负担。五是文言文教学资源的严重匮乏，学生学习文言文，严重缺乏历史文化背景知识。

针对这种情况，中小学语文教材文言文的编选，应从世界文化发展趋势、我国文化发展要求出发，整体构想我国中小学语文教材中文言文的编选，首先要使文言文编选科学化起来。这是我国语文教育界当前首先要做也是可以做得更好的事情。

小学语文教材要编选对中学文言文学习起奠基作用的内容。其一，是在识字学习阶段，借鉴古代蒙学教材"三百千"的方法，或者改编传统的"三百千"，古为今用；或者新编"三百千"，做到推陈出新。"三百千"作为我国古代传统的蒙学教材，很好地体现了汉语特有的语音优美、末尾押韵的特点，学生读起来好听好记，容易激发学生的学习兴趣。它还包含古代的文化知识，为学生日后学习文言文提供背景知识。其二，小学语文教材还有必要编选"对韵"类内容，在小学高年级做一些"属对"训练——初中阶段也要开展。我国古代汉语以单音词为语言单位，运用灵活自由，容易形成对偶。"对韵"很好地体现了汉语形式工整、语音优美、言简意赅的特点，朗朗上口，好看好听好记。"属对"训练是一项很好的语言运用训练项目，看似简单，实则融词法、句法、语意、修辞、逻辑于一炉，对学生语言的各方面发展起到很好的作用。王尚文等教授主编的《新语文读本》对此有成功的借鉴，在当今语文界反响很大很好。其三，在小学高年级适当增加适合小学生理解、能激发学生学习兴趣的篇幅短小的文言文。目前小学高年级语文一册中只有两三篇文言文，数量少了，可增加到五篇。这样也可以与初级中学的语文教材接轨。

中学语文教材应在课文之外，另编辑一套中学生文言文阅读文选，供学生早读使用。这套选本，一学期一本，按照学生一日一篇或者一周数篇的数量来定；篇幅不要长，学生在一两分钟内可以读完；难度不大，一篇中有一两个难点即可。这个选本的编辑意图，一是解决文言文教学资源匮乏的问题，二是培养学生学习文言文的习惯。学生天天读一点，日日进步，有收获感、成功感。学生常读文言文、亲近文言文，自然会养成学习文言文的习惯；三是能给学生学习文言文提供一个"用武之地"，解决学以致用的问题。

从小学一年级到高中前半期，我国学生应该人人学习文言文，培养阅读文言文的初步能力和基本方法。这段时期体现文言文教学的基础性。但是到了高中阶段后半期，要考虑学生个性差异和学习能力兴趣，实行文言文选修制度，体现文言文教学的选择性和发展性。学习文科的学生，继续学习文言文，以便日后深造；理科中有爱好文言文的，也可以选修文言文，满足自己学习文言文的兴趣。这样做，兼顾国家意志与学生个体发展需要，对于学习文言文和不学习文言文的学生都有好处。

参考文献

［1］课程教材研究所.20 世纪中国中小学课程标准·教学大纲汇编（语文卷）［C］.北京：人民教育出版社，2001.

［2］张定远.中学著名语文特级教师教育思想精粹［M］.语文出版社，1999.

［3］张中行.文言和白话［M］.哈尔滨：黑龙江人民出版社，1988.

［4］王本华.重读张志公·走进新课标——语文教育现代化［M］.武汉：湖北教育出版社，2004.

［5］郑国民.从文言教学到白话教学——我国近现代语文教育的变革历程［M］.北京：北京师范大学出版社，2000.

［6］刘国正.叶圣陶教育文集（第三卷）［M］.北京：人民教育出版社，1994.

［7］中华人民共和国教育部.全日制义务教育语文课程标准（实验稿）［S］.北京：北京师范大学出版社，2001.

［8］中华人民共和国教育部.普通高中语文课程标准（实验）［S］.北京：人民教育出版社，2003.

（本文 2007 年获安徽省教育科学研究所科研论文评选二等奖）

《美国语文》：语文的另一扇窗

《美国语文》的中文版主编张健鹏、胡足青先生在《序言》里介绍，"一般来说，美国多数中学在语文教育方面会选择三部教程：一部《英语》，主要讲解语法知识；一部是《拼写》，注重单词的拼写训练；还有一部《文学》，介绍各种题材的美国文学读本，本书就是较权威的一个《文学》版本的中文节选译本"。由此可知，美国语文教材是分科类型的语文教材，《美国语文》只是其中之一。我国目前普遍流行的语文教材是综合型的，即将阅读、写作、语法、口语交际、综合性学习、语文知识融为一"册"。从我国现在教材编写现状来看，全国各地语文教材编写者似乎一致认为综合型的语文教材好。在20世纪50年代末，我国也曾试验分语法、文学来编语文教材，可惜由于历史的原因，这次试验夭折了。到底是分科型的好还是综合型的好，不能一概而论。但是像我们中国这样一个幅员广阔、人口众多的大国，只流行唯一的综合型的语文教材，是不是有点儿太统一了？

下面从一册课本中的目录、课文导读、课文、课后练习四个方面，来具体比较中美两国语文。

一、关于目录

《美国语文》一套三册，课文是按照美国历史的进程编排起来的，总共分六部分：第一部分"文明的交会（开始—1750）"、第二部分"国家的诞生（1780—1800）"、第三部分"国家的发展（1800—1870）"、第四部分"分裂、和解和扩展（1850—1914）"、第五部分"不满、觉醒与反抗（1914—1946）"、第六部分"繁荣与保护（1946至今）"。这个编排序列十分清楚，是将美国文学与美国历史有机结合起来，入选课文是"不同时代的具有广泛社会影响及文学代表意义的文章"。一篇课文在教材中的位置是确定不移的。学生学习这样的语文教材，始终是站在国家历史的制高点上审视自己国家的过去、现在，同时也思考国家未来的命运，感受到文学推动历史的社会作用。这样编排，无形当中，巧妙地实施了爱国主义教育，激发了学生担负国家兴亡的责任感和使命感，强化了学生对文学社会功能的领悟意识。

这里以义务教育课程标准实验教科书七年级上册《语文》（课程教材研究所中学语文课程教材研究开发中心编著，人民教育出版社2001年第一版）为例，来谈谈我国目前的语文教材。这册书由六个单元组成，还有"课外古诗词背诵""名著导读""附录"。每个单元包括阅读、写作、口语交际、综合性学习。阅读由五篇课文组成，这些课文体现一个主题。这六个单元的主题依次是"人生的憧憬""人生的理想""大自然""科学""亲情""想象"。这种语文课程属于经验课程，与学生的经验密切相关。现在这六个单元的编排顺序只是很多种编排顺序中的一种，每个单元的课文也是可以替换的。

《美国语文》在目录里除了文章的题目，还匹配了一幅幅相关的图片。图片与题目相互配合，同时刺激学生，在学生头脑中产生碰撞，有助于产生思想火花。这些图片不仅有美化、彰显文章特色的作用，而且为学生理解课文题目提供直接有用的信息。中国语文教材一般将图片集中编排在封面与"目录"之间。这些精美的图片，虽然也具有美化教材的功能，但是图片与课文题目分离，不便学生联系二者、获取更多信息、产生碰撞效应。

二、关于课文导读

中美两国语文教材，在题目之下、课文之前都有编者特意编写的内容，我姑且称之为"课文导读"。我国人教版新课标《语文》（七年级上册）教科书，在题目之下、课文之前有一个小方框，内容大致包括：对课文内容的简要概括，告诉学生学习这篇课文的要求或者任务，引起学生的学习欲望。这些内容，编者试图帮助学生迅速了解课文，明确学习目标，激发阅读欲。但是这样做，是不是束缚了学生的思维，不利于学生进行个性化阅读？

《美国语文》的"课文导读"包括"阅读指导""背景知识""文学与生活"与"文学聚焦"四部分。"阅读指导"一般是课文作者的"缩微传记"，比中国语文教材中对作者的介绍丰富多了。除了作者小传之外，还配有作者的人物像。"背景知识"是介绍与课文内容相关的历史。"文学与生活"又分"联系你的经历""日志写作""专题聚焦"三个组成部分。"联系你的经历"主要是编者提醒学生将课文内容与自己的生活经历联系起来，从课文学习中获得有价值的经验；"日志写作"是要求学生学习写与课文体裁相同的作文，学习课文的写作技巧；"专题聚焦"确立一个与课文紧密相关的专题，设置一个问题引导学生去探讨。"文学聚焦"主要是对课文的体裁进行解说，让学生获得文体知识。

《美国语文》在"阅读指导""背景知识""文学聚焦"三部分提供的知识，为学生学习课文提供了基础与方便，可供学生长期随时阅读之需。这些内容，在中国语文教材里是没有的，一般在教师使用的参考书里有。教师"霸占"着教学参考书，不轻易给学生看。因此，中国语文教师通常上语文课非要"讲"时代背景、作者简介、文体知识。由于这些内容容易成为耳边风，非要教师反复"讲"不可，这也许是造成中国语文教师"讲风"很盛的一个原因吧？我们中国语文教师将课本称为"教本"，是理所当然的，因为这样的课本非老师"教"不可。我这里并不是说《美国语文》就不要老师教，而是说它更便于学生学。美国编者编写这套书，主要是着眼于学生"学"，为学生更好地"学"服务。如此，可不可以将《美国语文》称为"学本"？

三、关于课文

我国语文教材，多是文选型教材，课文一般是按照学生能力的发展顺序为序，由易而难。选文的标准是："教科书选文要具有时代性和典范性，富于文化内涵，文质兼美，丰富多样，难易适度，能激发学生的学习兴趣，开阔学生的眼界。"① 我国语文教材中的课文可以说篇篇珠玑，但是总体看来，让学生眼花缭乱，糊里糊涂。这样的语文教材，容易导致学生就一篇学一篇，站在个人立场，孤立地去学。学生学了后面课文，容易忘了前面学的课文。《美国语文》自然也有不足，诸如内容贴近学生生活不够紧、选文范围相对狭隘，但是由于它以美国历史的进程为序，将文学与历史有机结合起来，选择"不同时代的具有广泛社会影响及文学代表意义的文章"作为课文，恰似一根红线将一颗颗珠子串成一个整体，给学生一个完整清晰的印象，有利于学生从宏观上来把握一篇文章的文学价值和历史价值，有利于学生从美国国家的立场来考虑美国的社会问题以及世界问题。读了《美国语文》之后，我感觉到，我国语文教材似乎给学生这样的暗示：你要以一己为圆心，以自己的目光为半径，将自己的视域锁定在自己周围发生的事情这样一个圆里。中国的学生心胸相对狭隘，视野不开阔，看问题容易片面化，思考问题好凭个人主观想象，常以个人的好恶来判定一篇文章的价值。《美国语文》要求美国学生站在国家的立场来思考美国的历史问题、社会问题乃至世界问题，纵览美国数百年的历史，俯瞰整个美国地域，"指点江山，激扬文字"，以此来判定一篇文章的历史价值和现实意义。这种语文教材是不是有利于培养领袖胸怀和气质？

令人吃惊和不解的是，《美国语文》课文部分除了课文之外，没有一个注释。相比较，我国语文课文一般有注释，注释种类繁多，可谓不厌其多，务求详尽。有注释，节省了学生查阅资料的时间，为学生顺利阅读课文提供方便。俗话说得好，凡事有一利，必有一弊。编者提供注释，不利于学生自己去理解词语；不利于培养学生勤查词典的习惯；不利于培养学生从几个解释中选择一个更合理的解释的判断选择能力；不利于培养学生查找资料的能力。

① 语文课程标准研制组. 普通高中《语文课程标准（实验）解读》[M]. 武汉：湖北教育出版社，2004：234.

一句话，不利于培养学生的自学能力。

《美国语文》在注释方面似乎吝啬到极点，但是在提供与课文相关的图片方面，又是极度慷慨大方。绝大多数课文都配有图片，而且一篇课文一般不限于一幅图片，真可谓不厌其多，务求详尽。这与我国语文教材又是迥然不同。我国新课标语文教材，大多数课文不配图片；少数课文有图片，一般也是一篇课文限于一幅。值得注意的是，《美国语文》中的图片是历史上真实的人、事、物的照片，它求"真"；而我国语文教材中的图片大多是插图，是编者特意请画家为一篇文章画的美术画，它求"美"。我国语文教材中，有的课文的图片被安排在课本前几页，与课文文字分离。《美国语文》中，图文配合，尽收眼底，相得益彰，文字可以补充图片的不足，图片可以为学生提供语言没有表达或者无法表达的信息。

四、关于练习

我国语文，仍以人教版新课标《语文》（七年级上册）为例，课后练习一般有二至四题，另外有的课文根据情况，附有"读一读，写一写"和补充阅读材料。课后练习主要四种类型：第一类是"解释型"，要求学生朗读课文，理解和解释课文内容；第二类是"体会型"，要求学生体会课文语言表达的妙处；第三类是"探究型"，设置让学生探究的问题；第四类是"活动型"，要求学生去说、去写、去查阅资料、去表演等。"读一读，写一写"就是学习课文词语，积累词汇；补充阅读材料与课文相配合，一般是一首诗，有时是知识短文，有时是与作者、作品相关的资料等，主要功能是：扩大学生阅读量，增长知识，积累资料，开阔学生视野。例如《我的信念》（作者是玛丽·居里），课后练习是这样的：

一、朗读全文，把握文意，然后回答下面的问题。

1. 作者认为"人类也需要梦想家"，"梦想家"最基本的特征是什么？从哪一件事可以看出作者就是这样的"梦想家"？对此你有什么感想？

2. 为什么作者说，科学家也应当是"一个小孩儿"？这反映作者怎样的心态？

二、课文中有些话可以视为格言或警句，选一些抄在笔记本上，写上一点体会更好。

三、课外阅读艾芙·居里的《居里夫人传》，并搜集与居里夫人一样的科学家的资料，经过梳理后，存入自己的学习资料库。

接下来是"读一读，写一写"和补充阅读资料。这篇课后的补充阅读资料是从《居里夫人传》中节选的四段，内容是介绍居里夫人的工作条件。

看完我国语文的课后练习，我们再来看看《美国语文》的课后练习。它包括两大块："问题指南"和"作品积累"。

"问题指南"又分"文学和生活""阅读理解""思考""文学聚焦"四项。"文学和生活"里有两三个题目，常设的有"读者反映"和"主题聚焦"，另外还有"日志写作""小组活动""领导能力测试"等。这些题目都要求学生将课文与自己的生活联系起来，表达自己阅读课文之后的感受、体会、印象，引发学生活动。"阅读理解"一般也有两三个题目，用来检查学生阅读课文之后对课文的理解。"思考"项里又有四个小项目："解释""应用""评价""扩展"。编者根据课文内容设置这些题目，要求学生联系自己生活、联系社会、联系历史来回答，主要是训练学生分析解释能力、推理运用能力、评价能力，题目还进一步要求学生为自己的观点寻找证据支持。"文学聚焦"是针对课文的体裁来设置问题，让学生认识作者根据写作目的、体裁的特点，如何采用适当的写作技巧、方法。

"作品积累"由"点子库"和"微型写作课"两部分组成。"点子库"又分两小部分："写作"和"项目"。"写作"是编者根据课文情节内容，为学生出写作点子，即要求学生写多种形式的应用文章，比如演讲、报告、书信、日记、新闻、广告和计划等。"项目"主要是要求学生活动、合作、交流，有"艺术连线""社会连线"和"技术连线"等多种形式。"微型写作课"实际上也是要求学生写作，写一篇与课文相关的文章。编者首先明确告诉学生写什么，接着从"写作技巧重点""构思""写稿"和"修改"四个方面对学生进行具体的方法指导。

从上面的介绍来看，《美国语文》与我国语文课后练习有相同的一面，都有"理解类型""活动类型"和"探究类型"的题目，但是《美国语文》的课后练习题量大、形式多样。当然，中、美两国课后练习的差异也是显而易见的。我国语文课后练习常设置体会词语运用或者语句表达巧妙之类的题目，而整套《美国语文》的练习中这种类型的题目竟一个也没有！这是怎么回事？《美国语文》中的每篇课文都设置了大量的写作练习，主要是应用文体写作，并且有具体的方法指导；我国语文，比如人教版新课标《语文》（七年级上册），整册书有三十篇课文，而课后有写作练习的课文仅十篇，或者是模仿诗歌写作，或者写一篇写景短文，或者根据话题写作，或者命题写作，这些写作偏重于文学性写作。我国语文另外在每个单元之后，安排一项话题或命题写作活动。我国语文教材编写者偏于布置写作任务，偶有提示，但是没有具体的写作方法指导。

从中美两国语文的不同来看，我们不难认识到中美两国语文教材的编写者对"语文"理解的差异。相比较而言，从服务教学的侧重而言，我国语文重"教"，是"教本"，美国语文重"学"，是"学本"；从"读""写"孰重孰轻方面着眼，我国语文重"读"，美国语文重"写"；在读写结合方面，美国语文"读写结合"比我国更加紧密；在写作指导方面，美国语文有具体写作指导，而我国语文写作指导多是方向性的，意在放手让学生自由发挥；在语文学习方式上，中国语文强调"体会感悟"静坐式学习，而美国语文重在"实践运用"活动式学习。

比较中、美两国语文教材，我并不是想对它们分轩轾。美国语文教材编写者对"语文"有独特的理解。这为我们理解"语文"，开启了另一扇窗。

参考文献

[1] 张健鹏，胡足青.《美国语文》（12-18 岁）[C].马浩岚，译.北京：同心出版社，2004.

[2] 课程教材研究所，中学语文课程教材研究开发中心.义务教育课程标准实验教科书《语文》（七年级上册）[C].北京：人民教育出版社，2001.

[3] 语文课程标准研制组.全日制义务教育《语文课程标准（实验稿）解读》[M].湖北：湖北教育出版社，2002.

[4] 语文课程标准研制组.普通高中《语文课程标准（实验）解读》[M].湖北：湖北教育出版社，2004.

[5] 倪文锦，欧阳汝颖.语文教育展望[M].上海：华东师范大学出版社，2002.

[6] 李杏保，顾黄初.中国现代语文教育史[M].四川：四川教育出版社，2000.

[7] 顾黄初.中国现代语文教育百年事典[C].上海：上海教育出版社，2001.

（发表于《教育文汇》2005 年第 12 期）

普遍提高语文教学效率的突破口

特级教师程红兵说："语文教师的自身修养决定了语文教学的意义所在。"① 常见的是：一个班语文，得一名师则兴，遇一庸师则衰。于是，提高教师修养，成为共识，似乎成了提高语文教学效率的唯一途径。因此教师培训力度、密度越来越大。或问：将语文教学的成功，置于易变的教师身上，可乎？

语文教学的成功，必置于稳固的基石之上。这个基石是什么？就是语文教材！现行的语文教材如何？对语文教学有何影响？

现行语文教材，都是"主题"组元，与学生生活、思想、感情密切相关，因此是人本主义语文课程的一种体现。但又不纯粹是人本主义语文课程，其间交织"知识与能力""过程与方法"，这两根线断断续续，不成系统，前后逻辑性不强。知识被"淡化"，"能力"不敢突出"训练"，"方法"还是老一套。

单元导语含有学习目标，课后练习又往往无助于学习目标达成。教师左右为难，一般以课后练习作为教学内容。课后练习，主要有三种类型：课文内容理解题、语句品味题、内容拓展题。教学内容雷同，教学过程模式化，长此以往，学生对课堂教学没新鲜感，学习热情渐衰；教师的教学热情，随着教龄的增长而衰减。

教材呈现了一些知识。有的知识不考，比如语法知识，教师就不教，学生会自学吗？编者的用心白费了。有的知识与课文内容联系不紧密，或者与当时学习任务不紧密，学生即使学习了，收获有多大？比如附录中《怎样读诗》等。有的知识，前后有关联，可是不集中，不便查找，学生前面看后面忘。

教材中陈述性知识多，程序性知识少，策略性知识几无，比如学习"速读"，更需要程序性知识与策略性知识。课程标准只提了一个速度目标"每分钟不少于 500 字"，教材也只提速读的速度要求，大概相信语文教师都是速读高手：会传授速读的知识、方法、策略，有一套科学训练速读的方法，能有效检测学生的速读效果。其实呢？相当一部分语文老师，不是速读高手！他

---

① 程红兵. 语文教学的常识性回归［J］. 语文学习，2015（1）：78.

一味催促学生："读快点，快点读。"因为他只明白一个道理：多练练，自然而然就快了，熟能生巧吗。《语文课程标准》专家组王云峰教授说："课程标准……要给课程实践者留下足够的课程创造空间。"① 《语文课程标准》将巨大的"创造空间"留给了教材编者；语文教材，又给语文教师预留了巨大的"创造空间"。这是不是将一个个"难题"留给了不堪重负的语文教师？

当前，语文教学简直等于散文阅读教学。诗歌教学，就是读读背背；小说、戏剧等，总是分析三要素，一带而过；写作教学，只是"多写"。现代散文、古代文言文是必考内容，分值大，绝大部分语文课时投放于此。可是散文阅读教学又如何呢？从现代散文教学效果来看，竟然是最差的：阅读题得分率一直最低，50%左右，甚至更低！阅读教学（也是语文教学）的"高投入"与"低产出"，圈外人惊异不解，圈内人岂不深思？

王旭明社长说："当下学校语文教育存在诸多问题，大家都不满意，这已经是不争的事实。"② 他还说，语文教学的问题，不只在北京存在，全国各地的许多课与北京大同小异，说明了问题的严重性。如此大面积的语文教育问题，难道只归因于教师素养低？与语文教材毫无干系？

语文课程改革主要在三个方面：

教学方式、模式改革，属于形式改革，是不会有多大成效的。

加强教师队伍建设，普遍提高教师素养，这个工作还要不断改进。可是很多有素养的教师，高级职称一评，就职业倦怠了。于是，激发教师工作积极性成为一个难题。而解决这个难题，需要教师管理机制的改革。这样，问题变得更加复杂，在短时间内难以得到有效解决。

还有教材改革。著名语文教育家于漪说："没有人文，就没有语言这个工具；舍弃人文，就无法掌握语言这个工具。"③ 现在语文教材有了浓厚的"人文"，教师也注重"人文"教育，怎么还是不如人意？

语文课程改革的突破口，究竟在哪里？

就在语文教材！因为科学的、适用的、"有干货"的语文教材，是普遍提高语文教学效果的基础。基于语文教师素质的现状，学生学习语文的规律，

① 王云峰．"课程标准"是什么［J］．中学语文教学，2015（1）：8.

② 王旭明．北京语文课堂：亟须去假归真［J］．语文建设，2015（1）：4.

③ 于漪．弘扬人文，改革弊端［C］//《语文学习》编辑部．教学争鸣录．上海：上海教育出版社，2000：125.

语文教材应该怎么编？没有"人文"肯定不行，而"人文"一枝独秀也不行。现在，"人文"这根线太强势了，容易"假大空"，要降到适当位置；人文教育要深度融入教学过程。"知识与能力"，是"干货"，这根线要强大起来！没有知识的教材，还算教材？本着"精要好懂有用"的原则，教材不仅要有语言学知识，还要有文章学、文艺学知识等；不仅要有陈述性知识，更要有程序性知识、策略性知识。教育家叶圣陶说："大凡传授技能技巧……讲说和指点之后，接下去有一段必要的工夫，督促受教的人多多练习，硬是要按照规格练习。"① 培养语文能力，不训练怎行？还有，语文教材必须转型：从仅供教师教的"教本"变为满足学生学的"学本"。

凭现有的国家综合实力，组织全国一流的课程专家、语言学家、心理学家、哲学家、文学家、社会学家、语文教育研究专家、语文教学专家、教材编写专家，在广泛深入调查研究的基础上，借鉴"他山之石"，在两三年内，一定能编写出新型的适合中小学教学的语文教材。这将是语文教学的高速公路。

（本文系安徽省 2015 年中语会理事会年会论坛发言稿）

一年级写字教学原则及其心理学阐释

小学一年级的写字教学目标，我个人认为主要是能使学生正确地书写汉字并且乐于书写汉字。为了达到这个目标，结合心理学的理论学习，写字教学可以归纳为五条原则，它们是：正确原则、愉快原则、适度原则、反馈原则、致用原则。

一、正确原则

正确原则是写字教学的第一原则，也就是说在写字教学中，教师首先必须保证学生做到"三个正确"：能按照笔顺规则正确地书写汉字，写字姿势正确，执笔姿势正确。只有这三个都正确，才能保证学生写字规范；只有这三个都正确，才有利于学生写字端正、整洁、美观；只有这三个都正确，才有

---

① 叶圣陶．叶圣陶语文教育论集（上册）［M］．北京：教育科学出版社，1980：134.

利于学生身心生长发育和成长发展。

洛克是 17 世纪英国著名的哲学家和教育家，他有一个著名的"白板说"，套用在写字教学中是恰当的。一年级学生的心灵就像一块白板，你怎么教，他就怎么画；你教错了，他就画错了，以后再怎么擦，心灵也会留下一道浅浅的疤痕。根据心理学的研究，写字是一种动作技能，一旦形成就不容易遗忘。因为大量的练习之后，动作技能在小脑和脑低级中枢刻下深的保持动作痕迹。这样看来，一年级写字教学对语文教师提出了很高的要求：第一，自己首先必须做到正确；第二，能正确地示范、准确地讲解和有效地指导；第三，必须有丰富的教学经验，实行以预防为主的策略，把学生可能会产生的错误想到，并且采取办法预防学生可能发生的错误。

二、愉快原则

愉快原则就是要求教师要善于营造一个宽松的、和谐的学习氛围，让学生在写字教学中生动活泼地学习，愉快地写字。写字是一种动作训练，主要靠机械记忆力，如果日复一日地单调地练习，小学生容易产生厌烦心理。如果能在写字教学中，让学生的情感参与进来，让写字的信息刻录在情绪记忆的底片上，学生就会积极主动地进行写字活动，学习的效果肯定会好，记得肯定牢固。我国古代就有一句名言"知之者不如好之者，好之者不如乐之者"，说的也就是这个意思。

另外，从学生的注意的特点来看，小学生的注意力持续时间短，容易分神，自我控制力差，好动。这要求写字教学要生动活泼，富于变化。

再者，从小学生的手指肌肉发展来讲，一年级的学生手部肌肉还很稚嫩，不发达。小学生如果写字时间过长，肌肉容易疲劳，手指就会发酸发麻。这也要求写字教学方式不能单一。

根据上面几点小学生的身心特点，结合我国汉字的特色，教师可以充分发挥自己的主动性和聪明才智，以灵活多变的方式进行愉快的写字教学。如，小学生喜欢听故事，就可以安排短小而又有趣的文字笑话、书法家的故事；儿歌充满童趣，朗朗上口，易读易记，小学生很喜欢，可以编儿歌，如《写字歌》："写字做到三个一，一寸一拳和一尺。头正肩平身不歪，姿势正确要牢记"；根据汉字构成的特点以及它富于形象性，为了满足儿童好动的特性，可以开展各种各样的游戏活动：用橡皮泥捏字，用剪子剪字，还有增字或减字文字游戏、图文结合游戏、"找朋友"文字游戏、"啄木鸟"发现错字活动；小学生好奇心强，猜字谜就很受欢迎；小学生表现心理强，书法比赛会激发学生强烈的学习热情。这些活动已经在实践中被证明是行之有效的。我在实践中自编了一个游戏活动，姑且名之谓"背写猜字活动"。这种活动简单易行，具体操作是：甲用食指在乙的背上写字，然后让乙猜，甲、乙学生交替进行，最后统计谁猜中得多，谁就胜了。这个活动不仅局限于两个人玩，也可以在两个小组之间进行。从心理学的角度分析，学生甲用食指在学生乙的背上写，属于书空练习；学生乙凭借触觉，感知学生甲的手指运动，然后进行分析、综合，最后判断学生甲写的究竟是何字，这种心理活动是心理练习写字的活动。学生甲猜错了，学生乙会立即指正；如果学生乙写错了，学生甲就会指出来，二者在同时进行练习的情况下，又能及时地相互反馈信息。这个活动有利于学习和巩固汉字书写。由于这个活动还带有比赛性质，学生乐此不疲。

三、适度原则

适度原则的含义之一是指写字教学的进行速度要适度。由于汉字本身的结构比较复杂，再加上小学生的手、眼、脑的协调能力不发达，写字教学的速度不宜过快。根据信息加工理论，人的短时记忆加工信息的能量是有限的。如果要求学生在短时间内掌握大量的信息，不为他们留下加工或思考的时间，结果必然会像狗熊掰苞米，掰一个丢一个。因此，写字教学的起始速度要慢，以后酌情渐渐加快。

适度原则的含义之二是指写字练习的数量和时间要适度。我们已经知道小学生的手指肌肉发育还不成熟，注意力集中的时间不长，因此教师布置的练习量要适度。

适度原则的含义之三是指教师要求学生每个字练习的遍数也要适度。心理学研究表明，以五个字为例，如果连写三遍效果最佳；如果分写，四遍最有效。并不是像有些教师主观认为的那样，抄写得越多越好。如果我们对学生的错误，采取"错一罚十"的办法，对教师来说只能是事与愿违，对学生来说就是身心的伤害。

四、反馈原则

反馈原则是指学生要知道自己写字的结果，从而来调整、改进自己的练习行为。没有反馈就没有学习，没有进步。因此，反馈对学习非常重要。

反馈分内反馈和外反馈两种。小学生由于自我意识不强，内反馈能力自然也弱，因此小学生的写字反馈主要靠外反馈。为学生提供反馈信息的有教师、学生、家长，而主要是教师。写字是一种连续的开放的动作技能。连续性的动作要求及时的反馈。我们有的教师只重视学生写字的结果，不重视写字的过程，这种认识是不全面的。我们知道，结果中出现的错误正是在写字过程中诞生的，反过来看，结果的正确可能掩盖了写字过程中的错误。比如说，学生笔顺的错误，姿势的问题，执笔的毛病，教师只有在学生写字过程中注意观察，随时发现及时纠正，尽早把错误消灭在萌芽之中。还有，教师的反馈应该是具体的，而不是笼统的。你说学生的字写得不好，罚他十遍，他只有胆战心惊，他只会不知所措。你只有明确而具体地说明，并且加以示范，他才知道如何去改进。

五、致用原则

写字教学的目的不仅是教会学生会写，而且要指导学生去用。学生在用中巩固学习成果，在用中提高写字水平，在用中满足自己的心理需要。小学生会写字了，他就跃跃欲试，想试一试，露一手，表现一下自己。写字，运用马克思的话来说就是学生"本质力量的对象化"。学生看到自己写的字，可以发现自己的本质力量，从而认识自己，为自己的力量感到自豪。如果教师鼓励学生在学习、生活中去用，或者创造机会让学生去用，就能满足学生的自豪感的需要，从而能激发学生的写字欲望、兴趣，增添他写字的动力。

参考文献

［1］朱作仁，祝新华. 小学语文教学心理学导论［M］. 上海：上海教育出版社，2001.

［2］皮连生. 学与教的心理学（修订本）［M］. 上海：华东师范大学出版社，1997.

［3］苏霍姆林斯基. 给教师的建议［M］. 杜殿坤，译. 北京：教育科学出版社，1984.

［4］施良方. 学习论［M］. 北京：人民教育出版社，1994.

（发表于全国中文核心期刊《小学语文教师》2003 年第 9 期）

第 四 辑

新课程语文阅读求索

米一样的书

做一个执着的读书人

　　2004 年还剩四五天就要过去了。我还像多少年一样，不介意一年的过去，也不在意新的一年的降临，让目光在书面上流淌。时光如流水，多少年了，都这样悄悄流去了，今年与去年能有什么区别呢？

　　可就在这个时候，《中国教育报》报社打电话给我，说我被推荐为"读书人物"。我一下子没反应过来，因为我脑子里根本就没有这个概念，也腹诽这个名称。我算什么"读书人物"？我至多是一名"读书人"而已。但是好意难却，在愧疚中，我按照报社的要求，写"获奖感言""读书收获"，还寄了一张读书照。此后，我便将这个事情淡忘了。

　　2005 年 1 月 6 日，《中国教育报·读书周刊》首次推出"十大读书人物"，我的名字也位列其中，此后又因这一"推出"，引发了一些事情，把我的名字传得更广更远。这时我才认真思考起这个名称来。对于这个名称，我是一半欢喜一半羞愧。好吧，我就把"欢喜"化为鼓励、激励，把"羞愧"当作压力、鞭策吧。

　　对这个名称，我只坦然接受其中三个字："读书人"，因为我自认我可以算是个读书人吧。回顾自己四十年来的人生历程，我小学大半时间处于"文革"年代，那时我是个"顽童"。1979年我上初中，专心读书，三年后考取芜湖师范学校。1982年，我到芜湖——长江之滨一座美丽的城市。在这里，我有生以来第一次看到这么多书，如饥似渴地读着。1986年7月，我从芜湖师范学校毕业，来到比较偏僻的农村中学教书。我没有中止读书。1987年我参加全国汉语言文学专业专科自学考试，没有老师教，全凭自学。1989年我获得全国自学考试专科文凭，顺利晋升一级。接着我马不停蹄，向本科学历发起冲击，几年后又顺利获得本科文凭和学士学位。

学校虽然有不少教科书，但是除此之外，其他的书几乎一无所有，没有图书馆，没有阅览室。那时乡镇有一个文化站，可是名存实亡，也找不到几本书。有一天，学校清理很多年没人管的收藏室，有几本书和杂物一起倒在垃圾堆里，其中有鲁迅先生的《中国小说史略》。我幸好从这垃圾堆边上过，发现了，真的，我就像高尔基所说的，一下子扑在垃圾堆上，将三四本书捧起来。我拂了多少次，拂去它身上的一些污物，但仍锈迹斑斑，无数虫眼，鼠齿牙痕，怎么也拂不去，抹不掉。这几本书，虽然是现代出版物，但是足可以送到古文物博物馆去，于我，是无价之宝。

在农村教书的那段时间里，我和很多人打交道，书成为我们联系的纽带。我经常到县城图书馆借书；有时也去芜湖市新华书店，再到旧书摊淘书；我还托在外地的同学、朋友甚至我的学生替我买书；我有好多次从北京等地邮购书籍。现在我早已经离开那个农村学校，还搬了几次家，但是我的所有的书，都像老朋友似的一直陪伴着我。我一边教书，一边读书。书就是我的最好"伴侣"，一直陪伴我，度过多少个寂静的日月。我亲近书，书也待我不薄，她赠送给我本科文凭、硕士学位。

说到硕士学位，我不能不说我读研究生的三年美好时光。如果说这以前十几年，我与书是在谈恋爱，那么2002年到2004年——我在华东师范大学读研究生的日子，可以说是我和书的"蜜月"。上海毕竟是上海，华东师范大学毕竟是全国一流的师范大学。上海的图书城，是我所看到的书籍最丰富的书店，真是书的海洋。远的且不说，单说华东师范大学围墙周围，校内校外，到处是书店，大大小小的书店足有三四十个。这里的书种类繁多，几乎应有尽有；这里的书更新频繁，刚出版的书就上架了。我置身其中，真是如鱼得水。除了上课与书打交道，其他时间几乎还是离不开书。图书馆、图书阅览室、报刊阅览室、电子阅览室，一坐就是半天，直到吃饭或者休息。学校里的报告或者讲座活动，只要我有空，我就去听，哪怕是站在过道里。在我看来，听报告、讲座也是一种读书的方式。我这条"小鱼"，喝过碧波荡漾的青弋江水，饮过滚滚不尽的长江水，这回游到了大海，尽情地畅饮浩渺无边的太平洋里的海水。这海水一点不苦，而是甜蜜的。

时光如水，岁月如歌。一晃三年过去了。在华东师范大学读研究生的三年，我可以坦然地说，我没有虚度年华，我把绝大部分时间奉献给了书本，因为我深知这是我有生以来第一次、也是最后一次上大学的机会。这期间，我确实读了一些书，因为我长期处于半饥饿状态，有点饥不择食。我也写了几篇文章。2004年，除在其他报刊发表5篇文章不算，我在《中国教育报》上发表三篇文章：两篇是关于陶行知先生的，分别为《陶行知先生的多次易名》《陶行知先生的四个"折回来"》；还有一篇是关于苏联著名教育家苏霍姆林斯基的，为《苏霍姆林斯基的三个"书籍世界"》。就是凭这三篇文章，我被《中国教育报》相中，推选为"十大读书人物"。这真是不虞之誉啊。

读书征途路漫漫，而今迈步从头越。从2005年起，至今，我依然不改读书习惯，甚至更有意识地去读书。我心里总回响着这句话："可不能辜负《中国教育报》的期望啊！"

我每天早晨，要朗读半个小时的书，这是我的早读课。早读课里，我安排读古代经典，或者中外精美散文、诗歌，二者交错着读。我一个字一个字，将《史记》读完了，将《论语》读完了，将古代蒙学教材读完了，将《古文观止》读完了；将《外国散文观止》（四卷本）读完了，将《李白诗选》读完了，将《罗素思想小品》读完了……现在早读我正在朗读《英国文化选本》。白天上班，忙里偷闲，一有空就读几页书，或者浏览报纸杂志。我自己订了八种刊物，有《名作欣赏》《读者》《中学语文教学》《中学语文教学通讯》《中学语文教学参考》《语文学习》《中学语文教与学》（上半月）和《中学语文教与学》（下半月）。我经常翻看的报纸、杂志有《中国教育报》《人民教育》《江苏教育》《上海教育》《课程·教材·教法》《教育研究》《外国教育研究》《教育文汇》等。晚上，夜深人静，我读理论书或者写作，直到十点就寝。

我外出开会，或者旅游，总要带几本书上路，虽然增加了负担，但是不带几本书，就觉得行囊里缺点儿什么。我每到外地，最喜欢逛书店，看到合意的书就买下来，也算是个纪念。现在我家里有三个房间，四个书架。每个房间都有书架，每个书架都堆满了书，或站或卧，书放不下，就打捆堆在一个角落里。

我自己喜欢读书，就试图也让别人读点书。我的妻子、孩子不用说。我的亲戚朋友同学，家里有孩子上学、升学、考大学、过生日，我总要送几本书作为礼物。我还经常向我的同事、我的学生推荐书刊；他们知道我藏书比较多，来向我借，我总是乐意借给他们。

现在，书成了我生活中不可或缺的东西，就像米饭、水、蔬菜一样，一日不可无；读书成了我的一种重要生活方式，一日不读书，便觉"面目可憎"，这个我很有体会。我越读越觉得自己浅陋。我暗下决心：活到老，读到老，将"读书"进行到底！

（发表于《教育文汇》2010 年第 1 期）

丽娃河畔好读书

康河，因剑桥大学而举世闻名。著名诗人徐志摩在《吸烟与文化》中曾满怀深情地写道："我的眼是康桥教我睁的，我的求知欲是康桥给我拨动的，我的自我意识是康桥给我胚胎的。"丽娃河，可能没有康河出名。但我热爱丽娃河，就像徐志摩热爱康河一样。我的眼是丽娃河教我睁的，我的求知欲是丽娃河给我拨动的，我的自我意识是丽娃河给我胚胎的。

2002 年 2 月，我奔赴华东师范大学读研。华东师大正门朝东，面向东海、太平洋，给我一种睁眼看世界的感觉。门楼巍峨雄伟，庄重典雅。一走进正门，就踏上宽阔整洁的华夏路。华夏路是校园内的主干道，似乎是学校的中轴线。它横跨碧波荡漾的荷花池、丽娃河，直抵高大洁白的毛主席塑像。路的两边，蓊蓊郁郁的，树木葱茏，花团锦簇，绿草如茵。在自然美景的簇拥、掩映中，古老厚重的文史楼，红墙碧瓦的办公楼，高耸入云、明快亮丽的现代建筑文科、理科大楼，其他各具特色的教学楼和图书馆，错落有致。这里是自然与人文、古典与现代和谐融合的一个典范，这里宁静、优美而又积淀着深厚的文化底蕴，是理想的读书胜地。

华东师大可读书的地方很多。丽娃河、荷花池之间，有两个综合性的大型图书馆，一个是历史悠久的老馆，另一个是现代化的新馆。围绕在新馆、老馆周围，校园内每个学院都有图书馆，其他大大小小的书店、书报亭、阅览室星罗棋布。每逢毕业前夕，校园书摊遍地开花。学校周边书店林立，如众星捧月。在这书海中，我就好像一条饿极了的小鱼，经常到这些地方觅食；又像一只小蜜蜂，自由地飞翔，伏在花蕊上，汲取精神营养，乐此不疲。

2003年2月，我从北边的一个宿舍楼搬到西南边研究生12号楼，它坐落在友谊路的尽处。友谊路是丽娃河的沿河大道。这下我和丽娃河更亲近了。"水是眼波横"，丽娃河，是华东师大灵气之所聚。她全长约1500米，位于校园中部，横贯南北。我在校园里来回穿梭，必目睹她的风姿。她的两岸，种植了很多花草树木，有垂柳、竹子、松柏、高玉兰，还有许多我所不知道的奇花异草。她的河岸全用石头、水泥修筑起来，像给碧波荡漾的丽娃河镶了两条银白的丝带。河内几处特意种植了荷花，"水面清圆，一叶风荷举"。丽娃河像一面狭长的平面镜，将两岸五彩缤纷的花草树木、峻拔明丽的楼台亭榭、多孔拱桥，还有天光云影，一起倒映下来，构成一个亦真亦幻的迷人画廊。我一下楼，就落在友谊路上，透过竹树花草，碧绿的丽娃河就横在我的眼前。我出去，丽娃河就在我的右边含情目送；我回来，丽娃河就在我的左边笑脸相迎。丽娃河，是我高兴的起点，也是我快乐的终点。行走在这样的旅途之上，岂不幸福？

不幸的是，"非典"随着2003年春天的来临，也逐渐肆虐。到了2003年4月，上海防控更加严密。有课我就去上课。那时教育系的单中惠教授开设"杜威教育思想研究"。我不是教育系的，但很想学习杜威的教育思想，于是鼓足勇气向单教授申请，他竟欣然同意，还送我一本他著的《杜威传》。此后三个月，我就按时坐在教育系小教室里，听单教授讲授一番，然后他就安排我们六七个学生交流讨论杜威的某个教育观点，大家任意而谈，各抒己见，和而不同。单教授平易近人，和蔼可亲。他凝神谛听，时不时插一句或者问一句，启发我们思考，我们又接着发表"宏论"。"非典"在教室外嚣张横行，而我们毫不介意，"悟言一室之内"，其乐融融。此情此景，至今历历在目。

没课我就待在宿舍里读书。"非典"严重时期，每天上午9点左右，学校必对学生宿舍一一进行消毒。工作人员一来，我们就得离开宿舍。很多人到教室自习去，有的人和我一样，夹一本书，来到丽娃河畔，找一个稍突出的石头或者台阶，坐下来读书。来河边读书的学生很多，这里几个，那边三五

177

个，随意点缀在丽娃河的两岸。面对丽娃河，置身于竹树之下、花草之间，呼吸的是新鲜芬芳的气息，触目的是婀娜多姿、碧波荡漾、变幻莫测的丽娃河，鱼戏莲叶，鸟儿对歌，一卷在手，真是人间天上！"非典"这段非常时期，有的人备受煎熬，而我有"丽人"相伴，饱读群书，此乐何极？徐志摩说："在康河的柔波里，我甘心做一条水草。"我现在真真切切地理解了。如果让我说，我也会虔诚地说：在丽娃河的柔波里，我甘心做一条水草！

美妙的日子总是转瞬即逝。一转眼到了 2004 年底，我就要对无与伦比的丽娃河说再会了。丽娃河，我可以欣慰地对你说，我没有辜负你的美。三年学习期间，在你的殷勤陪伴下，我扎扎实实读了一些书；在你无言的激励下，我在省级以上刊物发表论文或文章 10 篇。2004 年我有幸被推荐为《中国教育报·读书周刊》"十大读书人物"。

丽娃河，2005 年我曾回到母校一次，这是最后一次与你相见。丽娃河，我不见你已六年，我魂牵梦绕你六年。何时能再依偎着你，低头读一读书，抬头再读一读你呢？

欣闻母校今年六十华诞。我，你的一个微不足道的学子，在千里之外，谨以此文表达我的深深思念之情。

（发表于 2012 年 4 月 18 日的《芜湖日报》、华东师范大学"丽娃"论坛）

泡在书城

《我与地坛》是著名作家史铁生的杰作。在这篇巨型散文中，他告诉我们，十五年来为什么还常常去地坛。他说："……满园中播散着熨帖而微苦的味道。味道是最说不清楚的。味道不能写只能闻，要你身临其境去闻才能明了。味道甚至是难于记忆的，只有你又闻到它你才能记起它的全部情感和意蕴。所以我常常要到那园子里去。"他泡在里面干什么呢？"十五年了，我还是总得到那古园里去，去它的老树下或荒草边或颓墙旁，去默坐，去呆想、去推开耳边的嘈杂理一理纷乱的思绪，去窥看自己的心魂。"就像史铁生常常去地坛一样，我也经常去图书城。

　　自从 2002 年一脚踏入上海图书城，我就觉得这就是我所愿意浸泡的地方。上海图书城里弥散着一种氛围，徜徉其间，我觉得全身每一个细胞都自由舒展，好像要饱餐一顿似的。因此，我在华东师范大学读书时，经常辗转坐车，赶去那里泡一泡，一泡一天或者半天，将体内郁积的什么东西散发掉。过一段时间不去，我总觉得浑身不自在，心里不舒服。

　　此后，我又回到我所生活的小镇。一回来，我就觉得这里的空气似乎不对味，缺少了什么。缺什么呢？什么也不缺，就是缺少"书味"。就像缺少氧气一样，我感到郁闷。虽然这里也有一个新华书店，还有几个小书店，但是太稀少了。积习使我的腿在书店里走走，可是闻不到什么书味。

　　于是我常常想念上海图书城。但我与之相距近千里，不便去。于是我每到一些大城市出差，或者旅游，就抽空逛一逛那里的大书店，或者图书城，解解"渴"。我去过合肥的科教书店、昆明的图书城，等等。这些书店的空间比较大，书籍种类当然繁多，可是里面有一点儿冷清。我浏览一遍，发现我所喜欢的几类书并不多，比如语言类、艺术类、文化类、人物传记类、教育类、语文教学类，即使有也很熟悉，相对陈旧。搜索一遍，常有"竹篮打水一场空"的感觉。南京图书城，可以说很气派，富有现代化气息。这里书籍多而新，人气也旺。可我个人觉得书店不一定要豪华，要有一种朴素的味道。也不知是什么缘故，在这些图书城，我总没有很舒展的感觉。大约我是匆匆过客，心境急迫的原因吧，于是我总想在上海书城泡一泡。

　　今年 7 月 31 日，正好去上海，也没什么急事。于是我就急急忙忙赶到上海书城。上海书城坐落在上海繁华闹市，黄浦区福州路，在众多摩天大楼遮掩下，显得很朴素。这里大街上熙熙攘攘，车水马龙。可一踏进书城，就被书的海洋包围，顿时觉得天地安静下来。我记得第一次踏进书城，我惊呆了。今天算是故地重游，一见如故，顿时有一种温馨的感觉。书城有七层，上下有电梯。一楼大厅人员比较拥挤，因为收银台就设在一楼。你要去浏览所喜欢的书籍，每层都有文字告知，某某层设有什么什么类书籍，还有流行书榜、新书榜，等等。你浏览了每层大厅里的书籍，以为看尽了这一层图书，当你经过一个门，走进一看，豁然开朗，又是一个小书城，四壁站着不计其数的书，你一定会应接不暇。

　　书城里泡着许许多多年龄不同的读者，从苍颜白发到总角稚童，尤以青年学生模样居多。他们或站立，或席地而坐，或者坐在地上靠着书柜，一个个全神贯注，旁若无人，将脸伏在书页上，就像蜜蜂采蜜一样。如果你找书移动身体，必须留心自己的前后左右或者脚下，否则就会碰到或者踩到别人。他们这样专心读书，你怎么好意思惊动他们从书籍世界里一下回到现实生活中？这就好比无意中打断了人家的好梦，你不觉得歉疚吗？

在书城里，你可以随心所欲，就像蜜蜂一样在这朵花上亲吻一会，吸取一点精华，然后又飞到另一朵花蕊上。书们站在书架上，期待你的"亲吻"。一本书，就是一个倾诉一切的朋友，就是一个毫无保留的导师，就是一个充满神奇的世界。这么多书，我都想抚摸。可是天色暗了下来，大街上早已华灯绽放，灯火辉煌。两千多年前的哲学家庄子发出了这样的喟叹："吾生也有涯，而知也无涯，以有涯随无涯，殆已。"这是人生最大遗憾之事，也是人生最珍贵之处。

有人担心，书读多了，会成为书呆子。这是有可能的事情。那么让我们铭记德国著名哲学家尼采的一段话。他说："如果通过学习不是发现了自我，反而是失落了自我，就失去了学习的意义。学习不只是为了获得知识，更是为了获得智慧。知识是死的，智慧是活的，因为它就是活生生的自我的闪光。你读书只是猎取死的知识，你就是让你的头脑变成一个跑马场，让别人的思想的马匹踩蹦一通。你不应该做跑马场，你的'自我'是你的骏马，载你驰骋于思想的疆场。独立思考不仅仅是知识的融会贯通，更是赋予知识以你的个性，是你'发现'了唯独属于你的真切新鲜的感受。"

泡在书城，不仅可以博采百家，发现"新大陆"，而且能够"窥视自我"，发现自我。泡在书城，我感到温暖，不孤单。因此，我常想到书城里泡一泡，成为泡泡一族。

2004 年——我的阅读年

一、愿做蚯蚓——我的 2004 年阅读

2004 年，是我读书生涯中读的书最为庞杂的一年，可以称为我的"读书年"。

2004 年，是我研究生毕业的年头。我一边从事教学实践，一边读教育教学理论书籍。我学习了《教学模式论》（高文著）、《学习论》（施良方著）、

《被压迫者教育学》（巴西教育家保罗·弗莱雷著）、《阅读心理学》（张必隐著）、《语文科课程论基础》（王荣生著）、《新世纪语文课程改革研究》（郑国民著），等等，还略读了几十种著作，在此不一一罗列。我的毕业论文列举了85种参考文献。当然这些书不都是2004年一年读的，85种著作也只是我读研期间读书的一部分。

2004年，我的导师区培民先生给我一个锻炼机会，要我为她主编的《中外作文教学比较》一书撰写其中两章："中国作文教学的历程"和"中外作文教学目标比较"。这项任务又逼我冒着炎炎酷暑，在书山的林荫小道上徜徉。我翻阅了巨著《中国现代语文教育百年事典》（顾黄初主编），仔细地阅读《中国古代语文教育史》（张隆华、曾仲珊合著）、《中国现代语文教育史》（李杏保、顾黄初合著）、《作文教学论》（韦志成著）、《写作指引》（《语文学习》编辑部编）等，还有我国中小学《语文课程标准》及其解读，上海中小学《语文课程标准》，美国、英国、加拿大、日本等国家的中小学母语课程标准。这些书弥补了我读书领域中的一块空白，对我的作文教学思想产生了深刻影响。

除了上面两项读书任务，我还阅读"自己最喜爱的书"：陶行知和苏霍姆林斯基的著作。我带着虔诚的心情阅读了《苏霍姆林斯基选集》（五卷本），包括《给教师的一百条建议》《帕夫雷什中学》《公民的诞生》《怎样做真正的人》《和青年校长的谈话》《我把心献给了孩子们》等十部著作。我还读了《苏霍姆林斯基教育理论体系》（王天一著）。我带着同样崇敬的心情，阅读了《陶行知全集》，以及一些研究他的著作：《陶行知与中外文化教育》（周洪宇等主编）、《陶行知评传》（徐明聪著）。读他们的著作，我才明白什么叫真正的学校，什么叫真正的教育工作者，什么才叫真正的教育、教学、教育科学研究，什么才叫平凡而伟大、朴素而崇高。读他们的著作，让我有一种醍醐灌顶的感觉。他们的著作是我心中的教育"圣经"。我还喜欢读陈桂生教授和语文特级教师李镇西的著作。陈桂生教授的著作使人思维精微、深刻、辩证，李镇西老师的著作给人亲切、感动、实在的感觉。

我是语文老师，我还要读与语文有关的一些书。我读古代的蒙学读本《声律启蒙》（清·车万育著），国外的《美国语文》（马浩岚编译），它们让我知道语文课程还有别样教材。周国平的《安静》，给我以哲学沉思；史铁生的《病隙碎笔》，给我以镇静淡泊；梁衡的《梁衡文集》，给我以浩然大气；朱军的《时刻准备着》，给我以信心与勇气。马克思、鲁迅和苏东坡三位是我崇拜的人物，因此我读《马克思传》（弗·梅林著）、《鲁迅与我七十年》（周海婴著）、《苏东坡传》（林语堂著）。语文教师有必要读读科学著作，于是《科学是美丽的》（沈致远著）、《学术报告厅·科学之美》（杨振宁、李政道等著）走进了我的视野。读《青春读书课》（严凌君编）、《新语文读本》（王尚文主编），为自己，也为学生。我也不放弃读英文书，《英语名篇佳作100篇背诵手册》（华江编译）就是一本很好的读本。

　　清末著名学者王国维说："诗人对于宇宙人生，须入乎其内，又须出乎其外。入乎其内，故能写之；出乎其外，故能观之。入乎其内，故有生气；出乎其外，故有高致。"我不愿做只知"入乎其内"、在书堆里陶醉的"书虫"，愿做耕耘在教育实践土壤里的蚯蚓。我读书，我思考，我教书，我写作。2004年，是我有生以来写字最多的一年：我的硕士毕业论文有5万字；为《中外作文教学比较》一书写了6.5万字。2004年，我在报纸杂志上发表了8篇文章：《中国教育报》3篇，《中学语文教学》《语文建设》《语文学习》《教书育人》《安徽教育》上各1篇。这8篇文章合计有3万字。

二、获奖致辞："第四类书"丰富思想、提升境界

　　现在有许多人说：教师不爱读书。这话很含糊，这里"教师"指的究竟是什么样的教师？"书"又指什么样的书？都不确定。按照常理，教师不读书，怎么可能去教书呢？教师不爱读书，怎能培养爱读书的学生？据我了解，现在的教师是读书的，但是爱读书的教师似乎不多。根据教师读书目的不同，可以将教师读书分为以下几类：（1）读"饭碗书"。这些书包括教科书、教学参考书、教案类书、教学辅导书等。教师"啃"这类书，主要是保证正常上课，保证学生考出"好成绩"。有了好成绩就可以保住自己不落聘，从而保住自己的"饭碗"。这类书，我称之为"饭碗书"。（2）读继续教育、校本培训类书。这类书是教育主管部门强加给教师的。这类书可以促进"教师专业发展"，但是教师对此不感兴趣，他们认为这些书对自己教学并无实际作用。多数教师只是漫不经心地浏览一下。（3）一些教师爱读"消遣书"，不爱读专业书。由于教科书长期没有多大变化，教师原有的那"一桶水"可以"满足"一届又一届的学生。因此，不少教师认为没必要钻研所教学科的专业书，于是读"消遣书"。还有少数有追求的教师爱读"第四类书"——富有教育思想的书。苏霍姆林斯基、陶行知等人的著作可以作为这类书的代表。读这类书，可以丰富教育思想，提升人生境界。当今要大力提倡每位教师多读

"第四类书"！

三、附《中国教育报》"十大读书人物"入选理由

一个脚踏实地的"教育劳动者"。从他给我们写的每一篇文章里都可以看出来，不用看别的，单看那些细密的注解就可以了解一个人对于文字的严谨和爱护。关于陶行知，关于苏霍姆林斯基，简单的几篇文章背后是一本本的大部头的著作。我们都知道，没有读懂、读透、读全的功夫，那些"简单"的活儿是根本做不来的。

范金豹，安徽芜湖县第一中学教师。2004 年在《读书周刊》发表有《陶行知先生的四个"折回来"》《陶行知先生的多次易名》《苏霍姆林斯基的三个"书籍世界"》。

（发表于《中国教育报》2005 年 1 月 6 日；部分被中国浦东干部学院李冲锋副教授著作《教师教科研指南》引用）

人生跳高的撑竿

在短短的二十年里，祖国变化领域之广、程度之大，是五千年中国之最，也许是世界之最。而我家布局，基本未变。环顾室内，所见皆是普普通通的旧家具，饭桌、木板床、熊猫电视，它们见证了我 20 年前的婚礼。走进房间，有心人会发现：我家最大的变化是书架。除了书房一个约七平方米的书柜，两个卧室都有二三个书架，书架上挤满了书。二十年来，一批又一批我喜爱的书来此安营扎寨，数量达到四千多本。书架已容纳不下，一些书只好屈居在纸箱里。见此情景，你一定认为我从小养成了读书的嗜好。

1978 年 7 月，我班 27 人参加小学毕业升学考试，两人落榜，我居其一。为我留级，父亲出面说情；因大队书记施压，一个礼拜后我被推出校门。我父亲四处奔波，我才又背上沉甸甸的书包。从此我专心学习，发愤读书。两个月后，五年级期中统考，我以语、数均分 90 分夺得公社第一名。此后，我一直名列前茅，1982 年顺利考取中专。如果不读书，我在家种田，或四处打工，极有可能与美妙的书籍永别。书，给了我意想不到的力量，暗中帮我跳

出农门。

1986 年 7 月，我芜湖师范学校毕业。按常规，中师生分配到小学。可是正赶上教师严重短缺，我被提到中学。教初中，我自知不够格。从 1987 年开始，我参加全国高等教育自学考试。自学考试，是啃骨头、打硬仗。我一边教书（农忙时回家务农），一边自学汉语言文学专业的课程。两年后通过专科，我又马不停蹄，攻下本科。那时，学校教研氛围很淡很淡，不少青年教师不肯钻研自修。我"躲进小楼成一统"，埋头读书，摸索教学之道。1992 年上课，我逐渐感觉到挥洒自如起来。我心里暗喜：多年喝下肚子里的墨水终于发酵了。1993 年，中小学开展"好课"评选活动，我被评为全乡"好课"第一名。1995 年，我被调往省示范学校芜湖县一中，教了一届初中，成效突出，1998 年 8 月学校安排教高中。从农村初中跳到县城重点学校，从初中又跳到高中任教，我哪来的爆发力？无他，唯读书尔。正是借助书籍这个蕴蓄着无限力量的撑竿，我又跳了一层台阶。

2001 年，我考取神往的华东师范大学教育硕士。井底之我，跳到了大上海。上海的繁华，令我咋舌、振奋。华东师范大学的书海，恰似甘霖，给嗷嗷待哺的我以全面而丰富的营养。除了上课、聆听国内外专家报告，我就泡在学校图书馆、阅览室，或者徜徉在校内外几十家书店，有时乘车去远在黄浦区的上海图书城。我经济并不宽裕，遇到好书，不管价格多高，我会毫不犹豫买下。读研期间，我买了五六百本中外图书。2004 年，除了完成 5 万字的硕士论文、6 万多字的书稿，我在《中学语文教学》《语文建设》《语文学习》《教书育人》《安徽教育》《中国教育报》上陆续发文 8 篇，恰似火山爆发。古人云"厚积而薄发"，此之谓也？特别是在《中国教育报》连续 3 个月，每月发表 1 篇，给细心的编辑留下了深刻的印象，结果我被《中国教育报》推选为"2004 年度十大读书人物"。选我的理由是：

"一个脚踏实地的'教育劳动者'。从他给我们写的每一篇文章里都可以看出来，不用看别的，单看那些细密的注解就可以了解一个人对于文字的严谨和爱护。关于陶行知，关于苏霍姆林斯基，简单的几篇文章背后是一本本的大部头的著作。我们都知道，没有读懂、读透、读全的功夫，那些'简单'的活儿是根本做不来的。"（《中国教育报》2015 年 1 月 6 日）

《中国教育报》的鼓励，促使我更加勤奋读书、写作。我每年都有文章发表。至今，我已经在各级各类报刊发表文章近百篇；参与撰写中小学教师资格考试用书《语文学科知识与教学能力》（初中、高中版，钟启泉总主编）；多次主编《小题狂做》。2011 年，我有幸被安徽省教育宣传中心《教育文汇》评为"金牌作者"；2013 年被芜湖市认定为"百姓读书之星"。好书凭借力，送我上青云。

巴金说："我们不是单靠吃米活着。"书，是米之外最重要的精神养料。读书，已成为我的生活常态。读书三十几年，我不是为了出名而读书，也不是为了读书而读书。在人生中，在教育教学工作中，一个人会面临很多难题。攻克这些难题，不从集聚数千年智慧的书籍中汲取无限的力量，不善于借助书籍这一最有力的撑杆，仅仅"奋其私智而不师古"，能跳几何？

在书的世界里遨游

朱幸福

2004 年，他完成了 5 万多字的硕士毕业论文，为《中外作文教学比较》一书撰稿 6.5 万字，并且在《中国教育报》《中学语文教学》《语文建设》《语文学习》《教书育人》《安徽教育》等报纸杂志上发表了论文 8 篇，合计约 15 万字。《中国教育报·读书周刊》根据其 2004 年度出色的表现，将他评为"十大读书人物"。他就是芜湖县第一中学高中语文教师范金豹。

《第二次握手》：让他第一次感受到读书竟如此精彩

1966 年 12 月，范金豹出生在芜湖县六郎镇周西村一户以种田为业的贫苦农家。他的母亲没有念过书，父亲也只读到小学三年级。正是因为这短暂的读书经历，使得父亲充分认识到读书的重要。于是，无论生活多苦多累，父亲都坚持把 4 个孩子送到学校读书。但那时正逢"文革"，能读到的书很少，只能看一些像《打击侵略者》《三毛流浪记》《鸡毛信》《崂山道士》之类的连环画。上课就是读读语录，做作业就是打猪草、拾粪。还是孩子的范金豹自然对读书也没有什么兴趣。"文革"结束了，大家的心思渐渐回到了学校里。小学毕业那年，范金豹没有通过小学毕业升学考试。在经历了一番曲折之后，他终于又回到课堂，重新读五年级。这次失而复得的读书机会，在他幼稚的心里留下很深的烙印。当时的班主任钱鹏春老师是个严格负责的老师，加上他自己的发愤图强，范金豹的成绩上升很快，第一学期全乡期中统考，他就以均分90分的好成绩获得全乡第一名。这对他鼓励很大，从此他对学习也有了兴趣。寒假里，他从一位亲戚那里借了一本小说《第二次握手》，读着读着，他被书中的人物、故事深深地吸引了。他根本没有想到过书中还有如此精彩迷人的世界。他连读两遍，简直达到了废寝忘食的地步。不久，刘兰芳演播的评书《岳飞传》风靡全国，播出时几乎达到了万人空巷的地步。他再次感受到好书给人的震撼！当时，农村文化生活十分匮乏，很难找到可读之书。升入初中后，他将更多的精力都投入到文化课的学习中，但是他总渴望着读一些课外书。

范金豹不能忘记念初二时，他的姑父王根宝送给他的一本数学辅导书。他的姑父在安徽机电学院工作，大女儿在芜湖市一所重点中学读初二。姑父听说金豹成绩在学校名列前茅，就让金豹和他的女儿做同一张数学试卷三道题，结果他女儿全对，而他只做对了两道。试卷不是很难，姑父就问金豹平时除了学课本，还看过哪些资料，范金豹只是摇头，说农村学校辅导资料很少，学校老师也不印发资料。于是姑父就送给他一本数学辅导书，是关于几何的。这本书使他受益匪浅。1982年的中考，他数学考得相当好，考了92分（满分100分），考取了芜湖师范学校。

"要吃饭，进师范。"俗话说得没错。进了师范学校读书，学习的环境优越了，学习的压力减轻了，能有更多的时间去读课外书。第一节课，语文老师给他们开出了一份古今中外的名著书目，希望学生们到学校的图书室里去借阅。师范学校的藏书虽不算多，但像《红楼梦》《水浒》《呐喊》《哈姆雷特》《高老头》《巴黎圣母院》《红与黑》等常见的中外名著还是有的。那时路遥的《人生》、李存葆的《高山下的花环》这类著名的小说，新华书店也陆续推出。他便将节省的伙食费全用去买书。范金豹如饥似渴地读这些书，读得热血沸腾。当时还在师范一年级，班上有位同学能背许多首古诗，而范金豹连《春晓》《清明》这样几乎家喻户晓的古诗都不知道，心中十分羞愧。于是他就暗下决心，好好补上这一读书历史的空白。于是他就从同学那儿借了本古诗选本，将上面100多首诗歌全抄下来，一一背诵。也就是从那时候起，他随身准备了一个本子，遇到好的文章就抄下来，把当时的感想记下来。为了买书，他常常徒步从师范学校走到新华书店。如今，时间虽然过去了20多年，但他剪贴、摘抄、写学习心得、记日记的习惯从未间断过。这几十本读书笔记和日记本整整齐齐地码放在他的书房里，成了一道独特的风景。后来走上工作岗位了，他还是喜欢抄诗。1990年，他听说邻村有个艺人有民歌《梁山伯与祝英台》，于是他登门请教，请他唱，又借他的底本一个字一个字地抄，抄了近1万字。这本手抄的小册子，虽然朴素，却成了他的珍宝。芜湖师范四年，大大开阔了他的读书视野，也让他一颗饥渴的心灵，开始受到书香的熏陶。

《文学原理》：使他第一次认识到读书也要与时俱进

1986年8月，范金豹师范毕业后，回母校周皋中学教书。虽然相隔4年，但母校依然没有多少变化。学校的藏书很少，仅有的百余本书也都陈旧发黄，被当作废纸扔在外面。范金豹发现后，赶紧去捡回来。其中还有四本鲁迅的书，这让他欣喜不已。但很快他就发现，和所有的农村学校一样，这里很难找到几本自己需要的书，想读书真的十分困难。于是他就到芜湖县图书馆办了个借书证。他成了县图书馆的常客。几年中，他读遍了他想要读的书。

1987年春节期间，他到一个同学家玩，那同学参加自学考试考前辅导去了。这使他猛然醒悟过来：在中学教书，起码要弄个大专学历呀！于是，他也报名参加了全国高等教育自学考试。1989年底，他顺利地取得了汉语言文学专业自学考试专科毕业证书。本来，他打算就此打住了，可接连遇到的两件事点燃了他思想意识的火花，觉得自己不能再这样碌碌无为下去。一是1989年，年仅49岁的母亲突然去世，他突然觉得天仿佛塌下来似的，家庭不完整了，自己再也不能这样糊里糊涂地混日子了！不久，他又听说师范毕业的同班同学有两人考取研究生，认识到考研究生并非只有本科生才能完成的事，中专生经过努力同样可以实现自己的愿望。想干就干！他立即开始准备英语。因为在师范学校时，没有开设英语课，现在必须一切从头开始，从A、B、C开始。1991年，他第一次参加研究生考试。他报考华东师范大学现当代文学专业研究生，考了282分。虽然离分数线还差18分，但他仍感到十分高兴，外语居然考了48分，这很出乎他的意料。遗憾的是专业课《文学原理》，因所看的教材过于陈旧，没能考出好成绩来，这使他第一次认识到读书也要与时俱进。"吃一堑，长一智。"1994年，他报考杭州大学研究生，总分过了许多，但外语只有45分，只能上自费。当时要12000元，这对于一个月工资百把元的教师来说，无疑是一笔沉重的经济负担，他只得忍痛放弃。

1995年，范金豹被调入县一中教书。虽然教学条件比农村中学好多了，学校的藏书也多了，但教学任务加重了，肩上的压力也增大了。而随着年龄的增长，工作、生活琐事缠身，考研究生的梦只有暂时搁下。但他并没有停止读书，1998 年 6 月，又取得了全国自学考试汉语言文学专业的本科毕业证书以及文学学士学位。

事业稳定下来，孩子渐渐长大，生活日趋安定。这时候，考研究生的念头又在范金豹的心头悄然升起。2001 年，他终于如愿以偿拿到了华东师范大学教育硕士研究生的录取通知书。

华东师范大学：给了他快速成长的空间

华东师范大学是他向往已久的大学。虽然 10 年前，他曾因与其失之交臂而遗憾而后悔，但是 2002 年 2 月 26 日，他终于以教育硕士的身份走进这座美丽的校园，觉得她是如此的亲切。他在日记中曾这样写道："校园是植物园，也是花园。特别是狭长的丽娃河，碧波荡漾，荷叶清圆，芳草萋萋，百花盛开，夹岸树木参差，时有小鸟瞅瞅。""一书在手，静坐她的身旁，真是人间天堂啊！"他来时就打定了主意，要好好地度过这极其珍贵的 3 年时光，因为这 3 年也许是他"一生中唯一的、也是最后的上大学的机会"了。是的，在华东师大的日子里，他没有轻易放过任何一次可以学习的机会。虽然置身于大上海这个繁华世界，但他很少上街去闲逛。他去过一次鲁迅公园，只为了瞻仰心中这位仰慕已久的文学大师；他去过一次上海外滩，那是妻子带儿子来看他，他为了尽一份做丈夫和父亲的责任。更多的时间，他都是在学校里度过的：上课、听报告，到阅览室看书或者到图书馆借书。虽然知道自己的胃不好，但他每次吃饭总是挨到最后一个，而且几乎每次都是跑步去的。有时食堂饭卖完了，他就到附近的小摊点下碗面条。一吃完就回到原来的位置看书。夜深人静，阅览室里的灯也熄灭了，他便背着书包回到宿舍继续看。电影院、舞厅、咖啡馆等所有娱乐场所，他从没有问津过，但学校里面和附近有多少家书店，他却了如指掌。每隔三五天，他都要抽空去这些书店里，看看架上的书有没有变化；每隔一个月，他都要坐 30 多分钟地铁到上海书城，看看那儿有没有进自己需要的好书。3 年中，他买了五六千元的图书，把家里两个书橱都填得严严实实。每次回家，他的包里都是鼓鼓囊囊的。他儿子知道，那鼓鼓囊囊的包裹里面除了笨重的书以外，从没有他喜欢的玩具和食物。每逢节假日或者孩子的生日，他送给儿子的礼物也全是书。

在华东师范大学学习期间，他有幸聆听了著名语文教学家于漪老师神采飞扬的报告，感受到她的博大的胸怀，浓浓的民族情感；他与著名语文特级教师蔡澄清老师通信，获得蔡老的赠书勉励；他到复旦大学附属中学，向语文特级教师黄玉峰老师请教，与他一席谈，胜读十年书；他到上海著名的建平中学见习，倾听著名教育家冯恩洪校长的即席演讲，冯校长的儒雅风采，极富魅力。在这里，他与领跑中国基础教育改革者的距离是这样近，与国内外著名学者这样近。还有一批风华正茂的学子，砥砺切磋。这些无形无字的"大书"给了他深刻的影响。

　　范金豹在读书的同时，也勤奋耕耘。至今，他的教学论文在省市级获奖的就有7篇，在国内报纸杂志上发表的论文或文章有数十篇。其中2004年一年他写的文章最多，发表的文章也是最多，竟有8篇。特别是在《中国教育报》上连发3篇论文，产生了较大影响。

（发表于《陕西教育（家教版）》2005年第5期）

读 鲁 迅

伴着鲁迅作品远行

"没有伟大人物出现的民族，是世界上最可怜的生物之群；有了伟大人物出现而不知崇敬爱戴的国家，则是没有希望的奴隶之邦！"

——郁达夫《怀鲁迅》

白岩松，中央电视台著名主持人，几年前出版了一本书叫《痛并快乐着》。其中记载了这样一件事情。黄集伟先生问他，你将走进一个孤岛，衣食无忧，但只许带一本书，请问你最想带哪一本书？他说"我将带上一本厚厚的《鲁迅全集》"。如果我也来回答这个问题，我会与白岩松做出同样的选择。

知道鲁迅先生，我和大家一样，最初是从小学课本中认识到的。1982 年秋进入师范学校，我有意识地从图书馆里借阅鲁迅先生的作品，比如《呐喊》《彷徨》等。我对鲁迅先生是崇敬的，但是读他的作品有很多地方不理解，只能浮光掠影。那时候，对于鲁迅先生的作品，我是近而不亲。

1986 年秋，回到初中母校任教，我并没有进一步阅读鲁迅先生的作品。直到 1989 年，我才又重新捧起鲁迅先生的作品。为什么呢？著名鲁迅研究专家钱理群教授曾在《与鲁迅相遇》里说过："人在春风得意，自我感觉良好的时候，大概是很难接近鲁迅的，人倒霉了，陷入了生命的困境，充满了困惑，甚至感到绝望，这时就接近鲁迅了。"我想他大概说的是对的。1989 年 5 月，正是一个美丽的春季，栀子花正盛开，而我的还不满半百年纪的母亲猝然病逝，我感觉"天似乎塌下来了"。此后，我读着鲁迅先生的作品，好像一下子被吸进去了一节似的，此后越陷越深。

有一次，大约是 1990 年夏初，我从学校垃圾堆边走过，发现好几本破书躺在地上。书背朝上，布满虫眼和霉点。我走上前，捡起来看看是什么书，原来竟是鲁迅先生著的《中国小说史略》和《华盖集》《南腔北调集》《且介亭杂文》，还有一本《鲁迅回忆录》（二集）。我如获至宝，兴奋不已。1991 年，我在新华书店发现《鲁迅全集》，一套 16 卷，将近两百元钱。我囊中羞涩，只买了第一卷。1992 年，我在芜湖市一个小书店里，看见一本《鲁迅作品赏析大辞典》。店主说，是安师大一位教授参与了编写，获赠一本，托他代卖，芜湖只有一本，45 元。我感觉很贵，是我半个月工资呀。可是一想到"过了这个村没了这个店"，就一咬牙，买下了。这个大辞典将鲁迅先生的所有小说、诗歌、散文、散文诗包含了，还精选出各个杂文集代表性的杂文。可以说这是个精华本。我一页一页轻轻翻动，鲁迅先生的作品，春风化雨，"随风潜入夜，润物细无声"。

1997 年 10 月，我所在的学校组织去绍兴考察。鲁迅先生故居当然是我梦寐以求的。我们参观百草园、三味书屋。这些景物也很普通，但是在鲁迅先生的笔下却这样生动有趣，真是令人诧异。下午拜访鲁迅先生纪念馆。我至今还记得，正要离开纪念馆，我却突然不舒服起来，无力行走。我说你们到沈园去玩吧，我在此休息一会。我就躺在纪念馆边上一个长石凳上。等他们游完沈园回来，我又恢复精神了。我至今不明白是什么竟留我在鲁迅先生纪念馆多待一会儿，又是谁让我恢复了精力。没有参观沈园，我一点儿不遗憾，参观百草园是我最大的满足。这次去绍兴，我买回来《绍兴鲁迅研究专刊》三册。

2002 年 2 月，我到上海华东师范大学进修。我展开上海地图，熟悉了一下去虹口的交通路线，就急不可耐地与我的一位同学去拜访上海鲁迅纪念馆。上海鲁迅纪念馆坐落在鲁迅公园（原名虹口公园）内。我又重温了鲁迅先生伟大而战斗的一生，特别是目睹他的丧葬经过视频录像，真是百感交集。我们拜谒鲁迅墓，瞻仰鲁迅铜像，穿行鲁迅纪念亭。这里苍松翠柏，游人三五成群，或行或坐，还有的在这里读书，很宁静。我想，能在鲁迅先生身边学习生活，该是多么幸福呀。在这里，我买回《阿Q正传》《伤逝》的VCD碟片，又欣喜地买到《鲁迅传——无法直面的人生》，这本是王晓明教授撰写的。此前，1997年我在杭州购得林志浩著的《鲁迅传》；2008年在合肥我毫不犹豫地买下《一个人的呐喊——鲁迅1881—1936》，也是一本鲁迅传，作者朱正。同是鲁迅传，这不是重复吗？不，鲁迅先生主张看书不限一家，要多看几家。对鲁迅传，也应如是观。撰写人不同，侧重点不同。林志浩本侧重鲁迅作品评析，王晓明本可视为鲁迅先生的心灵史，朱正本则带有严肃的考证风格，史料翔实，还鲁迅生活、创作以原貌。几家参照，可以产生碰撞，也可以纠偏。

在华东师范大学读书的日子里，我常常去大大小小的书店徜徉，遇到研究鲁迅作品的著作就买下来。从上海回来后，我有幸到外地出差，或者旅游，我总是想着抽时间去逛一逛当地的图书城或者新华书店，一遇到鲁迅研究新著，即买下来。现在，我的书橱里鲁迅先生的作品或者研究鲁迅的著作最多，有35本，是古今中外任何一个文学家无法企及的。

有人说，鲁迅作品的语言拗口，不通俗，我似乎觉得鲁迅先生作品语言很流畅，抑扬顿挫，铿锵有力，是可以大声诵读的。

有人说，鲁迅先生的作品晦涩难懂，我觉得难懂有点儿，晦涩则谈不上。这不是他的缺点，正是鲁迅先生作品的思想深刻、艺术魅力所在。

有人说，鲁迅先生尖刻，好骂人，好讽刺人，我觉得这是肤浅的误解。你不知道鲁迅先生一生遭过多少巨匠名流、无名小卒的刻毒的卑下的辱骂！为此，鲁迅先生写有《辱骂和恐吓绝不是战斗》和《什么是讽刺》。鲁迅先生是一个社会经验丰富、见解深刻而又待人真诚的人。他敢讲真话、实话，别人就将"真话、实话"故意歪曲，说成骂人、讽刺。

或问，你读鲁迅作品，究竟有什么收获？我真的不能一一指实。这正如我一天喝了一杯牛奶，就问我们身体的今天哪一部分变好了一样，我无法回答。牛奶是要天天喝，经常喝的，这样才能滋润全身，健脑养心，促进骨骼生长。鲁迅先生曾说："我好像一只牛，吃的是草，挤出的是牛奶，血。"我觉得，鲁迅先生的作品就是世上最优质的"牛奶"。读鲁迅先生的著作，浸润其中，常读常新，某一天你会觉得自己的脑袋更清醒了，眼睛更亮了，脊梁骨更坚实了。

如果非要用一句话概括十几年来我阅读鲁迅作品的感受，那么我觉得鲁迅先生一直在告诉我：要做一个宁折不弯的坚韧的"求真"猛士！

"真的猛士，敢于直面惨淡的人生，敢于正视淋漓的鲜血。"铭记这样的警句行走在荆棘路上，你不觉得浑身充满了力量，充满了无穷的奋斗力量吗？

（发表于《教育文汇》2011 年第 2 期）

三读《呐喊》

一九一八年四月，鲁迅先生应老同学钱玄同之约，创作了《狂人日记》，发表在当年五月的《新青年》上。这成了我国现代文学史上第一篇白话小说。"从此以后，便一发而不可收，每写些小说模样的文章"。直至一九二二年十月，先后创作了《孔乙己》《药》《明天》《一件小事》《风波》《故乡》《阿Q正传》《端午节》《白光》《兔和猫》《鸭的喜剧》和《社戏》。这十四篇小说于一九二二年十二月汇集成册，名为《呐喊》。《呐喊》是鲁迅先生的第一本小说集，它虽然不是我国现代文学史上最早的一部，却是最有深远影响的。这本不厚的小说集，成为我国现代文学最伟大的丰碑，我二十多年前就慕名拜读。

那是一九八三年下半年，我还在芜湖师范学校上学，从学校图书馆借来《呐喊》。我大约是怀着见识见识这部名著的心情，将这十四篇小说一一读过。"格式"确是"有点特别"，有几个可笑的人物，我现在只记得如此而已。其他所谓丰厚的意蕴和不朽的文学艺术云云，均是我所感受不到的。这本书并没有让我爱不释手，也没有激发我进一步阅读鲁迅著作的欲望。《呐喊》在我的眼前，"轻轻地来"也"悄悄地去"了。现在想来，也许那时我太年轻之故吧，难于窥见鲁迅作品之冰山一角。

当我再次阅读《呐喊》时，已是六年之后，我已经站在讲台上了。其时，我正参加汉语言文学自学考试，其一科目是《现当代文学》。鲁迅是现代文学史上最重要的作家，《呐喊》自然是必读著作。

1989 年春末，我的不满半百的母亲猝然去世，这给我有生以来最严重的打击。如果说一个家庭好比是一个桶，那么母亲就是箍桶的铁圈。铁圈断了，这个桶就四分五裂了。我成了一个在河面上四处漂泊的木板。此后若干年，是我有生以来最痛苦的时期。我一边读《呐喊》，一边也读其他的现代作品。我觉得，还是鲁迅先生的作品思想最为深刻，最使我受益无穷。他教我严肃地思考生活，勇敢地面对现实，努力抗争。

"但自此之后，我总觉得凄凉。夜半在灯下坐着想，那两条小性命，竟是人不知鬼不觉的早在不知什么时候丧失了，生物史上不着一些痕迹，并S也不叫一声。我于是记起旧事来，先前我住在会馆里，清早起身，只见大槐树下一片散乱的鸽子毛，这明明是膏于鹰吻的了，上午长班来一打扫，便什么都不见，谁知道曾有一个生命断送在这里呢？我又曾路过西四牌楼，看见一匹小狗被马车轧得快死，待回来时，什么也不见了，搬掉了罢，过往行人憧憧的走着，谁知道曾有一个生命断送在这里呢？夏夜，窗外面，常听到苍蝇的悠长的吱吱的叫声，这一定是给蝇虎咬住了，然而我向来无所容心于其间，而别人并且不听到……"（《猫和兔》）

读着这一段，文中的"我"仿佛就是我自己。我不禁想起了我的如单四嫂子的母亲，我的收养过流浪狗的母亲。这个给予我渺小生命的伟大生命，在一个普通的小村庄里消失了，可曾留下什么痕迹？现在还有几个人记得她曾在这里笑过、站过、种过地、说过话？……

作为拥有渺小生命的我，被搜到这个世上走一遭，童年好似宏儿，少年恰如双喜，今后如何度过？能像闰土或者孔乙己一样吗？这个问题，在母亲没有去世之前，我不曾认真想过。我混混沌沌地，觉得日子就像一片流云，轻快，轻松，如阿Q。母亲逝世了，生活猛然露出狰狞面容，给我一个醍醐灌顶。很痛苦，一个现实的大问题始终缠绕着我："我怎么办？我这个家怎么办？"我感到肩上有一副无形的沉甸甸的担子，让我垂下曾经高昂的头颅……

鲁迅先生"救救孩子"的呐喊，仿佛就在我的耳边雷鸣般回响。"我的家散了，要拯救我的家！要拯救我的家，先救出我自己！我不能再这样混日子！"我痛苦地想。在一所穷乡僻壤教书的我，决定向我心中的目标奋进：拿到自学文凭，再冲刺研究生！

此后我将工作之余的所有时间用在读书上，而鲁迅先生的作品是我的"主餐"。只要看见鲁迅先生的作品，或者研究鲁迅的著作，我就买下来，毫不犹豫，绝不迟疑，即使囊中羞涩，手头拮据。1992年，我在芜湖市一家书店，发现《鲁迅作品欣赏大辞典》，一看标价45元。我牙一咬，买下了。其时我一个月的工资只有七八十元。现在我藏有关于鲁迅的专著35本，仅《鲁迅传》就有四种，传主是林志浩、王晓明、朱正和林贤治。古今中外许多伟大作家，其作品我可能藏有一本二本，唯有关于鲁迅的作品，我收藏得最多。2002 年我终于进华东师范大学读研究生。我办完入学报名手续之后，第一件事是去虹口公园，拜访早就心仪的鲁迅先生纪念馆。鲁迅先生离我更近了。

　　现代文学史上有不少作品，我读了一遍就懒得再读第二遍，第一遍味道就不佳，第二遍更似嚼蜡。鲁迅先生的作品是常读常新的。鲁迅先生的作品入选中小学语文教材最多，古今中外著名作家莫能望其项背。我教了十几年中学语文，鲁迅作品意蕴丰赡，思想深邃，最有"教头"。有人指责说，鲁迅作品语言拗口，颇不通俗，可我觉得鲁迅先生真是语言大师，随物附体，"行于当行，止于当止"：或者明白晓畅，或者威严猛烈，或者老辣诙谐。总之是简劲绵密，朗朗上口。从 20 世纪 20 年代以来，不同时代总有人贬低鲁迅作品的历史价值和现实价值，说什么"过时"，"早已死去"，"没什么了不起"。最近我又读了《呐喊》，一一细读。一篇一篇吸引着我，我又有新的体会。一个民族文化巨人的形象屹立在我的心间。他严肃，刚正，激烈，严于自剖，敢于追求真理，勇于坚持真理，他不仅是中外落后文化的揭示者，也是我们民族新文化的建设者。在艺术表现上，他视野宏阔，遵循"拿来主义"，力求创新，艺术之美丰富多样。我觉得，鲁迅作品成为我们民族文化的新鲜血液，当之无愧，是我们民族之大幸。它流进我们炎黄子孙的心灵，炎黄子孙的脊梁会挺得更笔直、更坚强、更有力。鲁迅先生是我们民族的稀有金属，无论是作为一名公民还是一介知识分子，都很珍贵。其作品，过去我们民族需要，现在我们民族需要，将来——我们民族仍然需要！

　　（获安徽省图书馆"纪念建党 90 周年读书征文"三等奖。发表在《教育文汇》2011 年第 10 期）

探求生命的释放方式

——鲁迅先生《雪》细读

　　在世界文学之林中，以"雪"为题材的美文比比皆是，而鲁迅先生的散文诗《雪》堪称千古绝唱。对鲁迅先生的《雪》，目前国内有不可胜计的研究文章，发表了很多真知灼见。

北京大学钱理群先生认为，与"江南的雪"相比较，鲁迅先生显然更醉心于"朔方的雪花"。"这闪闪地旋转升腾着的"朔方雪花，是雨的精魂，"也是人的精魂，鲁迅的精魂——奋斗的，向上的，闪光的。鲁迅先生终于在博大的、运动着的'自然'中，发现与肯定了人与自己"。这种个性化解读，我姑且称为"发现与肯定"说。钱先生主要关注的是对鲁迅先生"心灵的探寻"。

北京大学孙玉石教授专著《<野草>研究》，内含《追求美好理想的温暖心声》一文，将《雪》和《好的故事》作为一组赏析。其中关于赏析《雪》的内容中，有这样带总结性的话语："滋润美艳的'南方的雪'，寄托了鲁迅对美好事物的炽热追求，这旋转飞腾的'朔方的雪'，则蕴蓄了鲁迅反抗冷酷的现实社会的斗争品格。在这两幅鲜明对立的图景中，贯穿着鲁迅一个共同的哲理：要用战斗来创造春天一般美好的世界。"这种个性化解读，我姑且称之为"追求"说。

复旦大学教授吴中杰在《吴中杰评点鲁迅诗歌散文》一书中，关于鲁迅先生的散文诗《雪》，有很细致的评点。这篇点评对《雪》全篇逐一解读，最后有这样结论性的话语：

"看来，作者的诸种描写，其意不在褒贬，而是借雪的各种景象，抒写自己的人生感怀而已。"

"面对朔方的雪景，他不但忆起了江南的雪，而且还触景生情，由此想到已逝的我的青春和寂寞的身外的青春。他在《希望》之后接着写《雪》，也就是通过对江南的雪和朔方的雪的描写，续写《希望》所未尽之意，表达一种人生意境。"

这种个性化解读，我姑且称之为"人生意境"说。

那么，这究竟是一种什么样的人生意境呢？吴中杰继续写道："在严寒中，他向往着美好的事物，而这美好之物又毕竟是孤独的，短暂的。"（《吴中杰评点鲁迅诗歌散文》第202~204页）

解读《雪》的文章难以计数，这里不一一列举。以上三种，我更倾向于吴中杰先生的理解，但是吴教授表达得还不够明确，失之笼统，我以为。我反反复复研读《雪》，我有我的理解。我并不是非要标新立异，故作其他读解。在阅读不少关于研究《雪》的文章中，我发现不少研究文章存在几个不足之处：

一是没有紧紧扣着"雪"这一题目——文章的眼睛，也是文本最重要的抒写对象。比如有的研究文章说，作者写江南的雪，回忆了自己儿时玩雪的快乐生活，饱含作者对故乡的眷念之情。这一解说，就偏离了本文的"主体"——"雪"以及"主题"。这类读者在阅读"江南的雪"这一部分内容时，注意力被七八个塑雪罗汉活动的孩子牵引去了，而不再专注于"雪"。这种阅读兴趣的偏离，将读者引进对文本内容把握的歧途。

　　二是疏忽了文本中一些语段或者语句，甚至有的断章取句或者取词。比如，有人说本文写了"江南的雪"和"朔方的雪"，由此可知就"视而不见"本文开篇写"暖国的雨"的两句话。还有本文的第三段，写雪罗汉被日光晒化成"不知道算什么"，这一句也不大被人注意。本文第四段中一句话，"屋上的雪是早已就有消化了的，因为屋里居人的火的温热。"几乎不被人提起。有人说读懂《雪》要抓住文本中两个关键表示转折的词语——"可是"和"但是"，说"可是"是"一个轻微的转折词"。搜索"可是"，这两个汉字出现在本文第三句"江南的雪，可是滋润美艳之至了；那是还在隐约着的青春的消息，是极壮健的处子的皮肤"。只要细读一下，这里的"可是"不是一个词语，而是两个词语，一个"可"，另一个"是"，连起来是"可以说是"的意思，绝不是什么转折词。粗心的读者，哪怕是忽略或者误读了文本中的一小段、一句话、一个词乃至一个标点，就很难准确把握、整体把握文章内容以及主题、作者的心灵。

　　三是研读者偏于作索隐式理解，将文中的有些内容极力与鲁迅先生的生活经历硬挂钩。一看到文中写"江南的雪"，就说"江南是作者的故乡"；写"朔方的雪"当然就是写作者当时所在的被军阀残酷统治的"北京"。可是如果要问"暖国"是指哪里，鲁迅先生在那里生活过吗？不知"索隐派"如何应答。这种索隐式理解，作为理解文本的思路之一，是可以存在的。但是如果形成阅读理解的思维定式，就会造成理解文本的"路线错误"：用作者的经历或者思想这些知识来注解、有时甚至曲解文本，而不是从阅读文本形式和内容的感性、理性出发来推测作者的思想情感。

　　鲁迅先生在《雪》中，写了两种自然景物：一个是"雪"，另一个是"雨"。文章以"雨"开篇，也以"雨"结篇，这是直接写雨，这一部分占全文篇幅极少，如果以字数来算不到8%（全文667个汉字）；这中间约92%的语段都是写"雪"的，没有一句插写"雨"。作者说"雪"是"死掉的雨"，可以说这部分是明写"雪"，暗写"雨"。如果这样分析成立，那么我们可以说"雨"贯串全篇。"雨"——本文真正的"主角"，在开场之后不久就被掩藏于后台，紧接着江南"滋润美艳"的雪、然后朔方"如粉，如沙"的雪，一一被作者推到前台，或赏心悦目，或惊心动魄。最后在朔方的雪"旋转而且升腾，弥漫太空"时，作者却说那是"雨的精魂"。在谢幕之前，"雨"又一次登台亮相。不过这时"雨"是披着"雪"的外衣出场的，他好像被画外音点破了身份："是的，那是孤独的雪，是死掉的雨，是雨的精魂。"

虽说全篇或明写或暗写"雨"，但是作者不以"雨"命题，而以"雪"冠名，可以说言在"雪"而意在"雨"。愚以为，《雪》这篇散文诗，是写"雨"在同一时间——冬季、不同空间——暖国、江南、朔方的三种存在方式。在冬季，暖国的雨，"向来没有变过"雪，就是保持不变的本色：雨始终是雨，不管暑往寒来；暖国的雨，不断北移，行经江南，雨变成了"滋润美艳之至"的雪；到了朔方，雨成了"如粉，如沙"的雪。文章从一开始，作者就赋予"雨""雪"人性化。因此，本文可以说隐喻"人"在同一时间（冬季）、三种不同地域的三种不同的存在方式。

对于这三种存在方式，如何评价？作者将作如何抉择？

首先，我们来看不同主体如何评价客体——向来不变的"暖国的雨"的。"博识的人们觉得他单调，他自己也以为不幸否耶？"这里明写了两个主体，"博识的人们"和"他自己"。作者用陈述句明确地写"博识的人们"因为见多识广，觉得"暖国的雨"始终如一，没有变化，单调！接着作者用了一个问句，"雨"自己究竟"以为不幸否耶？"这里只是推问，不得而知。注意"他自己也以为不幸否耶？"这句，用了一个"也"字（这个词也很不被人注意）。我们可以推知，在"博识的人们觉得他单调"之后、在"他自己也以为不幸否耶？"之前，省略了一句话"是不幸的"，还原出来，原文可变为："博识的人们觉得他单调，是不幸的，他自己也以为不幸否耶？"那么作者的评价呢？作者没有直白地说，而是隐藏在对这两个评价的叙述中。"暖国的雨"是否单调？作者用了肯定叙述句，可推测作者的评价意见：单调？有一点儿吧！"暖国的雨"是否不幸？作者用了一个问句，是先说出"不幸"后接"否耶"，可知作者也是先认定"暖国的雨"不幸，可再一细想深想，就怀疑起来，于是才有了疑问。由此可知，对向来不变的"暖国的雨"究竟"不幸否"，作者的态度不明确。依据这里的叙述，以及后文情感态度，作者似乎倾向于认定"暖国的雨是不幸"。我们可以对"他自己也以为不幸否耶？"这句表述改一改，来比较一下。如果作者这样写："他自己也以为幸运否耶？"可知先是认定"幸运"，然后怀疑，才有"否耶"，由此推知作者倾向于"暖国的雨是幸运的"。但是我们读者通过对这些语句的细细品味，应该明白作者这样写，实际上是在提醒我们，不管"博识的人们"如何评价，也不管作者如何评价，根本的是要看"他自己"——暖国的雨如何看待他自己，所谓"如鱼在水，冷暖自知"。

如果我们假定暖国的雨是不幸的，那么理所当然推出：江南的雪是幸运的；朔方的雪更是幸运的。可是这种推测不符合后文的情感判定，因为后文写江南的雪，塑成雪罗汉后，有这样几句话："但他终于独自坐着了。晴天又来消释他的皮肤，寒夜又使他结一层冰，化作不透明的水晶模样，连续的晴天又使他成为不知道算什么，而嘴上的胭脂也褪尽了。"写朔方的雪，有这些语句："屋上的雪是早已就有消化了的，因为屋里居人的火的温热"，"是的，那是孤独的雪，是死掉的雨"。细心的读者从这些语句流露情感的认定来看，江南的雪也好，朔方的雪也好，也有不幸的时候。由此可知，作者创作本文，不是表达对"江南的雪""朔方的雪"什么喜爱不喜爱的问题，而是想表达自己对生命哲学这样一种理性认识：不管哪一种生命存在方式，有不幸的一面，也有幸运的一面；有幸运的一面，同时也有不幸的一面，关键是我们根据自己的人生价值判断，选择哪一种存在方式，释放自己的生命力，实现自己的人生理想。

从本文的内容展开过程、方式，以及作者在本文流露的思想情感，我们可以推测，作者是舍弃了像暖国的雨一样向来不变的人生方式；在留恋了之后、又毅然放弃了像江南的雪一样"滋润美艳"而又最终"成为不知道算什么"的人生方式。最后，作者选取了像朔方的雪那样"在晴天之下，旋风忽来，便蓬勃地奋飞，在日光中灿灿地生光，如包藏火焰的大雾，旋转而且升腾，弥漫太空，使太空旋转而且升腾地闪烁"的人生方式，虽然他是"冰冷的""孤独的"，是注定要"死的"，但是他拥有了"精魂"——精美的魂魄："坚硬的"意志，"奋飞"的姿态，旋转乾坤的力量，"在无边的旷野上，在凛冽的天宇下"放射"灿烂的"人生光芒！

最后，我想说一说本文的创作意图。愚认为，这篇精美的散文诗，作者是为尚处于"青春"的青年们而写的，更是为自己而写的。何以知之？这要联系作者当时写这篇散文诗的思想状态以及作者当时所处的社会环境和作者的年龄。按照创作的时间顺序，《雪》是《野草》中第八篇，写于1925年1月18日。这之前是《希望》，写于1925年1月1日。在《希望》一文中，作者最后写道：

倘使我还得偷生在不明不暗的这"虚妄"中，我就还要寻求那逝去的悲凉缥缈的青春，但不妨在我的身外。因为身外的青春倘一消灭，我身中的迟暮也即凋零了。

然而现在没有星和月光，没有僵坠的蝴蝶以至笑的渺茫，爱的翔舞。然而青年们很平安。

我只得由我来肉搏这空虚中的暗夜了，纵使寻不到身外的青春，也总得自己来一掷我身中的迟暮。但暗夜又在哪里呢？现在没有星，没有月光以至没有笑的渺茫和爱的翔舞；青年们很平安，而我的面前又竟至于并且没有真的暗夜。

绝望之为虚妄，正与希望相同！

作者有感于当时严酷、混乱、黑暗的现实，而本应朝气蓬勃的"青年们很平安"，就如"江南的雪"一样："晴天又来消释他的皮肤，寒夜又使他结一层冰，化作不透明的水晶模样，连续的晴天又使他成为不知道算什么，而嘴上的胭脂也褪尽了"；又如撒在屋上的朔方的雪一样："屋上的雪是早已就有消化了的，因为屋里居人的火的温热"。创作本文时，作者已经虚岁45，青春早已"逝去"，人生"迟暮"。因此，作者创作本文，一是以此来唤醒"很平安"的青年，激发"身外的"青年们飞扬的青春，致力于打破"空虚的黑暗"和"绝望"的现实；二是以此来勉励自己，虽然自己的"青春"早已消逝，虽然自己"迟暮"，但是还要"肉搏这空虚中的暗夜"。作者1925年1月1日创作了《希望》，过了17天，就创作了《雪》。作者创作《雪》时，他的思绪仍然在"寻求那逝去的悲凉缥缈的青春"。《雪》正是作者"寻求那逝去的悲凉缥缈的青春"而又在迟暮之年以青春激情"肉搏这空虚中的暗夜"的情绪下流露的千古杰作！

（本文发表于全国中文核心期刊《语文教学通讯》（初中刊），2010年第2期；中国人民大学《复印报刊资料：初中语文教与学》2010年第5期转载）

紧拽"文体"线　探究《风筝》意

一、《风筝》的文学体裁：是散文还是散文诗

这看似一个简单的问题，因为"散文"和"散文诗"只是一字之差。

　　介绍《风筝》时，老师们都说它选自散文诗集《野草》，是首优美的散文诗，并转过身在黑板上写下"《野草》、散文诗"这几个洁白的汉字。可是我们再转过身面对学生上课时，就不自觉或者自觉地将《风筝》当作散文的典范来教，时不时不假思索地说"《风筝》这篇散文……"，此后一直将其认作散文，而不再说它是"散文诗"。普通语文教师这样，不少名师也是如此；再翻翻我们的教学参考用书，白纸黑字，就是这样表述的。教学参考用书的编写者还不是"祸首"，原来不少大学文学教材、专家研究著作，就是这么论定的。

　　如此，我们的学生就犯糊涂了，不禁要问：

　　《风筝》到底是散文诗还是散文呢？

　　散文诗属于散文还是属于诗歌呢？

　　难道散文和散文诗是一回事吗？

　　抽象回答这三个问题也许不难，但是具体界定《风筝》究竟是散文还是散文诗，可就不容易了。

　　"散文"和"散文诗"虽一字之差，但二者绝不是一回事，是有质的区别的。散文诗的"父母"是诗歌和散文，它有几分像散文，但它本质上属于诗歌，而不属于散文。因此，我们说《野草》是散文诗集，也就断定《风筝》是散文诗。既然我们说《风筝》是散文诗，就不能又说它是散文，否则就造成概念混乱。

　　为什么说《风筝》是散文诗而不是散文呢？

　　一个显性的理由是，鲁迅先生自己就将之说成散文诗。作者在《〈自选集〉自序》（出自《南腔北调集》）中所说："有了小感触，就写些短文，夸大点说，就是散文诗，以后印成一本，谓之《野草》。"后来在编辑成册时，鲁迅先生没有将《风筝》收录在回忆性散文集《朝花夕拾》里，而是收录于《野草》，也就明确了《风筝》不是回忆性散文。鲁迅先生是极有分寸感的，因为他自己很清楚，《风筝》不是回忆性散文，而是在"小感触"基础上的想象性创造。

　　也许鲁迅先生弄错了？现在，我们研究研究《风筝》文本，它究竟是散文还是散文诗？它与《朝花夕拾》里的散文有没有区别？

　　散文和诗歌都包含情感和思想，但是散文更侧重于思想表达，而诗歌更注重情感抒发；散文不重韵律和节奏，而诗歌是讲究节奏和韵律的。我们细读《风筝》，《风筝》流淌着浓浓的"悲哀"之情；"我"想象过程的热烈和想象之后的意外结局形成巨大的反差，碰撞而产生浓郁的悲情，跌宕着一波又一波的"惊异"之感，使《风筝》节奏鲜明。另外，《风筝》中很多词语、短语反复或重复，前后呼应，首尾呼应，增强了《风筝》的音韵美感，比如"风筝""惊异""悲哀""故乡的春天""久经""久经逝去""没出息孩子""很重""堕着""补过的方法""我可是毫不怪你啊""宽恕""四面""严冬""肃杀"等。因此，《风筝》具有诗歌的特质，这些在《朝花夕拾》里都感受不到。我们试将《风筝》与《五猖会》比较一下，这二者都叙写了"精神的虐杀的这一幕"，但二者在写法和目的方面的差异是显而易见的，正如法国大诗人瓦雷里所说：散文就像走路，而诗歌就像舞蹈。《五猖会》就像走路，《风筝》恰似舞蹈。

不仅如此，《风筝》属于诗歌，而不属于散文，还有另外一个重要原因。

二、《风筝》文本内容：是真实还是虚构

一旦将《风筝》看作散文，我们便不自觉将其内容归为"真实"。"我"就是鲁迅本人；"小兄弟"自然就是鲁迅的弟弟周建人；"故乡"就是指"绍兴"；踏扁风筝一事是鲁迅先生真实的生活经历，是"我""儿时的回忆"。这些巧合似乎都是天衣无缝。我们的一切理解就顺着这条"光明大道"而迅行，"顺理成章"，自圆其说。

当代著名散文家赵丽宏在《我观散文》中，有这样一段话："散文和小说、诗歌、戏剧不一样，散文属于一种非虚构的文体，所有成功的、动人的散文，都带有作者的自传色彩。这里的所谓的自传色彩，并非作者叙说自己的一生，而是指人生的片断经验，观察社会的点滴见闻，或者是一段思想和感情的真实经历。它们的共同特点是：真实，非虚构。"王纪人主编的《文艺学与语文教育》中如是写道："散文一般写的是真人真事，都是作者亲身经历、感受的产物，来自作者亲眼所睹和亲耳所闻。"可以说，散文内容的一大特点"真实，非虚构"，是文学理论研究界的一大共识。我们语文教师都认同这一观点，我们语文教师就是遵循这一理论来解读《风筝》的。

问题是：《风筝》一定是散文吗？《风筝》的内容完全是自然真实的吗？

诚然，《风筝》文本中确有真实的元素，比如"北京"，周建人说鲁迅小时候"的确不放风筝"，鲁迅确实离别过故乡，也与小兄弟离别过一段时间，鲁迅写《风筝》时确实在北京，当时的北京地面确实有积雪。有人还会认为，鲁迅在十几岁时确实破坏过小兄弟糊的风筝，因为1919年9月鲁迅以"神

飞"为笔名在《国民公报》"新文艺"栏内发表过一组文章，总题为"自言自语"，其中的第七篇是《我的兄弟》，就是《风筝》的雏形。为了便于比较，现将这篇短文全文抄录于下：

我是不喜欢放风筝的，我的一个小兄弟是喜欢放风筝的。

我的父亲死去之后，家里没有钱了。我的兄弟无论怎么热心，也得不到一个风筝了。

一天午后，我到一间从来不用的屋子里，看见我的兄弟，正躲在里面糊风筝，有几支竹丝，是自己削的，几张皮纸，是自己买的，有四个风轮，已经糊好了。

我是不喜欢放风筝的，也最讨厌他放风筝，我便生气了，踏碎了风轮，拆了竹丝，将纸也撕了。

我的兄弟哭着出去了，悄然的在廊下坐着，以后怎么样，我那时没有理会，都不知道了。

我后来悟到我的错处。我的兄弟却将我这错处全忘了，他总是很要好的叫我"哥哥"。

我很抱歉，将这事说给他听，他却连影子都记不起了。他仍是很要好的叫我"哥哥"。

呵！我的兄弟。你没有记得我的错处，我能请你原谅么？

然而还是请你原谅罢！

我们就凭这些认定《风筝》里的一切就是"真实"的？

我们将《我的兄弟》与《风筝》仔细比较一下，二者叙写"我"破坏小兄弟的风筝一事，情节大致相同，但是很多细节完全不同。两篇文中的"我"，谁更接近少年时期的鲁迅？我以为是《我的兄弟》。《风筝》是在《我的兄弟》基础上进一步的虚构。我们还要追问《我的兄弟》的内容都是真实的吗？

这有必要回顾一下 1926 年之前鲁迅的生平史实。

鲁迅先生 1881 年 9 月出生，周建人生于 1888 年 11 月，两人相差 7 岁。周建人十岁，当是 1898 年；此时鲁迅十七岁，是青少年，绝不是"幼小时候"。1898 年 5 月鲁迅往南京求学，期间每年都回绍兴老家。1902 年 3 月，鲁迅东渡日本留学，至 1909 年 8 月回国。期间 1906 年 3 月，鲁迅回绍兴完婚，在老家待了几天后带着周作人到日本继续留学。鲁迅 1909 年 8 月回国，至 1912 年 2 月先后在杭州、绍兴从事教育活动，参加辛亥革命。1912 年 2 月下旬，他到南京教育部上班，5 月初随教育部迁至北京，在去北京之前回老家一趟。从 1912 年 5 月起，鲁迅在北京教育部上班。1919 年 12 月他回老家将母亲、夫人朱安和周建人一家接到北京。1912 年至 1919 年鲁迅在京期间，先后两次回绍兴老家，一次是 1913 年 6 月，一次是 1916 年 12 月。周建人在 1919 年 12 月被接去北京之前，一直生活在绍兴；他 1916 年 9 月上旬到北京，在哥哥鲁迅那里住了一个多月，于 10 月 12 日离京回绍兴。从 1919 年 12 月起，周建人在北京和鲁迅共同生活了三个年头，于 1921 年 10 月离开北京，到上海商务印书馆任编辑。这两位兄弟再次见面是在 1926 年 8 月底，鲁迅先生南下厦门，途经上海之时。《风筝》写于 1925 年 1 月 24 日。根据以上情况，我们很清楚，自 1902 年 3 月到 1925 年 1 月，鲁迅每隔几年都和周建人生活一段时间。特别是 1910 年至 1912 年在绍兴，1919 年 12 月至 1921 年 10 月在北京，鲁迅先生和周建人生活在一起，各跨三个年头。我们可以发现，鲁迅先生并没有和周建人"离别得很久"，从来没有一别"二十年"之久。《我的兄弟》发表于 1919 年 9 月，亦即 1919 年 12 月鲁迅接周建人去北京之前。若是事实，鲁迅先生"将这事说给他听"，"去讨他的宽恕"，最有可能在哪一年？假如我们以他们在一起离 1919 年最近的时间算，该是 1916 年。《风筝》中有这样一句话："于是二十年来毫不忆及的幼小时候对于精神的虐杀的这一幕"，这句话中的时间"二十年来"若是事实，那么二十年前即是 1896 年春，其时鲁迅先生才十五岁，周建人只有八岁。此时他们的父亲还健在，并不是"我的父亲死去之后"，因为他们的父亲是 1896 年 10 月才去世的。

关于风筝一事，我们再来看看另一当事人周建人怎么说。他说："鲁迅有时候会把一件事特别强调起来，或者故意说着玩，例如他所写的关于反对他的兄弟糊风筝和放风筝的文章就是这样。实际上，他没有那么反对得厉害，他自己的确不放风筝，可是并不严厉地反对别人放风筝。这是写关于鲁迅的事情的作者应当知道的。"（周建人《略讲关于鲁迅的事》，人民文学出版社，1955 年版）这段话中"特别强调起来"就意味着不真实和虚构；"不严厉地反对别人放风筝"，这才是鲁迅年少时代的真实形象。《风筝》和《我的兄弟》中的"我"凶狠孤傲，并不是鲁迅本人，而是作品的戏剧化叙述者。这个叙述者可能是以作者为原型，但并不就是作者自己，亦即不是鲁迅本人。

鲁迅先生的二弟周作人也说过类似的话："《野草》里说的是'诗与真实'合在一起，糊风筝是真实，折风筝翅骨等乃是诗的成分了。松寿（指周建人——引者注）小时候爱放风筝，也善于自糊风筝，但那是戊戌（1898年）以后的事了，鲁迅于那年春天往南京，已经不在家里了。而且鲁迅对于兄弟与游戏，都是很有理解，没有那种发怒的事，文章上只是想象的假设，是表现一种意思的方便而已。"（周作人，《鲁迅的青年时代》，中国青年出版社 1957 年版）这里的"诗"之意就是指"虚构"。周作人从多方面指出了《风筝》的虚构性，不真实性。

我们将《风筝》中的内容与鲁迅的真实经历比照一下，再参考鲁迅生平史料最可信的提供者——周作人、周建人的言论，就可以发现：鲁迅先生是"有了小感触"，在过去有限的真实生活素材基础上，进行艺术虚构，创作了《风筝》。他是将之当作散文诗来创作的，而不是当作回忆性散文来写的。文中的"我"不等于作者本人，而是作者叙述的代言者。因此，我们绝不能认为《风筝》是反映"真人真事"的散文；它只是可以虚构的散文诗。

三、《风筝》的主题：多元解读的追思

《风筝》是散文还是散文诗，影响我们对《风筝》的解读方式和解读结果。我们下力气界定清楚《风筝》的文体，就是为了更恰当地解读《风筝》。

对《风筝》的解读，绝大多数研究者都将之当作散文来解读。有的研究者从某一角度出发去理解，有的综合多种角度去解读。江苏省鲁迅研究学会理事陈根生先生是"从儿童教育角度去理解"的。北京大学教授、中国现代文学史研究专家孙玉石先生"从批判封建教育思想和伦理道德的角度去理解"。北京大学教授、文学家王瑶先生"从自我解剖的角度去理解"。北京教育学院教授康锦屏先生"从亲情角度去理解"。著名文学评论家、小说家李国涛先生"从追求美好事物的角度去理解"。学者邹范平认为《风筝》是对妻子朱安的忏悔。加拿大学者李天明认为《风筝》暗示"兄弟失和"的悔怨之情："在《风筝》里，鲁迅将自己伤感忏悔的心情表达得淋漓尽致，哀婉动人。""《风筝》写于1925年的农历新年，这是阖家团圆的传统节日，而鲁迅兄弟却不能团聚，尽管他们当时都在北京，此时此刻回忆一个人以往的失错，道出自己由衷的忏悔是极自然的事。"北京鲁迅博物馆研究馆员李允经则是"多角度理解"："自我解剖""对虐杀儿童天性的封建礼教的批判"和"对于'春'的渴望和对于'冬'的抗议"。

鲁迅先生曾经说过："最能引读者入于迷途的是'摘句'。倘要论文，最好是顾及全篇，并且顾及作者的全人，以及它所处的社会状态，这才较为确

凿。"解读《风筝》，不仅要考虑《风筝》文体，还要运用鲁迅先生说的这一文艺评论方法，我以为。

简要说来，自 1912 年 2 月至 1925 年 1 月，鲁迅先生目睹或者经历了："中华民国"的短暂辉煌、帝制复辟、政权迭更和军阀混战；新文化文学阵营的聚集呐喊和分崩离析，结果他"两间余一卒，荷戟独彷徨"；1919 年 12 月兄弟三人在北京聚族而居到兄弟反目成仇、家庭分裂（周建人与自己的妻子、周作人的妻子矛盾一步步激化，1921 年 10 月他愤而离京去沪。1923 年 7 月 14 日周作人和亲密的哥哥鲁迅突然吵起来，19 日向鲁迅递交了绝交信。8 月 2 日鲁迅搬出八道湾，租住他处；1924 年 6 月 11 日，鲁迅去八道湾取自己存放的东西，与周作人发生最激烈的一场冲突，此后这两位兄弟至死也没碰过面）；鲁迅与朱安无爱的婚姻悲剧已延续 20 个年头，不知还要延长到何时；1923 年兄弟交恶之后，鲁迅多次大病，数月不愈，自觉不久于人世。1923 年 7 月 14 日至 1925 年 1 月，可以说是鲁迅先生一生中精神最苦闷的时期。酱缸似的国家一天天坏下去，黑暗层叠，希望在哪里？光明在哪里？同一战壕的战友有的高升，有的退隐，新的战友又在哪里？孤独、寂寞和苦闷犹如毒蛇缠身。爱情向来为他所不知道，人生的爱侣在哪里？支撑他的最后的人生支柱，30 多年的兄弟亲情，在顷刻之间轰然烟消云散，代之以永不可恕的仇恨。自己的生命遭受病魔的纠缠，他"时时想到死"。鲁迅此时思想是在人道主义和个人的无治主义之间徘徊，而趋向于个人主义。他悲观绝望，但又反抗绝望；在反抗中他又感到空虚，希冀沉入黑暗，期待像野草一样速朽。在 1925 年 1 月 24 日，春节之际，大年初一之时，在举国家人团聚、热闹的爆竹声中，鲁迅独处一室，朱安在隔壁一室，空荡寂寥的房屋里死气沉沉。他无法不想起这些刻骨铭心的经历，一想到这些，心情如何？这一天，鲁迅先生"自午至夜译《出了象牙之塔》两篇"（摘自《鲁迅日记》），之后他又拿起那只"金不换"于夜深人静之时写下《风筝》。

1940 年，鲁迅的青年朋友聂绀弩写了《略谈鲁迅先生的〈野草〉》一文，文中指出："《野草》是鲁迅先生为自己写，写自己的书，是理解他的锁钥，是他的思想发展的全程中一个重要的枢纽；不过，同时也是整个中国文化思想不能不向前迈进一大步的忠实的反映。"（《聂绀弩全集》第三卷，第 386 页。武汉出版社 2004 年版）聂绀弩的这一认识，与鲁迅先生本人创作《野草》的意图是吻合的，也符合诗歌的文体特征，我认为是这样。

诗歌和散文的区别，不只是使用语言的不同，而在于使用语言的目的有所不同。法国大诗人瓦雷里认为，散文似走路，走路具有一定的目的，意在到达某地取得某物，走路者一旦达到目的后，动作本身自然消失。散文是文字的实际和抽象的运作，它的本质和走路相同。因此，散文的生命也不会超过其意义。跳舞则不同，它虽然也是一种运动，可目的却在自身以内。在同样的四肢、同样的器官和同样的神经和肌腱的运动里，跳舞并不指向某个既定的目的物，它追求的只是瞬间的欢娱、瞬间的自由和律动，没有什么功利和实用的色彩。舞蹈的速度则由舞蹈者的理想主义强度所决定。即便舞蹈者的动作停止，由舞蹈形式带来的力与美依然存在。诗意的优美和高贵一如舞蹈，它摆脱了语言的实用性束缚，可以像传说中的凤鸟一般，一次次地从死灰里复燃，从涅槃里复活！在诗歌中，虽然可以叙事，但重要的不是表述一个事件、说明一个道理，而是借助声音、节奏、分行和想象等手段，使经验的表达更生动、更集中、更具有感染力。

《风筝》作为散文诗，是诗歌，它的目的"在自身以内"，作者将"惊异和悲哀"表达得"更生动、更集中、更具有感染力"。

就局部来看，《风筝》里的内容，包含"兄弟亲情"，可以延伸出"儿童教育"问题，流露"自我解剖"倾向、"封建文化批判"态度、"自我忏悔"之情、"追求美好事物"之志，或者其他象征之意。然而，我们从整体观照，把握全篇，鲁迅先生创作《风筝》的意图究竟是什么？以上种种，似乎都不足以概括全篇，只是"一千个读者"对自己感受最深的一点的抽象概括。

我觉得，笼罩全文的是"惊异和悲哀"。这种情感才是"我"的，也是当时作者的，鲁迅先生自己的。文中其他所写之景、所叙之事，绝大部分是虚构的，是情感所附丽的物质，是因情而生、因情而设的。鲁迅先生写《风筝》，是"为自己写，写自己的"，他写自己当时的人生"惊异"之感和"悲哀"之情。我们不妨细细品味几处。

"我"回忆故乡温和的春日放风筝的情形，却突然一问："我现在在哪里呢？"难道"我"不知道自己身在何处？显然不是，这是"我"的一次"惊异"，蕴含很深，并引出下面的"严冬的肃杀"，与故乡的春日温和形成鲜明对比，从而产生"悲哀"之情。

接下去写"我"毁坏小兄弟的风筝一事。不要说从封建社会的历史角度来看，就是以现代人的眼光来看，兄长毁坏了弟弟糊的风筝，并不是什么大不了的事。他没有臭骂弟弟，更没有毒打弟弟，算得上"精神上的虐杀"吗？什么叫"虐杀"？"指虐待人而致死；非常残忍地，带有虐待手段的杀害。"

这个词用得太重了，显然不合实情。这里不是为了叙事，而是作者为了抒发一种极其沉痛、沉重、悲哀之情和"惊异"之感。

再接下去就是"我"想补过。"我"急切想补过的幻想心理和无法补过的结局又一次次形成鲜明对照，无不令人"惊异"复"惊异"，"悲哀"连"悲哀"。

《风筝》全文以"惊异和悲哀"始，也以"惊异和悲哀"终。因此，"我"的"惊异"之感和"悲哀"之情贯串全篇。

或问，鲁迅先生何以如此"惊异和悲哀"？这就要"顾及作者的全人，以及它所处的社会状态"。1925 年 1 月 24 日大年初一，万家团圆，欢度节日，夜阑人静，鲁迅先生禁不住想到自己的人生经历，想到自己的家庭，想到自己所处的社会，他怎能平静？又怎能乐观？

鲁迅自己刻苦自励，全力呵护养育兄弟，希望他们"有出息"，重振家业，可是情意融洽的兄弟却反目成仇，家庭四分五裂，近在咫尺，却"老死不相往来"，弟弟再也不会"很要好的叫我'哥哥'"了——周建人不会"很要好的"叫周作人"哥哥"，周作人再也不会"很要好的"叫鲁迅"哥哥"，这是何等沉重的精神打击，无异于"精神的虐杀"！母亲为了成全自己的儿子，为儿子定亲完婚，可是万万没想到这是给自己的宝贝长子脖子上套了个无法挣脱的精神枷锁，对儿子无异于"精神的虐杀"；自己为了社会进步、民众福祉，振臂呐喊，反抗恶势力，最终"只落得个作家头衔"，陷入了"无物之阵"而"彷徨"；为了兄弟、为了家庭、为了社会，自己不惜牺牲生命，可是生命之血一点一滴耗去，自己愈来愈消瘦，换来了什么，却只得个无限的空虚……这些能"补救"吗？有什么"补救的方法"呢？不能，不能！没有，没有！

鲁迅先生大年初一，夜深人静，想起这些，怎能不"惊异"？怎能不"悲哀"？人生啊，原来竟如此的"纷乱"，如此的"错杂"！"我"无可奈何，无法可想，只有一"躲"，"躲到肃杀的严冬中去"，在"寒威和冷气"中静静地让自己的生命消逝。

（发表于全国中文核心期刊《语文教学通讯 B》2012 年第 11 期）

读 陶 行 知

陶行知先生的多次易名

陶行知先生原名陶文浚。1912 年，他另取"陶知行"为名，次年将之用作笔名。1917 年留美归国后，他正式改名为"知行"。1927 年，他又想改名为"行知"。1934 年 7 月 16 日，他发表《行知行》，终于公开宣布将名字由"知行"改为"行知"。陶行知改名是经过深思熟虑的。那么，陶行知先生为什么一改再改自己的名字呢？

陶行知先生出生在皖南歙县，这里古代隶属徽州，而徽州也是王阳明的故乡。1910 年他就读金陵大学时，开始研究并信奉王阳明的心学理论。王阳明反对朱熹的"先知后行"的观点，认为"知行合一"。王阳明说："知之真切笃实处便是行，行之明觉精察处便是知。""知是行的主意，行是知的功夫。知是行之始，行是知之成。"王阳明还主张"知轻行重"，认为："真知即所以为行，不行不谓真知。"当时的陶行知，正是求知欲特别旺盛的青年。他发愤求知，目的就是为了日后去笃行，去实现他的人生抱负：救国救民。当时的陶行知接受了"知行合一"说，特别是"知轻行重"的思想，并奉为圭臬。正因为如此，1912 年陶行知先生又取名"陶知行"。

陶行知 1914 年秋赴美留学。留学期间，他确定了教育救国的崇高理想。他师从约翰·杜威——美国伟大的哲学家、心理学家和教育家。杜威教育思想的基础是实用主义哲学。实用主义本质上属于主观唯心主义，但含有辩证唯物主义成分。实用主义哲学又属于"行动的哲学"，重视"行"。王阳明的哲学与杜威的实用主义哲学同中有异。杜威论述了知与行的关系，提出了"从做中学"的观点。这一观点表明"做学合一"，也即"知行合一"；但"从做中学"强调"做"是"学"的起点，即先"行"后"知"，与王阳明的"知是行之始，行是知之成"不同。1917 年陶行知回国之后，正式改名为"陶知行"。

陶行知回国后，写了不少文章宣传杜威的教育理论，提倡试验主义。但是真正实行起来，却千难万难。将"教授"改为"教学"，改一个字都很困难。此后，在平民教育运动、晓庄试验师范学校教育实践中，陶行知深刻地认识到："自从亲自到民间打了几个滚后，才觉得我们有好多主观的意见都是错的，没有效验的。"中国的传统教育"老八股"固然要改革，可是怎么改？用杜威的洋教育理论来改造，却到处碰壁。于是他一面批判中国的传统教育，一面批判外国的"洋教育"，反省自己的教育实践，学习新的哲学思想，探求适合中国国情的教育理论。

1928 年 1 月在《行是知之始》一文中，陶行知仍然赞成王阳明的"知行合一"说，但是又指出王阳明"知是行之始，行是知之成"露出了错误的尾巴。与此针锋相对，他提出了"行是知之始，知是行之成"的主张。当时，已经有人称他"行知先生"，他又萌生了改名的念头。

陶行知把杜威的教育思想称为改良主义教育。改良主义教育主张"学校即社会""教育即生活"和"做学合一"。陶行知根据中国是穷国、学校里的东西太少的现实，创立了"生活教育"理论，主张"社会即学校"、"生活即教育"和"教学做合一"。这样，"教育的材料，教育的方法，教育的工具，教育的环境，都可以大大地增加。学生、先生也可以多起来，因为在这样的办法下，不论校内校外，都可以做师生的。"

陶行知从墨子重感性经验的认识观中得到启发。墨子根据认识的来源把知识分为"亲知""闻知"和"说知"三种。墨子特别重视"亲知"，认为直接经验比间接经验更重要、更可靠。陶行知批评中国传统教育把"闻知"当作唯一的知识，忽略了"亲知"，也忽略了"说知"。他认为："我们拿'行是知之始’来说明知识之来源，并不是否认‘闻知’和‘说知’，乃是承认‘亲知’为一切知识之根本。‘闻知’与‘说知’必须安根于‘亲知’里才能发生效力。”

更为重要的是陶行知接受了马克思主义。1931 年 11 月，陶行知先生在《思想的母亲》中写道：“我拿杜威先生的道理体验了十几年，觉得他所叙述的过程好比是一个单极的电路，通不出电流。他没有提及那思想的母亲。这位母亲便是行动。……所以我要提出的修正是在困难之前加一行动之步骤，于是整个科学的生活之过程便成了：行动生困难，困难生疑问，疑问生假设，假设生试验，试验生断语，断语又生了行动，如此演进于无穷。”陶行知的“行动—知识—再行动”这一教育思想与马克思主义的“实践—理论—再实践”实践观是完全一致的。1934 年 7 月 16 日，陶行知先生发表《行知行》一文，继否定“知行”观之后，又否定“知行知”观；将“行知”观发展为“行知行”观。他正式宣布将自己的名字由“知行”改为“行知”，还创造了以“行知”二字合写的一个字，作为自己的名字。至此，他真正做到了“名”副其“实”。

从“知行”到“行知”再到“行知行”，他的名字的每一次变化，实质上是他教育哲学思想一次又一次发生质的飞跃的表现：从王阳明的主观唯心主义发展到杜威的实用主义哲学，从杜威的实用主义哲学发展到马克思的辩证唯物主义。他易名的过程，实际上是他不断追求真理、实践真理的过程。他信奉的哲学思想在不断变化，他的名字如影随形，但是永不变更的一点，就是他的“真人”品格。不论先生取名“知行”“行知”，还是“行知行”，他的名字都是他那一段时期所信奉的哲学思想的标志，是他追求表里一致、言行一致、名副其实的“真人”品格的体现。他有句名言：“千教万教教人求真，千学万学学做真人。”这是他伟大人格的真实写照。如果用一个字来概括陶行知先生，那就是一个充塞天地的“真”——有真爱、做真人、求真理、去真行。

（发表于《中国教育报》2004 年 10 月 14 日）

陶行知先生的四个"折回来"

陶行知先生的一生，是不平凡的一生、伟大的一生。可是他不平凡究竟不平凡在哪里呢？伟大又伟大在哪里呢？简言之，就在于他能"折回来"，这表现在他的人生之路、穿着、语言、思想发展等四个方面。可以这么说，正是"折回来"，陶行知才找到了他自己，才使他成为伟人。

陶行知先生，从偏僻的皖南农村读私塾到闯进繁华的大都市南京读大学，从贫穷落后的祖国漂洋过海到繁荣富强的美国留学，这是一般人梦寐以求的一条求学之路，一条成功之路，一条幸福之路。"走出去"已经是千难万难，可是更难的是"走回来"，学成回国，报效祖国。许多人出国留学了，就再也没回来了，仿佛出国留学就是人生奋斗的终点、最高境界。可是陶行知先生与这样的人截然相反，毅然回国，归心似箭，将回国作为人生的起点。他从哪里来又回到哪里去。他从美国回到祖国，从繁华的大都市回到荒凉的农村，从大学回到小学。他的前部分人生之路即"走出去"，是很多人所走的路；他的后部分人生之路即"折回来"，对很多人而言，是"叛逆"的路，是极少数的人才走的路。陶行知就是这极少数人之一。对他自己而言，正是自己的路。这就是陶行知先生的不平凡之处。如果他不回国，充其量不过是著名的杜威的门徒，正是他的"折回来"，陶知行才找到了"他自己"——陶行知。

有趣的是，伴随人生之路的"折回来"，陶行知先生外在的穿着、语言也呈现"折回来"的现象。平民出生的陶文浚，少年儿童时代的穿着打扮与一般平民子弟别无二致，这从他少年时期留下的照片可以看到。以后上大学、出国留学，长袍布鞋变成了西装革履，领带飘飘，绅士派头，风度翩翩。然而留学归国后，他又走上了衣着平民化的道路。1923 年，他给妹妹文渼写了一封信，信中有这样的一段话：

"知行近日买了一件棉袄，一双布棉套裤，一顶西瓜皮帽，穿在身上，戴在头顶，觉得完全是个中国人了，并且觉得很与一般人民相近得多。

我本来是个中国的平民。无奈十几年的学校生活渐渐地把我向国外的贵族的方向转移。学校生活对于我的修养固有不可磨灭的益处，但是这种外国的贵族的风尚，却是很大的缺点。好在我的中国性、平民性是很丰富的，我的同事都说我是一个'最中国的'留学生，经过一番觉悟，我就像黄河决了堤，向那中国的平民的路上奔流回来了。"

多年的传统教育和洋教育，使平民出生的陶文浚向贵族化方向转变，一变而为陶知行。我们读一读他在金陵大学求学时期写的文章，就知道了。陶知行在金陵大学写过一篇《伪君子篇》，开篇写道："伪君子之居乡而假愿者，即孔子所谓之乡愿。人之为伪，不必居乡，凡率土之滨皆可居。人之行诈，不仅假愿，凡君子之德皆可假。然必假君子之德以行诈，始谓之伪。故总名之曰：伪君子，从广义也。"他纯用文言道之，可谓"贵族化"的语言，颇不通俗，为一般平民百姓所难以理解。我们读他20世纪20年代、30年代直至40年代的著作，可以发现，为了推行平民教育、普及教育、国难教育、战时教育、民主教育，他著作的语言一代比一代通俗，全用口语化的大白话来写，就连写诗也莫不如此。比如他的《三代》："行动是老子，知识是儿子，创造是孙子。"他题苏格拉底石牢的诗："这位老人家，为何也坐牢？喜欢说真话，假人都烦恼。"这种"大白话"的诗，好像平平淡淡，但是它已经不是一般意义的平淡，而是如苏轼在《与二郎侄》中所说的"其实不是平淡，绚烂之极也"。因此，陶行知先生的语言是淡而有味，有深味、有远味。

陶行知先生的穿着、语言经历了由平民而贵族化的过程。难能可贵的是，他又"折回来"了，又由"贵族"而平民化。这实在是他的不平凡之处。

这些都是陶行知先生外在的、可见的"折回来"，陶行知先生还有内在的、不可见的、思想上的"折回来"。这二者是一表一里的关系，正是"里"的"折回来"才引起"表"的"折回来"。陶行知先生在金陵大学求学期间，十分信奉王阳明的"知行合一"说。王阳明说："知是行之时，行是知之成。"这句话反映了王阳明的"先知后行"观，体现了他的主观唯心主义思想。如果将王阳明思想的"知"作为起点、"行"作为终点，早年的陶行知沿着王阳明的思想之路行走着，或者说重复着王阳明所走过的思想之路，从"知"走到"行"。陶行知先生沿着这一思想之路"行"了十几年之后，才"知"这条路是一条错误之路。1927年，陶行知先生写了《行是知之始》一文，指出了王阳明的"先知后行"说的错误，将之改为"行是知之始，知是行之成"。这时陶行知先生的思想是以"行"作为起点、"知"作为终点，从"行"走到"知"。原先他从"知"走到"行"，现在他从"行"走到"知"，他的思想仿佛是"折回来"了。如果陶文浚一直沿着王阳明的思想之路走下去，他就是"陶知行"，充其量不过是王阳明的一个忠实信徒；自从"折回来"走上由"行"到"知"的思想之路上，陶知行成了陶行知，才成了"他自己"。有趣的是，这一现象也戏剧性地发生在陶行知先生与他的导师杜威之间。1918年，陶行知先生师从杜威先生，研究杜威的实用主义哲学以及进步教育思想。杜威主张"学校即社会"，"教育即生活"。陶行知先生拿杜威的思想躬行，体验了十几年，觉得杜威的思想在中国行不通，于是将之改为"社会即学校""生活即教育"，从而创立了"生活教育"理论。陶行知先生沿着杜威的思想之路走着走着，发现不对路，就"折回来"了，走自己的"生活教育"之路。如果陶行知先生一直躬行杜威的教育思想，那么陶行知先生充其量不过是杜威的一个忠实信徒；自从他的思想"折回来"之后，他成了"他自己"。陶行知先生前半生是重复别人走过的思想之路，后半生是走"自己"的思想之路。走别人的思想之路是必要的，但不能止于斯、满足于斯，更重要的是踏出一条"自己"的思想之路来。陶行知先生伟大就伟大在这里。

我们不禁要问：陶行知先生为什么要"折回来"？为什么能"折回来"？因为陶行知先生的根在中国，因为中国的根在人民，因为人民的根在教育，因为教育的根在基础教育。

（发表于《中国教育报》2004年11月25日）

让陶行知先生走进中小学课本

有人说，当今一个教师不知道伟大的人民教育家陶行知，就不能算是一个知识结构健全的教师。这话有一定道理。作为一个中国教师，怎能不知道陶行知先生呢？如果是这样的话，就好像法国人不知道拿破仑，学习中文的不知道鲁迅一样不可思议。从理想境界来说，每一个中国教师都应该知道伟大的人民教育家陶行知先生。可是，现实呢，你问一问师范大学毕业生或者从事教育工作多少年的老教师，不知道或者一知半解甚至误解陶行知先生教育理论的教师，还真大有人在！教育界内尚且如此，教育界外更不必说。我们一味责备老师不学习，可能不能令人心悦诚服。我想，造成这种现状的原因很多，也很复杂，这里暂且不谈。我认为，我们还是抱着务实的态度，来探讨：今天如何让每一个教师真知并且热爱陶行知先生，如何让每一个中国人了解、敬仰陶行知先生。

陶行知先生的教育思想是我国一座罕见的富矿，蕴藏着珍贵而丰富的教育资源。何以这么说？陶行知先生本身就是珍贵的教育资源。陶行知先生是杰出的爱国主义者，民主战士。他的一生，是平凡而伟大的一生，对每一个中国人都有极大的教育意义。一位留学美国的研究生，在 20 世纪初，能毅然决然回国服务，继而放弃大学教授的职务来到荒凉的农村从事小学教育工作，将毕生心血献给中国教育、献给平民百姓的儿童，这在当时就是罕见的，就是当今也是不多见的。陶行知先生的生平事迹，难道还不足以感人吗？陶行知先生一生笔耕不辍，给我们留下了 350 多万字的丰富的著作。这些著作涵盖面很广，除了教育之外，涉及科学、文学、艺术。就文学而言，他的创作包括儿童歌谣、儿童寓言故事、科普文章、诗歌、杂文、小说、文学翻译等。可以毫不夸张地说，陶行知先生不仅仅是我国著名的教育家，也是我国现代杰出的儿童文学家、大众诗人、文学翻译家、歌词作家。如果我们还不利用这座宝库，那么一者对不起陶行知先生，二者也是我们教育的一大损失。

我们教师有必要学习陶行知先生，学习陶行知先生的教育理论，感受陶行知先生的伟大精神。在教育实践中，以陶行知先生的教育理论为指针，活学活用，发扬光大陶行知先生的求真务实、无私奉献的品格。

不仅如此，我们还要让每一个中国人接触陶行知先生，学习陶行知先生，感受陶行知先生的人格魅力，发扬陶行知先生的伟大精神。

现在我国各地已经成立了许多陶行知教育思想研究会和陶行知教育基金会，已经创办了研究陶行知教育思想的刊物，全国各地诞生了许多以"行知"命名的"行知小学"。这些都为宣传、扩大陶行知影响起到特定的积极作用。可是，我个人认为还不够。我们应该让陶行知先生以及陶行知先生的著作走进中小学课本，让我们中国人从小就认识陶行知先生。陶行知先生是完全有资格进入中小学课本的！

陶行知先生可以走进语文课本。陶行知先生的事迹、故事完全可以作为中小学课本中的课文。陶行知先生的光辉事迹非常感人，有关陶行知先生生动的故事很多。比如说，陶行知先生将"我是中国人，要为中国做贡献"作为座右铭的故事，陶行知先生与"新安旅行团"的故事，陶行知先生改名的故事，陶行知先生的四块糖果的故事，等等，这些都是极有教育意义的教学资源。上其他语文课，我们可以自然而然地将陶行知先生引入课堂。比如，我们学习闻一多先生的《最后一次讲演》，我们可以穿插这样的材料：李公朴是反动的国民党射向民主人士的第一枪，闻一多是第二枪，那么国民党的下一个目标是谁呢？就是陶行知。朋友们劝他躲一躲，但是陶行知先生毫不畏惧地说："我等着第三枪！"再比如，我们学习《在马克思墓前的讲话》时，也可以陶行知先生的诗《题马克思墓》作为引子。陶行知先生的作品可以直接作为中小学课文，比如《自立立人歌》《自勉并勉同志》《乌鸦歌》《手脑相长歌》《创造宣言》，等等。

陶行知先生可以走进科学课本。陶行知先生在 20 世纪 30 年代，为了普及儿童科学教育，写了大量的科普读物，或者介绍外国著名的科学家、发明家，比如爱迪生、法拉第、富兰克林等，或者解说科学原理和科学发现，比如《化电为磁》《伽利略与木星的月亮》等。

陶行知先生可以走进音乐课本。陶行知先生创作了大量通俗易懂、生动活泼、富有教育意义的歌词。这些歌词由著名音乐家谱曲，如赵元任谱曲的《小孩不小歌》《手脑相长歌》《儿童工歌》等，由冼星海作曲的是《一个地方印刷工人的生活》，由贺绿汀谱曲的是《儿童节歌》，任光为《慰劳中国战士歌》等谱曲，吕骥为《儿童年献歌》作曲，陈贻鑫谱曲的是《谷子在仓里叫》，《教师们联合起来》由马思聪谱曲。另外还有陶行知先生自己根据民歌或者其他歌谱填写的歌，像著名的《锄头舞歌》。这些歌曲充满儿童生活情趣，很适合儿童歌唱。

陶行知先生可以走进英语课本。陶行知先生除了用英文著述、写信，还翻译了几十首古代或者现代的诗文，例如《木兰诗》《回乡偶书》《静夜思》《小白菜》《义勇军进行曲》《可怜的秋香》。他自己的诗歌如《自立歌》《手脑相长歌》《书呆子》《民之所好》等也有英文版本。我们完全可以将这些诗歌适当地放进中小学英语课本里去。

让陶行知先生走进我们的中小学课本，让陶行知先生的精神哺育我国一代又一代儿童，这是我国基础教育改革的真切呼唤，也是当代儿童的心灵呼唤。陶行知先生天生是儿童的知心朋友，他的心始终是与儿童息息相通的，因此他为儿童教育奋斗终生。时至今天，我们怎么还将他与儿童人为地分开下去吗？陶行知先生爱满天下，我们有什么理由不让陶行知先生爱的光芒普照在他自己祖国的儿童身上呢？儿童能受到陶行知先生的教育，是他们莫大的幸福啊！

（发表于《教育文汇》2005 年第 11 期）

陶行知"艺友制"理论的当代教育价值

在 1928 年，陶行知先生创办晓庄试验乡村师范学校的时候，由于当时师资严重缺乏，他根据"教学做合一"的思想创立了"艺友制"的师资培养方法。陶行知教育思想至今仍有巨大的理论价值和实践指导意义，"艺友制"也不例外。在新课改的背景下，重新审视"艺友制"理论，会发掘其多方面的教育价值。

一、"艺友制"的内涵

陶行知先生在《艺友制师范教育答客问》一文中这样定义"艺友制"："艺是艺术，也作手艺解。友就是朋友。凡用朋友之道教人做艺术或手艺便是艺友制。"在陶行知先生看来："教师的生活是艺术生活。教师的职务也是一种手艺。"

"艺友制"是陶行知先生教学做合一思想的体现。"先行先知的在做上教，后行后知的在做上学。大家共教共学共做才是真正的艺友制，唯独艺友制才是彻底的教学做合一。"

二、"艺友制"的本质

陶行知先生创立"艺友制"，是受师徒制的启发。为什么陶行知没有命名为"艺徒制"呢？这是因为，"艺徒制"和"艺友制"虽一字之差，但是本质相去甚远。陶行知先生这样解释道："艺徒制虽是有效力，但也有缺点。徒是步行的意思，倘若师傅引着徒弟一同步行，当然是很好的。但是有些师傅坐着汽车要徒弟跟着跑，那就不好了。平常工匠待艺徒如奴仆，秘诀心得又不肯轻传，以致事业不能进步，光阴多耗于没有价值之工作。所以，艺徒的名词，最好不再沿用。换一个友字，则艺徒的好处一概吸收，坏处一概避免了。"（《艺友制师范教育答客问》）从这段论述中，我们可以发现"艺徒制"的弊端：师前徒后，前高后低，不平等，交流是单向的，只是从师到徒，师徒容易脱离。而"艺友制"则不同了。

陶行知先生认为："学做教师有两种途径：一是从师，二是访友。跟朋友

操练比从师来得格外自然，格外有效力。所以要想做好教师，最好是和好教师做朋友。"（《艺友制师范教育答客问》）

由此可见，"艺友制"本质上反映的是一种人与人关系：师徒民主平等，互为师徒，双向合作交流，实现教学相长。艺友在交往中学习、对话，交往双方平等相待，有利于走出"自我"，消除以"自我"为圆心的意识，建立起交往所需的良好的人格素质，在真诚、开朗、率直中体会社会生活的快乐。在艺友交流活动中，双方既要教也要学；既要做又要学；既要接纳也要付出；既要认同自我又要改变自我；既要去帮助他人也要向他人学：此种双向交流活动，突出的是一种主动精神，而非消极等待。

"艺友制"为什么格外自然、有效？核心在于它的"朋友之道"。"朋友之道"当是互尊互信，在平等合作中求学、求艺之道；当是互相切磋，在融洽、和谐中成长、成功之道。这是一种"自然"的人性化的培养人、培训人之道，一种淡化"教育痕迹"的提高人、发展人之道。"艺友制"包含了"同伴互助"的意思，但"同伴互助"的内涵却远没有艺友深刻。

三、"艺友制"的当代教育价值

陶行知先生发明的"艺友制"，是基于当时的历史现实，可是这一思想又有巨大的时空穿透力和强大的生命力，因为"艺友制"蕴含的核心理念是"民主、平等、合作、发展"，这与当今新课程改革的指导思想是不谋而合的。因此"艺友制"在当今的新课程改革中仍有巨大的理论价值和实践价值。他认为："凡学校有一艺之长的教师便可招收艺友。从幼稚园以及研究所，只要这个条件符合，都可试行艺友制。"可见"艺友制"大有用武之地，目前的新课程改革有必要继承并发展陶行知先生的"艺友制"。

（一）"艺友制"与教师校本培训

陶行知先生发明"艺友制"起因有二：一是痛感当时师范教育的缺憾，二是感觉到各种行业施行艺徒制的实效。陶行知先生发现，当时的师范教育将学理与实习分为两件事情，师范学校培养出来的师范生和普通中学培养出来的中学生不相上下，既做不好教师，又办不好学校。他主张"艺友制"与师范教育相辅而行，以补充师范教育之不足。"艺友制"在当时的南京燕子矶小学、尧化门小学和开原小学施行，效果很好。正是在理论经过实践检验的基础上，陶行知先生坚定地说："我们深信这种办法不但是最有效力之教师培植法，并且是解除乡村教师寂寞和推广普及教育师资之重要途径。""艺友制"

最初是为了培训教师，以解决师资缺乏的难题。时至今日，我国师资缺乏的问题不是突出问题，有的地方甚至出现了师资结构性过剩的问题。但是我国师范教育仍然没有很好地解决学理与实习结合的问题，培养出来的大量的师范生仍然不知如何教学。目前如何促进年轻的教师尽快成长，成为优秀教师，成为一个相当突出的矛盾。现在很多学校施行"以老带新"计划、"1+1"工程、结对子活动，等等，其实都是陶行知先生所说的"从师"方式，与其他行业的师徒制没有什么区别。如果实行到位，这自然会有很好的效果，但是与"艺友制"相比，还差得远。因为师徒制是知识信息的单向流动，很可能出现一头热，甚至两头都不热的情况。而"艺友制"则不一样了，他们之间是知识信息的双向流动，双方互为主体，共同学习，互相学习，共同提高。实际上，即使是年轻教师也有老教师学习的地方，比如老教师一般对现代教育技术陌生，而这是年轻教师的强项；再比如年轻教师一般思维活跃，信息灵通，善于吸收新的思想、理念、成果，敢于创新，这些都是值得老教师学习的。因此，当前大力推行校本培训，绝不能丢弃最有效果的"艺友制"。

（二）"艺友制"与"自主、合作、探究"教学方式

虽然陶行知先生认为"艺友制"可以适用于幼稚园到研究院，但是主要是用来培植师资的。其实"艺友制"不仅是"师—师"之间的艺友，而且可以适用于"师-生"之间的艺友。"艺友制"可以适用于新课程改革的课堂教学以及课外小组学习。新课程倡导"自主、合作、探究"的教学方式，"艺友制"可以实现这一教学方式的转变。

当今社会开放，学生接受知识和信息的渠道很多，使他们思维敏捷、朝气蓬勃，接受新鲜事物极快。有些教师在现代教育技术、阅读图书的及时性广泛性、普通话等方面可能会不及一些学生，还需要向学生学习。我国唐代的著名教育家韩愈说"师不必贤于弟子"，"弟子不必不如师"。新课程要求的不仅仅是教师角色的转变，更重要的是教育由专制走向民主所不可缺少的思想革命。有人给师生关系打了一个形象的比喻，即电路适配器，相同的教育条件、教育对象，通过一定的师生关系配置，或许能爆发出强烈的教育能量，产生积极的教育效益；或完全相反，会产生短路，使学生厌学。可以看出，不同类型的师生关系就会产生不同的教育效果。威廉姆·多尔对教师角色的界定是"平等中的首席"，并认为教师是内在情境的领导者，而不是外在的专制品，教师的作用应从外在于学生转向与情境并存。从这里，足以看出，建立良好的师生关系，重要的是在"民主平等"上下功夫。"艺友制"正是

实现教师学生最佳组合的一种形式。如果教师"蹲下身子和学生说话，走下讲台给学生讲课"，在尊重学生的意见、爱好，保护学生的自由权利的同时，经常向学生学习，学习不了解的知识，对新鲜事物的敏感、好奇心，和永远不满足的求知欲望。对于不懂的问题开诚布公地向学生承认自己的不足，请教学生如何去教他们，师生之间才有可能真正形成一种平等、和谐、宽松的教育氛围。师生之间这种朋友般平等的感情，无疑是教育成功的前提。著名教育家魏书生就是一个典型的范例。魏书生老师只是初中毕业，并非什么名牌大学的师范生，但是魏书生老师敢于先做学生的学生，有什么教学问题，先与学生商量。正是在做学生的"学生"的同时，成为优秀的学生老师，在教育教学上取得了巨大成功。这与其说是魏书生老师的成功，不如说是"艺友制"的成功。

（三）"艺友制"与小组合作学习

既然教师与教师之间可以建立艺友，教师与学生之间可以建立艺友，那么学生与学生之间也可以建立艺友。这是对陶行知先生的"艺友制"理论的发展和创新。学生与学生建立"艺友制"，实质上可以是合作学习的一种形式。这与当今新课改提倡合作学习的理念是一脉相承的。但是"艺友制"与现在流行的小组合作学习还是有质的区别。现在普遍实行小组合作学习，可是教师在组建合作小组时，缺乏深度考虑。这样的合作小组有这样的特点：（1）小组按照邻近方便的原则组合在一起，一般就是按照座位的前后四位同学组建一个小组。（2）具有临时性。教师在课堂教学中为了完成教学中一个任务，就让学生组合一下，任务结束小组也就自然解散。（3）小组的组建是不民主下的产物，即合作小组是在教师的主宰下组建的，没有考虑到学生的自觉自愿。（4）合作小组中的成员是盲目组建的，也就是教师在组建这样的小组时，没有考虑到小组成员的差异性和互补性。而"艺友制"全不是这样。学生之间建立起来的"艺友制"，是学生根据自己学习的需要，在主动、自觉、自愿基础上建立起来的平等合作关系，这种机制能激发学生充分发挥各自的积极性，实现信息双向交流、资源共享，各自发挥优势，促进学习能力、探究能力、交往能力的共同提高。因此，要真正发挥合作学习的优势，必须建立学生之间的"艺友制"，而不是随随便便组合几个学生，且名之曰"合作学习"，其结果是自欺欺人，既误别人，亦复自误，因为这样的"合作学习"效果很差，害了学生，还不如不要这样的形式上的"合作学习"。

"艺友制"适用的教育领域是很广的，在教育管理、教育科研、家校合作等方面都可以一试，这些方面还有待于进一步研究和实践。

在实践中，我们可以充分利用各种媒介来实现"艺友制"，比如班级、学校设置"艺友服务板""艺友信息卡"，还可以利用网络这一平台，实现班级内、校内、社区内甚至全国、世界的"艺友制"。

（发表于《行知研究》2006 年第 3 期）

读苏霍姆林斯基

书籍在苏霍姆林斯基的教育思想中占有突出的地位。正因为如此，苏霍姆林斯基在几十年的教育实践中，精心构筑了他的读书教育思想体系。

苏霍姆林斯基的三个"书籍世界"

苏联伟大的教育家苏霍姆林斯基曾把儿童比作一块大理石，这块大理石要成为一件成功的艺术品，主要依靠六位雕塑家：家庭、学校、儿童所在的集体、儿童本人、书籍、偶然出现的因素。可见书籍在苏霍姆林斯基的教育思想中占有突出的地位。正因为如此，苏霍姆林斯基在几十年的教育实践中，精心构筑了他的读书教育思想体系。他的读书思想体系的核心就是培养学生读书的兴趣爱好，让学生"生活在书籍的世界里"。为了实践这一教育思想，围绕这一核心，在帕夫雷什学校，他为学生创建了优雅的校园环境、制定了科学的作息时间、营造了一个庞大的书籍世界（包括学校书籍世界、教师书籍世界、家庭书籍世界）、设立许多读书节日、建立了多种读书组织、开展了丰富多彩的读书活动。这些因素构成了他严密的读书教育思想体系。

学校书籍世界

在苏霍姆林斯基的眼里，一所学校，首先意味着书籍。他在《帕夫雷什中学》这本书里写道："一所学校可能什么都齐全，但如果没有为了人的全面发展和丰富精神生活而必备的书，或者如果大家不喜爱书籍，对书籍冷淡，那么就不能称其为学校。一所学校也可能缺少很多东西，可能在许多方面都很简陋贫乏，但只要有书，有能为我们经常敞开世界之窗的书，那么，这就足以称得上是学校。"

书籍，在帕夫雷什中学触目皆是，俯拾皆是。帕夫雷什中学当然有图书馆、阅览室。苏霍姆林斯基把阅览室特意取名为"思考之室"，目的"是为了强调表现出书籍的巨大的精神力量"。苏霍姆林斯基作为一个教育家的艺术匠心在于：让学生随时可以阅读适合自己阅读的书籍。为此，教学主楼的每层楼和其他三幢楼（帕夫雷什有四幢教学楼）都设有阅览室，里面有许多不断更新的书刊。楼道里也设有书籍陈列架，陈列着适合相应年级阅读的书籍。除此之外，学校还有学科专用室、教学研究室、少先队室、共青团室、思想教育室，这些地方都配备了许多相应的书籍，比如语言文学专用室里收藏了200部文艺作品，学校要求学生在校期间必须阅读完这些书籍，这样学生才能成为有教养的人。一至三年级教室设有"书籍之角"。

墙壁书，这是苏霍姆林斯基的精心之作。他说，"我们在努力做到使学校的墙壁也说话"。帕夫雷什的每一堵墙都被精心地利用起来。学校在教学楼墙壁上、走廊的墙壁上、楼梯口、教室、活动室里布置了许许多多标语牌、布告牌、宣传墙报。标语牌上有关于人生、劳动、母亲、英雄、科学、自我教育等等方面的名人名言。每一个教室的布告牌上有向学生推荐的书籍目录。有一个宣传墙报设置在一个显著突出的位置上，张贴着永远进入世界文化宝库的文艺著作书目。还有一些陈列橱陈列着一些名人的书籍，如列宁的书。这些语录、书籍都针对学生不同的年龄而精心设置，而且定期更换，不是永久不变。就是在离群独处的偏僻的角落里，也有特意为高年级布置的名人肖像组画《友谊和爱情——只有正直的人才能享有这高尚的情感》，在名人肖像旁写着他们关于友谊和爱情的语录，目的是让学生在这里思考，与名人静静地谈心。

学校开辟了许多书籍角。比如英语角，学生在这里可以阅读外国报纸、外国杂志的剪贴资料；美术角，这里有介绍世界上一些最重要的博物馆收藏品的美术画册和书籍；女生角，是一个小房间，里面摆放着有关人体解剖学、心理学，以及妇女卫生、母道方面的书籍和小册子（这些书籍是经常补充的），允许女学生拿走后不归还。这是帕夫雷什中学利用书籍对学生进行无声的性教育的举措。

苏霍姆林斯基的精心之处还在于他针对不同的阅读群体、阅读的不同作用，根据学生心理发展的需要，选择书籍，设置专门的书籍陈列架。"学习困难生"阅读文选，这是对"学习困难生"实施"阅读疗法"特制的书；有为家长而设的图书架；有"世界文学不朽之作"专橱；有供学生集体朗读的书架；有按年级（低年级——儿童期、中年级——少年期、高年级——青年早期）配备的图书，例如有专门为一年级学生建立的儿童图书室，为少年建立的"少年期金色图书室"，还有供高年级阅读的学术著作。

帕夫雷什中学就是这样的"书籍的世界"。这些书籍都是苏霍姆林斯基和他的同事们精心为学生挑选的，都是有益的高尚的书籍。然后他们对图书进行分类，有针对性地布置到学校的每一处。苏霍姆林斯基深信言词的强大力量，他要让这些优秀人物的形象、语言直接针对学生的精神世界。

教师书籍世界

在这三个书籍世界中，"教师书籍世界"被苏霍姆林斯基放在突出的位置上。

苏霍姆林斯基对教师要求的口号是："读书，读书，再读书"。他认为，教师要把读书作为第一精神需要，就像饥饿的人之于食物。为什么呢？

在苏霍姆林斯基看来，任何人都要过一种精神生活，都有必要丰富自己的精神生活，那就必须要读书。对教师而言，读书就成为双重需要。读书，不仅是教师本人精神的需要，还是教师工作的需要。他认为，教师的工作效果"取决于他的知识和素养，取决于他读什么书，怎样自学和怎样充实自己的知识"。他进一步指出："教师若不读书，若没有在书海中的精神生活，那么提高他的教育技能的一切措施就都失去意义了。"事实证明，"一些优秀教师的教育技巧的提高，正是由于他们持之以恒地读书，不断地补充他们的知识的大海"。

教师有责任让书籍成为学生精神的第一需要、第一爱好。苏霍姆林斯基认为，教师要把学生领进书籍的世界里，培养学生对书籍的兴趣爱好，也取决于教师，取决于书籍在教师本人的精神生活中占有何种地位。学校读书氛围的形成也有赖于教师的读书爱好。他说："集体的智力财富之源首先在于教师的个人阅读。真正的教师是读书爱好者：这是我校集体生活的一条金科玉律，而且已成为传统。一种热爱书、尊重书、崇拜书的气氛，乃是学校和教育工作的实质所在。"

正因为如此，苏霍姆林斯基十分重视教师的读书，帕夫雷什中学"集体在工作中严格遵守这样一条规定：让教师每周只有一天花费在理论讨论会上"。学校尽量为教师提供更多的自由支配的时间，目的主要是保证教师有时间去读书。首先学校里为教师提供了大量的图书，其次教师自己有个人藏书。帕夫雷什中学35位教师，平均每个教师拥有1400册书，苏霍姆林斯基和他的妻子共有1.95万多册藏书。每个教师都订几种杂志（其中包括一两种文艺杂志）和几份报纸。为了推动教师读书活动的深入发展，教师大约每月要向同事们作学术问题讲演两次。

苏霍姆林斯基认为，一个教师应该博览群书，但是主要阅读五方面的著作：第一，要读马克思、恩格斯和列宁的著作，对自己进行马列主义世界观的教育，学会用共产主义的观点来看待世界和人；第二，要读与自己所教学科相关的学科的书籍；第三，要读关于杰出人物的生平和斗争事迹的书；第四，要读心理学书籍；第五，要读文艺书籍。

教师不仅自己要读书，他还要指导学生读书，向学生推荐好书，为学生挑选适合他们阅读的图书，为学生制定恰当的阅读书目，要把学生领到自己的藏书室去看看，有时甚至要千方百计为学生买书。苏霍姆林斯基认为，一个人一生之中阅读的书不会超过2000本，在儿童时代和少年的早期，必须细心选择读物。帕夫雷什中学全体教师编制了一个《童年、少年和青年时期阅读的好书目录》，这份书目不断丰富，从600种增加到900种。考虑到青少年时期是人的理想形成的时期，这份书目中含有许多讲述伟大人物和英雄人物的书籍，目的是"要使那些以自己的生活榜样鼓舞过多少代人的杰出人物的形象进入每一个少年和青年的理智和心灵"。苏霍姆林斯基十分重视文艺著作，因为文艺著作是"生活的教科书"（车尔尼雪夫斯基语）。

教师还要帮助学生家庭建立学生个人的藏书室，培养家庭的读书氛围。帕夫雷什中学全体老师确定了一个家庭应有的最低限度的藏书目录，以供家长以及不同时期的学生去阅读。为了提高家长的文化素养、家庭教育水平，苏霍姆林斯基为家长编辑了一本《人的世界》的文选，其中关于童话、儿童读物的材料占很大的篇幅。

家庭书籍世界

苏霍姆林斯基十分重视家庭教育。他认为，"最完备的社会教育是学校—家庭教育"。没有家庭教育的学校教育和没有学校教育的家庭教育都不可能完成培养人这一极其细致而复杂的教育任务。良好的学校教育是建立在良好的家庭教育之上的。他科学地指出，人的幼儿时期是一生中最为敏感的时期，在这个时期若得不到良好的家庭教育，日后就很难弥补。父母是孩子的第一任老师，父母若放任孩子不管，孩子恶习一旦养成，学校不知要花多少时间和精力来对他进行"再教育"，这对孩子和学校都是巨大的损失。

在家庭教育中，家庭的智力气氛对于儿童的发展具有重大的意义。儿童的一般发展、记忆，在很大程度上取决于：家庭里的智力兴趣如何，成年人读些什么、想些什么，以及他们给儿童的思想留下哪些影响。他要求家长知道："你们的孩子的智慧，取决于你们的智力兴趣，取决于书籍在家庭精神生活中占着怎样的地位。"因此他要求家长自己不仅要读书，要为孩子读书，还要为自己的孩子建立个人的藏书室。"没有书籍，没有一些藏书的家庭，往好处说，不能对学校教育有任何帮助，而往坏处说，这样的家庭环境会使儿童变得头脑迟钝，会限制儿童的智力发展，而学校则不得不花费巨大的努力去补偿家庭智力兴趣的这种缺陷。"他要求家长每一个月至少为孩子买一本书。帕夫雷什中学的小学生在小学毕业时，每个学生都拥有150多本书，有的孩子甚至拥有四五百本书。

（发表于《中国教育报》2004 年 9 月 30 日）

我心目中的教育"圣经"

在西方，《圣经》几乎家喻户晓，妇孺皆知，因为它是基督教的经典。我们教育界有没有一本书，拥有像《圣经》一样崇高的地位和广泛的影响力？好像没有。但是如果有，我会毫不犹豫地首选《苏霍姆林斯基选集》！

苏霍姆林斯基（1918—1970）是苏联当代著名的教育理论家和教育实践家。他 17 岁师范毕业到农村小学当教师，39 岁成为俄罗斯教育科学院的通讯院士。在他的领导下，帕夫雷什中学，这座在二战中被德国入侵者破坏、夷为废墟的农村普通学校，迅速成为誉满全球的教育圣地。来自世界各地的教育研究者、校长和教师，络绎不绝前往参观考察、学习研究。他一边紧张地工作，一边深刻地思考，一边勤奋地写作，在短短的 52 岁生涯中，撰写了 41 部专著，600 多篇论文、1200 余篇童话故事等文学作品。《苏霍姆林斯基选集》（五卷本）是从苏霍姆林斯基众多著作中，选出最适合教师阅读的五部书的合集。它包括《帕夫雷什中学》《给教师的 100 条建议》《公民的诞生》《把整个心灵献给孩子》《如何做一名好校长》。

2002 年，我有幸到上海华东师范大学教育科学学院进修。这是我多少年来梦寐以求的事情。1986 年 8 月，我从芜湖师范学校毕业，到家乡农村中学——周皋中学工作，从此开始了我的教育生涯。2002 年，我已经工作了 16 个春秋，有一些教育教学实践经验，也取得了一些荣誉，但是我对教育教学中许许多多问题百思不解，我的教育教学也徘徊不前。我是带着很大的困惑和强烈的求知愿望走进美丽的华东师范大学校园的。正是在这里，美丽的丽娃河畔书店里，我遇到了厚厚的《苏霍姆林斯基选集》。这是我有生以来最美的一次际遇。

《苏霍姆林斯基选集》反映了苏霍姆林斯基人格的崇高。苏霍姆林斯基曾经立下铮铮誓言："我要留在农村，这是我的誓言，也是我的信念。我不能违背自己的誓言，也不能背叛自己的信念。"苏霍姆林斯基将一所破烂不堪的农村十年制学校变成举世闻名的模范学校，他成为当时苏联最著名的校长。于是很多城市的名校、大学、教育研究机构想聘请他工作，他有很多机会脱离农村这个"恶劣"的环境，可是他不为所动，一一婉言谢绝，放弃这些大好机会。他在农村一干就是 35 年，直至生命的最后一息。他说："一个人应当为了人民的幸福而活着，应当成为播种者，应当留下永存的价值。"这是他崇高的人生理想。读之，我不能不为之感动。时下，正值我国教师"孔雀东南飞"的热潮，中西部偏远地区的教师纷纷"飞"到发达的江浙沪一带。我国中西部，特别是农村学校本来就缺乏教师，尤其严重匮乏优质教师，东西部教育严重失衡，教师这样不合理地"流动"，不更增大了东西部的差距？比照苏霍姆林斯基，怎不让人百感交集？

20 世纪末，我国高张素质教育大旗。21 世纪初，我国教育进入新一轮基础教育课程改革。可是，什么是素质教育，课程改革改什么、怎么改，理论家争来争去，众说纷纭，广大教师不知所措。阅读《苏霍姆林斯基选集》，有一种醍醐灌顶的感觉。苏霍姆林斯基提出"和谐发展"的教育理论，要使中小学生在德智体美劳等方面全面和谐发展，且发展达到一定深度。苏霍姆林斯基特别强调"劳动"在促进学生全面和谐发展中的积极作用，这是我们现行教育比较缺乏的一个方面。如果我们能使中小学生在这五个方面全面和谐发展，那么中小学生的素质也就会日累月增，逐步提升。我想，这实际上也就是我们当今所提倡的"素质教育"吧？

除了上述内容之外，苏霍姆林斯基在这套书中，分别论述了"如何当好一个学校校长""如何做一个出色的好教师""教育如何培养祖国未来的公民"等三个相互关联的重要教育论题。苏霍姆林斯基对这些问题的论述，绝不是泛泛而谈，而是有极强的针对性，深入浅出，将严谨的科学性和庄重的情感性融为一体，达到以理服人、以情动人的效果。这本书，对一个已经从事了 16 年教育教学工作的我，不啻拨开迷雾，指明了正确的前进方向。

从 2002 年开始，又过去了 7 个年头，这期间我一直不断地翻阅《苏霍姆林斯基选集》。它是我教育的百科辞典，是我一辈子吸取不尽的思想源泉，是我心目中的教育"圣经"。

（安徽省读书征文获奖作品，收录于安徽省新闻出版局 2009 年 7 月出版的《心灵的家园》）

读本土作家

浓郁的风情　隽永的诗意

——朱幸福小说《浪漫的代价》漫评

朱幸福的小说，就篇幅而言，以短篇见长。虽然一朵浪花，体现不出长江的壮阔，但是许许多多的浪花汇聚起来，也足以反映时代风云。读他的小说，不能仅仅局限于孤立地读，而应该将它们联系起来，这样可"以一斑略窥全豹"。他生于农村，长期从事农村教育工作，这两个领域成了他创作的"根据地"。可以说，他的小说有的是对鲁迅先生开创的"乡土小说"的传承，有的是对叶圣陶先生"教育小说"的延续。当然，朱幸福的小说，还不囿于此，他还有其他领域，诸如当代官场、现代历史，等等。不难看出，朱幸福小说的题材涉及面是相当广阔的。

朱幸福的小说继承了我国文学的传统风格：朴素敦厚，婉而微讽。本书名有"浪漫"二字，可是全书几乎没有文学的"浪漫性"。他走的是现实主义创作之路。他娓娓道来，不着意雕琢，简练传神，三言两语就将一个人物写得栩栩如生，深得我国小说"白描"精髓，或者鲁迅先生所说的"画眼睛"的笔法。这种笔法看似平易，不惯于写作的人不能深味此笔法的功力。

此之谓"绚烂之极归于平淡"（北宋大文豪苏东坡语）。小说在平静的叙述中，隐藏着作者的匠心，寓庄于谐。你看《班干扩编》也好，《老马钓鱼》也好，这些篇什，表面上看好像很有趣，只是逗人一笑。如果仅仅一笑了之，我们怕要辜负了作者的苦心。其实作者是个严肃的社会思考者。这就有点儿像鲁迅先生的短篇小说。在写作技巧方面，我们还可以看到朱幸福对我国现代农村小说的继承。我们读《大官圩风情》，自然而然想起了赵树理著名小说《小二黑结婚》。这篇小说以人物为核心，每个章节单独都可以成短篇，但是它们又有千丝万缕的联系，合成一个有机而完整的中篇，展示着大官圩的整体风貌，进而反映那一个时代。小说中有机地穿插着大量的当地民歌，使小说染上浓郁的水乡地域特色，也使小说富于隽永的诗意。我们读《水镇歌谣》，很容易想起《李有才板话》。

作为中国当代青年作家，如果仅仅做中国文学传统的守护人，恐怕就未免太狭隘了。朱幸福可不是这样的作家。他既守正（保持民族文学风格），又出新。如《通车典礼即将开始》，以一个普通桥工为明线，将他的妻子生小孩作为暗线，两线交织，将"小事"叠放在"大事"上：芜湖长江大桥通车典礼即将开始。情节跌宕，所谓尺水波澜。篇幅虽短，但是小说的意蕴丰富、深厚，真是一篇思想性、艺术性完美结合的佳构。《最后一只东北虎》可以说是篇警世的"寓言小说"。书中第五辑"探索园地"集中展示了朱幸福苦心孤诣、多方探索艺术道路的触角。《父子协议》《听课记录》可以说是"荒诞小说"；《女人的直觉》是"感觉派"小说；《古松·女人和蛇》涉及人的心理，甚至是非理性心理，人的无意识、潜意识，是典型的"意识流"小说。这种多样化的艺术探索，预示着朱幸福广阔的发展前景。

朱幸福出版他的第一本著作《太阳雨》（1996 年出版），是对他大约十年文学创作成果的汇展；他的第二本著作《水乡流韵》（2001 年出版），是他五年文学创作成果的展示；他的第三本著作《浪漫的代价》（2004 年出版），是他最近三年文学创作成果的亮相。这三本书，记录着朱幸福迅速成长的坚实的脚步。

（发表于《芜湖日报》2005 年 3 月 30 日）

诗文争艳　灿烂芜湖

——"文学方阵·芜湖县"散文诗歌欣赏

2011 年《安徽文学》第 8 期，箭步走来了我们芜湖县文学方阵。我县文学方阵由 30 位作家（作者）创作的 30 篇作品组成，可谓闪亮登场，令人振奋。按文学体裁分，这支方阵分为三块，先锋是"散文方队"，中军是"小说方队"，压阵是"诗歌方队"。我怀着喜悦的心情，一读再读。每读一次，就像是和新老朋友会一次面。倾听他们的故事、心声，真是美妙的享受。这里先说说散文、诗歌给我的深刻印象。

散文方队有十二位老中青作家的作品。王志凯、张梅、鲍仕敏、李光菊、张勤、吴云峰、章荣忠、徐玮、陶玉翠、吴坚豹、赵学梅、赵平，他们怀着独特的生活经历、以各自独有的话语方式向我们一一走来。

读他们的散文，强烈感受到作品中流露的鲜明个性。我似乎能推想出作者说话的语气语调，以及伴随着的一颦一笑、一举手一投足。老作家王志凯峻急，赵平宽厚，徐玮豪爽，赵学梅质朴，吴坚豹细腻，鲍仕敏冷静缜密，吴云峰果断理性，章荣忠平易和善，李光菊雅致敏感，张梅专注忘情，陶翠玉灵动端正，张勤朴实纯真。"风格即人。"他们的散文都有自己鲜明的风格，这是作品成熟的标志。

现代著名作家郁达夫说："现代的散文，却更是带有自叙传的色彩。"这十二篇散文，有一些是带有浓郁的"自叙传的色彩"，比如张梅的《纸时光》、李光菊的《春上花枝》、张勤的《记忆中的小巷四季》、徐玮的《酒趣》，这些都是作者自己真实生活的艺术写照。而有的作品，比如吴云峰的《只吃粉丝，不做"粉丝"》、赵学梅的《忆荆山石壁》、赵平的《心存感激》，虽都带有个人或多或少的切身经历，但不纯是"自叙传的色彩"。吴云峰的散文放射着社会现象评论色彩，赵学梅的带有地方古迹变迁史的色彩，赵平的呈现出人生感悟色彩。还有几篇，比如王志凯的《梧桐细雨挽词魂》、鲍仕敏的《才女的悲凉与无奈》、吴坚豹的《我的母亲》、陶玉翠的《时常想起可爱的老杜》、章荣忠的《回家的小丁丁》，是叙写他人、他物，或者历史名人，或者是自己的亲人，或者是宠物，作者将自己的情思融化在字里行间，是

231

"借他人酒杯浇自己块垒"，折射出社会的五光十色。我们可以发现，我县散文取材比较广泛，绚丽多姿。

"文学是语言的艺术。"散文方队里的散文，语言准确生动简练，又各有特色。张勤、陶玉翠的散文本色自然。陶玉翠擅长叙事写人，将老杜这个人物形象写得栩栩如生；张勤工于写景，小巷四季风景如画，给人印象鲜明。鲍仕敏和张梅的语言均自然流畅。鲍仕敏的冷峻深刻，而张梅的温润富有诗意。你看，张梅散文的最后一段结尾："而我，多么喜欢有一天也际遇这样的纸，做一回汉唐女子，临轩窗，细描画，红笺小字，说尽平生意。"这一句话，如果分行，不就是一首形象而有意蕴的小诗？赵学梅和李光菊的语言，整散结合。赵学梅的素雅，李光菊的富丽。我们来欣赏一下这两位的妙词佳句。赵学梅喜欢整句写景："站在寺前眺望逶迤的江面，水波粼粼，帆影点点；俯瞰近景，野花遍地，山色秀丽。"李光菊的散文结尾，有点像散曲："待到野蔷薇如裙裾散开、流瀑飞落，槐树结满白色珠串，春日已是迟迟。却原来姹紫嫣红开遍，一季倏忽，锦瑟流年，韶华时光，同落花流水远去，不复得见。"吴坚豹、吴云峰和章荣忠的语言口语化。吴坚豹的富含情感，吴云峰的简洁明快，章荣忠的意味深长。徐玮的语言干练豪气，带有古白话的特点，老辣幽默，与众迥异。赵平工于对偶排比，语言似格言警句："感激，让人性更善良，让人格更完美，让心灵更温馨，让生活更充实。"王志凯的语言，又别有一番风味。他的语言似钢珠连发，情感饱满分明，语气坚硬急促，打在读者的眼球上响当当的，流进血液里火辣辣的。他能将俗字用奇。我们来品尝一段："没料到这个女人生命的最后20年里，如此的潦倒和孤寂。偌大的王朝任凭这个憔悴无助的女子，将盛满苦愁和酸楚的心，腌在寂寞的深渊。最后在秋风苦雨，没有子嗣，没有亲人，没有指望的男人，生命的细胞中浸满了苦涩。'寻寻觅觅，冷冷清清，凄凄惨惨戚戚'，'晚来风急'印证了她的归宿。"这段中，一个常用的"腌"，一个常见的"浸"，可以说力透纸背，将女词人李清照无尽的悲苦刻画得多么形象、多么沉痛！

我钦羡各位作家深厚的生活积累，还惊诧于他们丰厚的学养。没有潜心读透李清照的作品、人生，没有成为李清照的异代知己，王志凯先生是不可能"还原"李清照酸甜苦辣、悲喜交集的一生。不喜爱萧红、张爱玲的作品，鲍仕敏是深味不到她们的寂寞情怀的。《忆荆山石壁》显示出赵学梅先生深厚的史学功底。从《春上花枝》，不难看出李光菊长期浸润于古典诗词。《记忆中的小巷四季》流露出张勤对《红楼梦》的痴迷。《纸时光》流淌着张梅热爱读书的嗜好。正是勤奋好学，才有陶玉翠的《时常想起可爱的老杜》。这一系列的作品，让我们明白，为什么我县的散文实力强大，是因为他们一方面勤于摄入丰富的现实生活养料，又善于汲取丰厚的经典文化精华。

《安徽文学》特约编审苗振亚、编辑李国彬和何冰凌，对我县散文给予较高评价："文字讲究，书卷气浓烈，显示出起点之高。"这几点都不是溢美之词，而是客观中肯的评价。

其实，我县的诗歌"起点"也很高。这次"文学方阵"里，收录七位作家（作者）的七篇诗歌：胡爱青的《井冈山》、凤凰鱼飞的《时光沉默于一段回忆》、周起的《昭君出塞》、张桂平的《有一个姑娘在歌唱》、王霆的《咏华山》、龚卫国的《江南女子》和翟光平的《最美不过夕阳红》。这七篇诗歌均是现代自由诗，其中王霆的《咏华山》借鉴了我国《诗经》的传统形式，重章复沓，一咏三唱。这些诗歌组成一部美妙的交响曲，悠扬宛转，气势磅礴。这部交响曲以"红歌"《井冈山》开篇，锣鼓喧天，革命豪情直上霄汉；接着《时光沉默于一段回忆》，恰似小夜曲，以独特的意象组合来传达一段个人的伤感；《昭君出塞》好似长号从历史的纵深走来，像黄河九曲，把惊心动魄的美丽流传在异域、中原；《有个姑娘在歌唱》似短笛婉转悠扬，轻快亮丽，将我们领进"新时代"，让人沉醉在今天和谐温馨的"好日子"中；《咏华山》鼓乐齐鸣，节奏分明，气壮山河；《江南女子》似一支江南的田园牧歌，在细腻的小提琴上涓涓流淌；《最美不过夕阳红》恰似"欢乐颂"，瑰丽辉煌而又憧憬美好的明天。

说不尽这些美文佳作的奇妙。在我们芜湖县，在这个日新月异的新世纪头十年，它们是园地里的奇花异朵，香飘四溢；也似天空上的灿烂星河，熠熠生辉。

（发表于《芜湖日报》2011 年 10 月 12 日）

现实主义：碧水东流至此回

——"文学方阵·芜湖县"小说欣赏

青弋江，青青一江水。我常常穿街走巷，登上县城防洪墙，远眺逶迤的河道，欣赏她的美。特别是汛期，青弋江就变成"黄弋江"了，她好像发了疯，我几乎天天探望她。上游水面一个黑点隐约而来，那是什么呢？它渐渐向我的脚下滑来，近了，近了。我猜想了很多，结果都不对，原来这个黑点变成了一块门板。那是谁家的呢？这家遭了水灾吗？……我正浮想联翩的时候，它游到我的眼皮底下，打一个旋，转一个弯，又向下游漂去。它渐漂渐远，又成了一个黑点，消失在波光闪烁之中，又不知到哪儿逗留去了，或者被什么人捞起来……又是一个黑点蜿蜒而来，这又是什么呢？噢，它翻滚着，翻滚着，原来不是皮球，而是一段枯树根，它又怎么滚到水里去啦？是躺在河岸边睡着了，不知道水涨，一夜之间被拽到浑水里去了？你自恃立场坚定，常在河边，一时疏忽，被来势汹汹的山洪裹挟下水……它滚到我的眼皮底下，打一个旋，转一个弯，又向下游滚去，越滚越小，凝成一个黑点，消失了。它会滚到哪儿去呢，落在谁的手里，成了根雕，还是做了锅灰……

这是阅读小说时，我的一点触发，一段联想，一个印象。文学家们说生活就像一条河流，当然生活之河比世界上任何一条自然河流都长，都宽，都多变，都汹涌，都波涛诡谲。文学艺术，特别是短篇小说，往往截取生活之河的一小段，尤其是弯弯曲曲的一段，作为原型，然后进行艺术虚构，使生活弯道再一次变形弯曲，创作出"熟悉的陌生品"。今年《安徽文学》第8期推出了"文学方阵·芜湖县"，含有我县11位作家（作者）创作的11篇短篇小说。对我来说，它们就像我眼前青弋江的这一段，是个"熟悉的陌生品"。

从小说的母题来看，这11篇小说不是反映"美与丑"，就是叙写"爱与恨"，没有写到"生与死"的战争题材。它们是当今和平时代的一个合唱队。它们大多数取材于不远的现实生活，只有《孟姜女新编》取材历史传说，显示一点别样的色彩，其实它们都是现实主义文学作品。

这些短篇小说，既继承了传统的现实主义，又不墨守成规，在艺术形式上与之有别，显示了我县小说创作理念是与时俱进的。传统小说一般采用全知视角，叙述者就是上帝，无所不知无所不晓无所不能。他有千里眼，可以同时观察到两个相隔万里的地点发生的不同故事；他像善变的孙大圣，变成一个飞虫，从一个人的嘴巴里出来又钻进另一个人的肚子，成为他们每一个人的知音，知其所想，知其所忆，甚至知道他们的潜意识。这样的小说一般以第三人称"他"来叙述。我县小说方队的大多数作品就是如此，而《愤怒的羔羊》采用第一人称"我"来叙述，变全知视角为有限视角，显示了当代小说叙事视角多样化发展的格局。此其一。其二与传统小说有别，这些作品均客观冷静的陈述和呈现，作者隐藏在"叙述者"的背后，保持最大克制，

234

坚持"零度介入"原则。你读这些作品，就好像旁观你身边发生的生活故事一样，作者好像消失了。传统小说中，作者时不时直接进入你的视野，品头评足，抒情指点，流露"批判"色彩。其三，传统小说依靠尖锐激烈的外在矛盾冲突来展开故事情节，我们这里的小说，大多"不好看"，因为没有曲折有趣、惊心动魄的故事情节。比如长海的《意外"中奖"》，直接出现的就是一个人"A"，连名字都没有，小说只是叙述了 A 心思的反复"摇摆"，如此而已。朱韵的小小说《窗外》，除了"女孩"在开头作为背景人物出现，后面就全是"男孩"的戏：由于单恋"女孩"，在离开之前的最后一个月明之夜，他在她的窗外徘徊、发呆、痴想，读者想寻觅一点浪漫情调，影儿也没有。这篇诗意小说，使我想起著名诗人卞之琳的一首名诗："你站在桥上看风景／看风景的人站在桥上看你／明月装饰了你的窗子／你装饰了别人的梦。"朱幸福的《面子的代价》出现了冲突不可调和的两方，但这个作品在这一点上又与传统有别，它采取外聚焦，不对人物心理进行透视，就是通过人物的语言、动作来塑造人。这篇小说叙述得很有意思，小说中消防队马队长只有三言两语，他就好像是坚守法律城门的忠诚卫士。王经理的哀求不能使他动心，老同学的逼迫不能使他退让半步，在现场办公会上，县委常务副县长、分管副县长、各相关部门的局长一致谴责他，他仍然坚定不移，说出了一句振聋发聩的话："我们不能执法犯法，更不能拿群众的生命当儿戏！"他是个孤独的战斗者，像我国古代的墨子，又像《老人与海》中的那个老渔夫，他是中国的一个硬汉。尼采曾说，世界上最有力量的人也是最孤独的人。最后王经理、浙商们采取"网虫"发帖、爆打投诉电话、发动大舞台职工及其家属群体上访等多种方式，制造舆论，扩大事态，迫使县委、县政府调走马队长。我的脑海里浮现出这样的一幕：面对涨势凶猛的洪水，马队长犹如坚不可摧的城墙闸门，你可以压迫我，冲撞我，漫过我，你可以打败我就是不能屈服我，我要死死坚守阵地，寸步不让，因为我的后面是"群众的生命"！可悲的是，我们自己人故意调虎离"闸"，趁他不在，开闸放水，结果水漫金山。

　　《记忆永恒》《窗外》《步行街这边的一个出口》三篇作为恋情小说，放在一起，真是饶有情趣。《记忆永恒》叙老同学重温昨日的初恋，《窗外》诉难以割舍的单相思，而《步行街这边的一个出口》里多年恋爱者面临分手的危机。《步行街这边的一个出口》，作者陶庭华以"出口"这一独特空间作为小说的结构点，于元和梅英这两个主角，自始至终"坐在步行街这边的一个出口处的一条椅子上"，过去的事情是通过插叙或者于元的回忆有机地植入叙述链中。他们坐在"出口"这里小声交谈，话里有话，不冷不热，若即若离。时间对于他们而言仿佛凝固了，虽然巨大的花钟每隔半个小时就会响一次，含有"坐得太久了，走吧"的提醒意味；天上下小雨了，有逼他们快点"分手"之意；接二连三的手机振动，"唤"她快点离开；步行街游人如织，正等着他或者她离开，窥伺他们的座位，急切"补位"。他们来到了这个"出口"，在这个关键点上，下一步该怎么走，是重归旧好还是痛苦分手，他们内心很微妙，也很矛盾，于是就"坐"在这个出口处的椅子上。小说以他们坐在出口处椅子上始，以他们坐在出口处椅子上终。这篇小说显示了对空间结构艺术的追求，以富有隐喻意味的细节描写见长，流露出淡淡的现代主义光彩。

《收礼风波》《借光》《许诺》和《孟姜女新编》，主题多元不一，但有一个共同点：聚焦社会腐败问题。胡宝妹的《收礼风波》恰似一幕十分钟的"室内剧"，一家三人个个活灵活现，性格鲜明。特别是主人公李虎，更是一个"圆形人物"，他能干又暴躁、秉公执法、严于律己、光明磊落、正气凛然。这一性格有着坚实的土壤，他是人民公安干警，有个温馨的家，更难得的是有个贤内助。而《许诺》中局长马成林的妻子正好相反。马局长的堕落，固然有其自身原因和其他原因，但是他的妻子难辞其咎。《借光》则将老县长与新任的汤副县长对照，一廉一贪，美丑互现，褒贬自在其中。陈尚前的《孟姜女新编》虽以小说面世，但将之看作独幕剧未尝不可。小说第一段交代时间、地点、人物，接下来各段就是人物之间的对话，"密谋"对策。三位负责修筑长城的官吏——其实他们正是"挖"长城墙角的罪魁祸首。孟姜女不幸千里寻夫，又无辜成了他们的替罪羊。这个作品，让人自然想起鲁迅先生的《故事新编》，是孟姜女故事的"新编"，也是新编的"孟姜女故事"。三位大人，承办伟大工程修筑长城，说的却是现代人的话。它古今杂糅，亦古亦今，别有一种美学品格，有的是冷眼静观，而没有鲁迅先生辛辣的讽刺幽默。

如果以上这些小说可以称为"正剧"，那么《丑石》与《意外"中奖"》就是悲剧、喜剧。鲁迅先生说："悲剧就是把人生有价值的东西毁灭给人看，喜剧就是把无价值的东西撕碎给人看。"《意外"中奖"》是幕滑稽幽默的"轻歌剧"。作者精心选择了一个合适的叙述人，他有文化，情感外向，风趣幽默，这使整个作品带有轻快的调侃的喜剧情调。小说中的人物A，也是一个颇有喜剧色彩的人物。他是个普通公务员，曾受过骗，但贪性难改，对这一次意外的中奖，既担心再次被骗上当，又经不住 16 万元意外之财的诱惑。小说竭尽摇摆之能事，将 A 的心理、神态、动作淋漓尽致地加以暴露。我们来欣赏一段："他心里突地弹了一下，忽然就蹦出'碰碰瞧'的念头来，便用指甲轻轻划着'刮奖区'，小心翼翼地，一点一点地刮，生怕一不小心会把数字刮掉，那样的话，如若中了大奖，岂不抱憾终生？银灰色表层被慢慢清除了，'二等奖'字样兴奋地跳了出来，紧紧吸住了他的眼球，他不由得暗暗惊喜，啊！真中大奖啦！这种惊喜的冲击力，可从来没有体验过，太激动人了，太震撼人了。他把刮奖卡连同宣传单一并装回信封，放进褂子下边的口袋，又在外面用手按了按，看是不是真在口袋里。这才宽心地点上一支'云烟'，快活地抽了起来。"这里细节描写十分精彩。读着读着，我脑海里一下子冒出葛朗台的形象。A 看见"二等奖"，就像葛朗台看见金子一样，眼睛放射出贪婪的绿光。这真是"把无价值的东西撕碎给人看"的妙品。我边读边笑，边笑边读，我笑看 A 风尘仆仆，踏上了领奖的漫漫长路，我也将耐心等着他的回来，用笑眼凝视他干瘪的空囊。张成华的《丑石》，就让我无法笑起来。丑石，是一个刚刚走上讲台的青年教师。他血气方刚，有正义感，有爱心，有责任心，有上进心，勤劳朴实，且多才多艺。这样一位好教师，上帝给他定制了武大郎的外形，姑娘们不屑与他谈恋爱，就这样的人还有绯闻，结果遭了顿毒打，被"发配"到更偏远落后的小学教书，最后高高的砖堆狠狠地夺去了他的生命，寂静的青叶江永远陪伴他。这个可以有所作为的青年就这样一步一步被毁灭了，也一点一点释放出强烈的"丑"的美学力量。这篇小说中低沉、悲伤的箫声作为主旋律的低声部，如泣如诉，如怨如慕，笼罩全篇，增强了小说的悲剧氛围。

　　现实主义思潮，是条奔腾不息的长河，孕育出无数奇珍异宝。但有一个时期，大概是 20 世纪 90 年代吧，一方面受西方现代主义潮流的冲击，另一方面恰逢我国社会处于转型期，现实主义在我们周围逐渐被边缘化。失去了现实主义传统，小说有可能自我放逐，被边缘化。现实主义是极有生命力的，它经受住了历史的检验，而今又有回归主流之势。我县小说义无反顾地投入到现实主义大潮之中，不断探索，奉献给我们一篇又一篇新鲜的艺术佳作。

（发表于《芜湖日报》2011 年 11 月 23 日）

杂 读 随 笔

我心中的"白天鹅"

2001年6月的一天，我忽然收到《教育文汇》（2001年第5期）。随手翻了翻，就放起来了。过了一个多月，暑假没事，我随手将这本杂志又拿出来浏览。我先浏览目录，嘿！我竟然发现了"范金豹"，我想这个作者也许是和我同名？我急切地翻到刊载这篇文章的第29页，从头至尾细细地看了一遍，才敢确认这篇文章确实是我写的。我发表文章啦！几个月以后，我收到了六十元稿费。想想那时教师的工资还不怎么高，六十元稿费，相当不错了。

2004年12月，我有幸被《中国教育报》评为"2004年度十大读书人物"。次年5月，《教育文汇》主编来采访我。那天气温比较高，他不顾炎热和旅途疲劳，立即进入工作状态，与我交谈，为我拍照，忙了2个小时。已经是中午快12点了。他说要赶到外地去采访，且执意要走。7月中旬，我又接到《教育文汇》编辑部的邀请函，参加《教育文汇》笔会。2001年，我与《教育文汇》第一次邂逅，时隔4年，又再次握手。

此后我积极向《教育文汇》投稿，《教育文汇》在2005年的第10期、第12期和2006年的第8期刊载了我的文章。这是我向《教育文汇》回报的一种方式。在2006年又一次笔会中，我真诚地向《教育文汇》致谢并提出我对《教育文汇》的改进意见。此外，我在不同场合向广大教师热情推荐《教育文汇》，鼓励教师向它投稿。因此《教育文汇》在我所在的芜湖县逐渐被更多的教师认识，并已经走进我们许多教师的心中。

伴随着新年愉快的脚步，《教育文汇》2007年第一期也悄然来到我的办公桌上。将之与《教育文汇》2001年第五期相对照，你一眼就会感受到，五年多来，《教育文汇》完成了脱胎换骨式的蜕变，实现了精神升华。《教育文汇》2007年第一期封面是一池碧波荡漾的春水，有两只黑鸭子悠闲地浮在水面上。可是它们在我的眼中不是黑鸭子，而是白天鹅。对，现在的《教育文汇》在我的眼中就是一只俊俏的白天鹅！

细细比较，《教育文汇》实现了"四化"：一是阅读对象特定化。《教育文汇》逐渐将阅读对象锁定中小学教育工作者。现在的《教育文汇》删去与中小学教育无关的栏目和内容。正如郑板桥的诗句："删繁就简三秋树，标新立异二月花。"二是文章内容趣味化。2001年第5期《教育文汇》有很多言论性的文章，而现在的《教育文汇》除了"月谭"栏目里还保留了这类风格的文章，其他栏目均是以叙事为主、富有故事性的教育美文，趣味浓，可读性强。这些美文，像一杯清香飘飘的茉莉花茶，像一枚温润剔透的碧玉，像一泓潺潺的跳跃的山涧溪水，像一幅中国清新淡雅的水墨画，像一首悠扬明丽的田园牧歌。三是形式精致化。标题上下画一两道细细的精致的黑线，好像飘浮在纯净洁白的水面上的帆船，与旁边的插画相得益彰。它们配在一起，好像中国传统的白描画，简洁、灵动、美观，赏心悦目。从封面封底、纸质、页眉页脚、字体等等，几乎处处都蕴含着《教育文汇》人的匠心。《教育文汇》人在一切细微之处都追求精致化，读者不管从什么方面看，都感觉到一个"美"字。四是品位高雅化。这是前面"三化"的综合效应，也是《教育文汇》人长期不断追求的结果。

5年多来，《教育文汇》钟情于我国的基础教育，特别关注普通教师的教育生态，为千千万万平凡的教师默默奉献，它追求文章的教育性、通俗性、趣味性、艺术性，裁去新闻的严肃性，砍去广告的商业性。它犹如出水的芙蓉，逐渐超凡脱俗，变得气质高雅。然而这种高雅，又并非阳春白雪，曲高和寡，而是寓教于乐，雅俗共赏。

（发表于《教育文汇》2007年第6期）

迷人的《锦瑟》

李商隐的《锦瑟》，好像数学王国中的哥德巴赫猜想，千百年来，引发了我国多少文人学者的猜想，迄今不知有多少种解说，比如"或者被说成是李商隐对锦瑟的吟咏（咏物说），或者被说成是瑟声适、怨、清、和四种情调（情调说），或者被说成是对一个叫锦瑟的丫鬟的隐情的表达（咏人说），或者被说成是追忆旧欢之作（怀旧说），或者被说成是对亡妻的怀念（悼亡说），或者被说成是对他自己全部创作的概括（诗序说），或者被说成是寄内、思家之作（思妻说），或者被说成是对一种美的形式的表现（形美说）等等"（杨朴《＜锦瑟＞典故的符号学批评》）……这么多说，有没有一点道理？或许多多少少有一点，但又不能令人信服。因此，它依然是个"谜"。

有些人仅仅抓住这首诗的只言片语，然后在作者坎坷的经历中去捕风捉影，并将这"风"这"影"作为这首诗歌的主旨。这样读法，是不是有点儿像盲人摸象？我们能不能跳出这种"猜谜式"的传统解读方式？

《锦瑟》好似万花筒。首联、尾联是万花筒的筒身，窥视孔就是"华年"，作者的心灵就是镜片，颔联、颈联就是万花筒内五彩缤纷的碎片。读这首诗，要好好玩味文本的语言，领略其独特美妙的言语世界——变形镜里的虚幻情景，千万别打碎万花筒，去探看筒内置放的"实物"——这样做，"实物"一览无余，可诗意烟消云散。

这首诗歌题目"锦瑟"值得玩味一番。瑟，通常二十五弦，也有五十弦的，太纷繁复杂了吧。什么样的人能弹奏这么复杂精妙的乐器？大约只有心灵手巧的女子吧。瑟，在古代表演时通常与琴形影不离吧，琴瑟和鸣，悦耳动听，因此人们常琴瑟连用，一起称呼。因此，"琴瑟"就获得了一个比喻义，比喻为夫妻恩爱和谐。可是这首诗歌里，只有一架"瑟"，那把"琴"呢？"瑟"着一"锦"字修饰，可谓图纹精美。这锦瑟，就显得华美高贵，非大家闺秀，焉能享有？诗歌题目可以让我们浮想联翩：这锦瑟静静沉默在雅室内，冷冷清清，这弹奏锦瑟之妙龄女子哪儿去了？她究竟是谁？她弹奏的美妙乐曲"人间能得几回闻"？

这首七言律诗，采用了回忆文章通常的"三层式"结构：第一层首联：睹物起思，见锦瑟而思华年；第二层颔联、颈联：沉浸在回忆之中；第三层尾联：追忆结束，流露回忆之情。这种结构真的是司空见惯，可它平中见奇，俗中见雅：第一层、第三层的语言，虽说是诗句，无异于口语白话，颇为通俗。易懂乎？有人自以为一望而知，其实有必要好好揣摩一番。可是中间第二层，真是异军突起，想从天外，古今并无第二人如此写诗，若李白、李贺再世，大约也要自叹弗如。这里每句都采用典故，一首诗歌里，连用这么多的典故，浑然天成，意境绚丽迷离深邃，是空前的，可能也是绝后的。它采用典故，又不同于常见的用典之法。一般的诗句用典，或借用典故之意委婉地表达自己的情思，比如辛弃疾的"廉颇老矣，尚能饭否？"或者引用典故渲染奇特的效果，比如李贺《李凭箜篌引》中的诗句"女娲炼石补天处，石破天惊逗秋雨"。读者理解了典故，即可明了作者的表达思想。这首诗却另辟蹊径，采用"化典取象，以象取义"之法：李商隐以原典里的意象为原料，匠心独运，独出机杼，创造出崭新奇异的意境。或者说，他先"解构"原典，而后重新"建构"。一见这里用典，就采用常规之法理解，这是套板反应，自以为"得也，得也"，其果真得也？或许谬以千里。

首句"无端"值得玩味。怎么好好地觉得锦瑟五十弦就"无端"呢？这"无端"之情，大约是作者一段时间以来，时常冒出来的一种感觉：对人事感到很多疑惑，无法理解，做出解答，似乎冥冥之中命中注定，只有无奈，叹息，闷闷不乐。比如他的诗歌《为有》："为有云屏无限娇，凤城寒尽怕春宵。无端嫁得金龟婿，辜负香衾事早朝。"一日他见锦瑟，也不知不觉冒出"无端"之感。第二句"一弦一柱"，实际上是每一根弦每一根柱，五十弦五十柱，都勾起他青春时期往事的回忆，可见往事之纷繁纷乱。"思华年"，谁在思？是作者自己。谁的"华年"？有的人不假思索，认为那一定是作者的"华年"。这里"思"和"华年"之间有一个空白，需要读者依据诗意合理填补：可能是作者的"华年"，也可能是别人的"华年"，或者二者兼而有之。如果是别人，那又是何人？不得而知，任人想象吧。有的人认为是作者的妻子，有的人认为是作者的"丫鬟"，有的人认为是作者的"情人"……

"庄生晓梦迷蝴蝶"。这里称庄子，不用庄周，而用"庄生"，"生"是暗示一个风度翩翩的青年男子；"蝴蝶"是什么？蝴蝶是一个美丽能飞的动物，是象征美貌动人的女子还是令人神往的理想？"蝴蝶"是一个一而二、二而一的意象。"迷",是说迷恋蝴蝶;迷恋蝴蝶的时候也就迷失了自己。一个"迷"字,包含了做梦者的无限热情、追求、沉醉……这是梦中之幻境,可是晓梦醒之后,感觉如何呢?大约就感到"惘然",恍然若失,唏嘘长叹。"望帝春心托杜鹃"。"望帝"是"希望"之帝,是一个年老的男子,他盼望春天来临,当春天即将离去之时,他伤感不已,以至于死后化作杜鹃,日夜悲鸣,直至口流鲜血。他把自己的满腔热情、希望托付给哀啼不已的杜鹃。杜鹃是望帝的化身,又是一个一而二、二而一的意象。这句诗包含的意蕴是:生的时候,"春心"满怀;死了之后,"春心"不已,灵魂化为杜鹃,依然悲切呼唤,以致泣血。这句诗里包含的刻骨铭心、至死不渝、海枯石烂的爱情,比作者的诗句"春蚕到死丝方尽,蜡炬成灰泪始干"还要更深一层!这两句意境,均有男性,年轻的年老的,一者青年寒士,一者贵为帝胄,是暗指作者自己吗?是抒写作者自己"华年"的人生经历吗?可能是吧。这句诗是抒写年轻时的梦想、对梦想的持续热情、梦想破灭的感伤吗?如果是,那梦想又是什么,让作者竟生死以求?如果不是梦想,那又是什么?

"沧海月明珠有泪",这是一个夜晚水景,苍茫、宁静、朦胧而凄清忧伤。在黑魆魆的、苍茫的大海上,一轮圆月洒下清辉,倒影静静沉在海底,海底的蚌悄悄张开贝壳,圆圆的珍珠显现出来,吸收着月光,流出圆圆的眼泪。这里明月、珍珠、眼泪交相辉映。这眼泪是谁的?传说是鲛人的,美人鱼的,一个美丽的女性。她为什么哭泣?为什么悲伤?是望月而思念谁呢?"蓝田日暖玉生烟",这是一个白昼山景,巍峨、荒芜、温暖而虚无缥缈。一片静寂荒芜的群山,连绵起伏,温暖的阳光普照山峦,埋在地下温润的美玉也许感受到阳光的温暖,化作若有若无的轻烟,袅袅飘浮。这若有若无的向上飘浮的轻烟,是深埋于地的美玉的化身,她渴望阳光,在回报阳光的恩惠吗?这两句蕴含着女性形象,或深沉于海底,或掩埋于地下,与光明世界相隔,似乎生活在另一世界中。她渴望日月的光明,对人间无限地思念,想重回人间而不得,悲伤而化为魂魄飘游在人世。

我觉得:颔联抒写男性——可能是作者的热情,颈联抒写女性——也许是作者对妻子的思念。这两联构成内在的呼应,似乎是夫妻之间的心灵对歌,表白各自的恋情。

跨越时空的诗词对话

"2014 中国好书"《人间词话七讲》，是叶嘉莹先生耄耋之年的智慧之花，是传承我国传统文化的精华。读之，如行山阴道上，游目骋怀，"信可乐也"。

作为"诗的国度"的公民，我们没有理由不热爱我国优秀的古典诗词，没有理由不传承我国古典诗词的美好精神。国人皆知古典诗词美妙，却与之渐行渐远。也许是时移世易之故吧。今之语文教材，阐释古典诗词时，多奉王国维先生 20 世纪初著的《人间词话》为圭臬。师者，抑或"以其昏昏使人昭昭"，岂有效乎？一百年过去了，《人间词话》哪些言论是合理的，哪些点评是有问题的，哪些又言而未明，哪些方面需要开拓等等，这些都需要一个系统的、理性的反思。叶先生这本书就是对《人间词话》的深刻反省，而又妙语连篇，美不胜收。

《人间词话七讲》基于《人间词话》，没有面面俱到，主要从两个方面来讲，一是探究词的美感特质，评价王国维的"境界说"，提出词的评价标准；二是关于王国维对温庭筠、韦庄、冯延巳、李煜四家词评说的反省，进而对我国词学进行梳理。

叶先生首先肯定王国维是伟大的，是了不起的学者。王国维之伟大，其一是其精神的伟大，他秉持"独立之精神，自由之思想"，这是学人皆知的；其二是他对词学的贡献，达到了时代的高度，并超越了时代。王国维说："南唐中主词'菡萏香销翠叶残，西风愁起绿波间'，大有众芳芜秽、美人迟暮之感。乃古今独赏其'细雨梦回鸡塞远，小楼吹彻玉笙寒'，故知解人正不易得。"王国维独具匠心，领悟到南唐中主这句词"大有众芳芜秽，美人迟暮之感"。他是怎么领悟到的，这样领悟合理吗，他一句也没有解释，但他确信自己是"解人"。叶先生现在就来给他解释，她用西方符号学的"显微结构"（microstructure）来阐释，认为王国维的这番感悟是合理的。王国维写此著作的年代是 1909 年，当时西方的符号学还没有诞生呢。类似这样的超越时代的批评，《人间词话》还有好几处。

当然，王国维不可避免地受到传统词学的限制，受到时代发展的束缚，因此陈寅恪先生说："先生之学说，或有时而可商。"叶先生说，王国维果然在词里面看见了词的美感特质："词之为体，要眇宜修。能言诗之所不能言，而不能尽言诗之所能言。诗之境阔，词之言长。"又说，他没有更好的词语来概括，就用了"境界"一词。王国维在《人间词话》开篇第一则就说："词以境界为最上。有境界，自成高格，自有名句。五代、北宋之词所以独绝者在此。"叶先生指出："王国维所说的'境界'很混乱，有时候指的是诗，有时候指的是词……用'境界'来指代历代词学家在词里边所体会到的那种词的特质，也同样很难把问题讲明白。"如何讲明白，叶先生认为，借助西方的接受美学理论、"新批评"等，可以把王国维等历代词学家说混了的词话讲清楚。

又如对南宋词，王国维独赏辛弃疾的词，而对其他词评价很低，认为"隔"。这是怎么回事？经过研究，叶先生发现，我国的词至北宋末期经历了三个发展阶段，形成了三种不同类型："歌辞之词""诗化之词""赋化之词"。叶先生认为："我们只有把词分成歌辞之词、诗化之词和赋化之词三种类型以后，才能够对各类做出适当的判断……他总是要求词要有像诗一样直接的感发，以不隔为美。用这种眼光、这种裁判的态度来衡量南宋的赋化之词，当然是'隔'，而通过思索安排来避免直白正是南宋赋化之词所追求的特色。"从这里的辨析中，我们可以发现，叶先生不仅指出了王国维词话的不妥之处，而且推动我国词学从顿悟式点评向逻辑思辨式阐释发展。

读《人间词话七讲》，我觉得，叶先生像蜻蜓，在祖国三千年的文化长廊中"款款飞"，翩翩舞，自由出入。她还像一位西天取经的女神，把20世纪以来西方的文学批评理论恰如其分地运用到祖国古典诗词的批评中来。她"到什么山上唱什么歌"，面对传统文学批评方法解释不清的诗词现象，西方的接受美学理论、新批评等就披挂上阵，甚至近几年才问世的"意识批评"（consciousness criticism）、"相关语境"（contractual criticism）等理论也闪亮登场。她真是融汇古今、学贯中西，"寂然凝虑，思接千载；悄然动容，视通万里"。透过西方文学理论这一视角，烛照祖国古典诗词，犹如通过显微镜，我们能更加清晰地欣赏到其缤纷瑰丽的意境。叶先生对祖国传统批评理论，不是全盘否定；同样，她对西方文学批评理论，也不是全盘接受。她说："西方的说法完全没有中国文化的根据，用到中国诗歌上就成了一种妄说臆说。""新批评"主张把作者完全抹杀，认为作品的好坏与作者无关，不能因为作者人好诗就好。对此，叶先生既肯定又否定："只看作者，说作者好诗就好，这是一种错误；但只看作品不看作者同样也是一种错误。"她主张：文学批评，应将看作者与看作品有机结合起来，不可偏废。

人说"熟悉的地方没有风景",可是跟随叶先生这样的超级"导游",我们对背熟的古代诗词,能领略无限新鲜的趣味:微妙的词语、新颖的结构、美妙的意境、不灭的心灵……

海瑞:古代清官的"标本"

一说到清廉,我们很自然地想起明朝初期一个著名的官员——海瑞(1515—1587)。但是,从现代视角来看,海瑞不仅是"清官"的代名词、标准,一个"经典",他应该还有新的价值,值得我们去不断挖掘。

海瑞真够清贫的。1586年,他升任南京都察院右都御史(相当于监察部长),官阶二品,是大明王朝的高级官员。1587年,他死于任上。按理说,这样的一位中央级高官,死后遗产不可计量。俗话说"三年清知县,十万雪花银"。关于海瑞死后究竟留下多少遗产,有几种说法,其中说他遗产最多的一种说法是这样说的:他留下了151两银子,绫、绸、葛各一匹。这些遗产多吗?据史书记载,海瑞的同代人一大贪官严嵩,嘉靖四十一年倒台,抄家时单是白银一项就抄出两百多万两。单白银一项,严嵩的家产是海瑞的多少倍呀!他死时,留下的积蓄竟不够他的丧葬费,结果他的同僚主动捐助,才把他的丧事给了结了。但是,在当时,海瑞去世的噩耗一传出后,南京人民奔走相告,如丧考妣。他出丧那天,南京城不少店铺主动停止营业以示哀悼,许多非亲非故的普通市民,也纷纷前往,加入到海瑞的丧葬行列。送葬的行列绵延一百多里,人们哀声不绝。这种场面大概是前无古人吧。人们把最真挚的敬意献给这位一生正直、清廉的官员。

海瑞真够清廉的。海瑞从1554年开始担任小官,福建延平府南平县教谕,一直靠俸禄养家糊口。他不请客送礼,不接受别人的一两银子的贿赂,更不用说贪污政府一两银子。他当知县时,他家餐桌上的蔬菜是他自己带仆人在衙门后面地里种的。他很少食用酒肉。据说他唯一的一次"奢侈",是为了给母亲做寿(海瑞是个大孝子),买了两斤肉,这竟被当作新闻在当时的官场上广为流传。据史书记载,海瑞临终前,兵部送来的柴金多算了七钱银子,他坚决要求算清了退回去。按理说,七钱银子算什么,可是他决不为这点蝇头小利,毁了自己的一世清白。

海瑞真够正直的。他始终不渝的人生信条有两条：一条是"四书五经"阐述的君子道德原则，一条是洪武皇帝制定的政策法令。海瑞一生宦海浮沉33年，三次被罢官。与其说他当官出名，不如说是罢官成就了他的后世美名。现代历史学家吴晗写了历史剧本《海瑞罢官》，令逐渐被历史尘封的历史人物海瑞又一次扬名全国。他任淳安知县时，就不怕得罪高居相位严嵩的党羽淳安总督胡宗宪。胡宗宪的儿子到淳安，耀武扬威，颐指气使，把淳安的驿丞吊起来打，海瑞毫不客气，立即下令将其拘捕，押送总督衙门，并将其随身携带的银子没收充公。海瑞是一生正气，以天下为己任，责任感和使命感极强。他在任应天巡抚的时候，决心扬善惩恶，肃清吏治。苏州的贪官污吏、地主豪绅，闻说海瑞官任应天巡抚，闻风丧胆，纷纷移家避居。他在任上雷厉风行，推行廉政建设，取得了一定成效。海瑞也像魏征一样，敢于披龙鳞，犯颜直谏。嘉靖四十五年（公元1566年），还是六品司员的海瑞，"位卑未敢忘忧国"，向嘉靖皇帝呈上了《直言天下第一事疏》。他在谏疏中，开宗明义说一个皇帝够不够格关键是看他能不能让臣民知无不言、言无不尽。接下去他将嘉靖皇帝与汉代的汉文帝刘恒进行对比，说嘉靖天资卓越，但是汉文帝创造了"文景之治"，而当今却是"吏贪官横，民不聊生，水旱无时，盗贼滋炽"。他希冀嘉靖皇帝对时局多关心一点，官府少剥削一点，冤假错案少一点，社会风气好一点。他说这只不过是嘉靖皇帝"一振作间而已"，"而陛下何不为之？"结果昏聩的嘉靖皇帝怒不可遏，摔了奏折，下令将海瑞逮捕。海瑞因此坐牢。不久，嘉靖皇帝死了，海瑞被释出狱。但是即便如此，海瑞无怨无悔，一如既往，甚至改革吏治、敦化民风的决心更大。

就是这么一个海瑞，令人钦佩不？当然，令人钦佩不已。我们要不要向他学习？要！学习他大公无私，学习他遵纪守法，学习他做一个清廉正直的官员。可是我们如果仅仅思考到这里，那么海瑞也仅仅是个"清官"的"死标本"。

海瑞是中国几千年历史中的"唯一"。海瑞之前千年，没有海瑞；海瑞死后五百年，没有海瑞，估计千年后也不会出现像海瑞一样的官吏。海瑞之前的中国历史不必说了，海瑞之后，中国社会怎么样呢？中国出现了甚至比明朝吏治腐败有过之而无不及的清朝和"中华民国"。为什么？因为海瑞仅仅是中国历史土壤中偶然诞生的"一个"人物，海瑞可学，但是其行为方式却很难甚至根本就行不通。

我们稍加总结一下，不难发现，海瑞是一个标准的"以德治国"的信奉者，也是一个百分之百的"以德治国"的实践者。毋庸置疑，道德对于一个人必不可少，对于一个国家也不可或缺。但是仅仅仰仗道德的力量，来影响他人，来推行治国政策，是远远不够的。因为道德有它有效的社会领域，但是还有更为广阔的社会领域是道德所管不到的地方，因此，道德，即使是至高无上的道德，也有它无能为力的时候。

更进一步，我们仔细梳理海瑞的一生为官，发现他基本上是一个"独行侠"，他与胡宪宗斗，与严嵩集团斗，与嘉靖皇帝斗，都是他的个人行为。海瑞是一个人，即使他的德行再高，至高无上，他能"打遍天下无敌手"，可是他打不过封建专制制度。因为封建专制制度是一个集团势力，异常强大的集团势力。明朝是世界上最强大的封建帝国，也是当时世界上最为强大的统治势力。海瑞独自一人与这个当时世界上唯一的"超级大国"为敌，其结果可想而知。海瑞的悲剧是不可避免的，是必然的。面对海瑞的悲剧，如果我们后海瑞五百年的炎黄子孙，慨然长叹，还是依然故我，那么海瑞的锐意求索也就变得毫无意义了。海瑞悲剧的现代意义是，它从反面启发我们，必须在海瑞实践的基础上，继续探索，不能走仅仅依赖个人的道德力量这条老路，而要从变革社会制度着手，大力推行民主制度，将几千年来盘踞在中华大地上的封建专制残余意识形态尽快尽早铲除，建立具有中国特色的社会主义民主制度，则吏治清明的时代一定为期不远。

寻找中国式的现代教育

叶圣陶先生曾说：教育好像农业。我模仿陶行知先生"翻半个筋斗"的办法，对叶圣陶先生的这个说法也来"翻半个筋斗"，就是：农业好像教育。我的这个观念是读《黄河边的中国——一个学者对乡村社会的观察与思考》（曹锦清著）产生的。

书中虽然也涉及一点儿乡村教育，但更多的是作者叙述他对黄河边的河南省乡村社会政治、经济的观察与思考。它首先是一本不可多得的社会学著作。然而在一个教育工作者的眼里，完全可以将这本书当作"教育类"著作来解读。

关于我国当今知识分子的通病，书中有一句话一针见血地指出："知识分子之病在于唯书而不唯实。"教育界知识分子是不是也有此病？我觉得当下我们教育界知识分子忙于从国外特别是西方发达国家引进许多理论书籍，用这本书中的一个术语就是"译语"。对于此种现象，作者写道："在'译语'中，不仅有着令人兴奋的成套价值目标，也为我们提供各种认识工具。然而，源于西方社会的价值目标能否作为我们民族的'应该'而注入中国社会现实中去？光停留在'应该如何的多嘴多舌之中'（黑格尔语），不如去研究'应该'何以悬浮于嘴上而难以进入实践的社会方面根源，源于西方社会的认识工具一旦移译到中国，也往往失其所指而单纯成为'应该'。无所指而强为之指，或削足适履，或指鹿为马。"因此作者指出，"必须走出'译语'，从另一端去观察中国社会"。"我们应该把注意的重心从'应该'如何转移到'是怎样的'及'可能如何'方面来，并重新确立我们的'应该'——确立我们民族的主体意识与主体目标。这是关涉到我们民族前途与命运的大问题。"这段话指出：我们教育工作者和研究者不能仅仅学习并套用西方当代教育理论，更要认清中国教育的历史及现状，探索中国教育可能的变革发展道路。

关于中国农业的"现代化"，书中有许多精彩的论述，其实也可以作为中国教育现代化的论述。这里摘录二三：

"在现今大多数中国人的心目中，所谓'现代化'，主要指'器具'的现代化，但现代化器具的制造者、管理者与使用者并不因此具备现代观念、素质与相应的行为方式。一切暴发户可用金钱购买现代器具，但并不因此以现代人的方式使用这些现代器具。这有一个极其缓慢与艰难的适应过程，我们千万不能因'现代化器具'的快速发展而误以为我们已进入现代化了。"我国现在很多学校特别是发达地区的重点学校，拥有众多的电脑、先进的多媒体教室和网络教室，连西方发达资本主义国家也自叹不如，瞠目结舌。而这些学校也以此自豪，甚至自我标榜自己的学校就是现代化的学校。可是我们的教育真的实现现代化了吗？我们教育管理者、教育工作者的现代化意识比西方更先进了吗？不少校长将现代化单纯地理解为学校规模的增长与学生升学率的提高，甚至只将现代化理解为现代高楼与道路，因而向银行贷款，或向学生高额收费来修道路与楼房。

"我们在'形式制度'内引入了不少'现代'形式……在我看来，已进入我们乡村地方政治的诸'外来术语'，只不过是飘浮在广大深厚的传统文化与行为方式之上的点滴浮油而已。急于把中国拖入现代化的知识分子忙于'观念更新'与'制度建设'，往往把'形式制度'与'现代术语'视为生活本身，结果既误别人，也复自误。""社会心理文化"是"现代制度"有效运行的前提。我们中华民族有其特有的"社会心理文化",与西方资本主义国家大相径庭,要想在中国确立具有中国特色的现代教育制度,必须逐步培育使之有效运行的具有现代中国特色的社会心理文化。这是一条漫长而艰难的道路,绝非一蹴而就。

"但当我们说'现代化'时,已在心目中确定了一个'应该'。这个'应该'中包含的情绪与要求,虽是我们民族的渴望,但其目标,却是从已现代化国家及其理论中提取出来的。一个民族可以且应该向另一个更为发达的民族学习,这是没有疑问的,但无论如何学习,也成不了另一个民族。盲目从洋,其弊不在于媚外之嫌,而在于忘却民族的自我,单纯的模仿而激发出来的需要,往往并非一个民族最真实的需要,而且是注定实现不了的需要。我们在谈论'应该'时,更多的要认清我们民族的自我,认清占民族多数成员的最紧迫的要求,及这些要求在最近将来实现的可能性,我们应该从这一角度来看待'具有中国特色的现代化'。"这段话正告我们教育工作者:不能忘记民族的自我!要更多地认清我们民族的自我,认清占民族多数成员的最紧迫的要求,及这些要求在最近将来实现的可能性!

以作者的眼光看来,我国的一般公民甚至政府领导对现代化有多少误解、曲解和片面理解啊!可是我们教育界的知识分子、学校的领导又何尝不是如此呢?在误解、曲解、片面理解现代化的指导思想下,能走上实现现代化的征途吗?而造成这些不正确理解的根源,我认为我们不仅没有完整准确理解西方发达国家的"现代化",而且远没有认清我们中国的历史以及现实。

当今,"民主教育"也是教育界的热门话题。在这本书里,曹锦清先生对我国的民主化建设也有清醒而精辟的论述。相信读了这本书以后,你一定会有醍醐灌顶的感觉。

这本书还是"质的研究"的活的教程。作者就是用"质的研究"方法来对黄河边的农村进行考察和调查的。我见到很多介绍或论述"质的研究"的书和论文,恕我孤陋寡闻,我至今还没有见到一本用"质的研究"方法来研究中国教育的书。我觉得教育界太需要类似的书了!读了这本书,我萌发了一个念头:能不能像曹锦清先生一样,对我所在地区的教育进行"质的研究"?同时我也期望:让我们都来扎扎实实地做这样的事情,认清我国教育的历史和现实,借鉴西方的教育理论,探索一条可行的中国教育改革之路吧!

(发表于《中国教育报》2006 年 9 月 28 日)

后　　记

　　《我与新课程语文》，是在我发表文章的基础上整理出来的。如果没有新课程改革，我大约不会在短时间内写出这些教育教学文章，也就不可能产生这本书。

　　十五年前的2001年，正是我国新一轮课程改革发轫期。2002年2月，我有幸来到华东师范大学，攻读语文教育硕士。华东师范大学正是这一轮新课程改革的开路先锋，总设计师钟启泉教授，语文、化学、体育等课程标准制定组的召集人均是华东师范大学著名教授。一走进这美丽的校园，就感受到浓郁的新课改气息。我，一个教了十五年书的孤陋寡闻的"小鱼"，"顺流而东"，畅游在新课程改革的大潮中。

　　1986年8月我开始从教，至今恰好三十年。2002年是我从教三十年的分水岭：前十五年是教学摸索期，后十五年是教学觉醒期。来华东师范大学之前，我也曾发表过几篇小文章，刊登在《语文新苑》《芜湖日报》《大江晚报》《教育文汇》等报刊，都是教育教学感悟类的，这次没有收入本书。是新课改的春风，吹醒了我的语文新课程意识。从2003年开始，每年我都有文章发表在报纸杂志上，至今有100余篇。书名定为《我与新课程语文》，是因为没有新课程语文改革，就没有我的这本书。本书收录了2002年后我写的部分文章，记录我在新课程改革的背景下所进行的探索和思考。我庆幸遇上了新课程改革这一大好时机。我要感谢华东师范大学，感谢给我教诲的华东师范大学导师，特别是区培民、单中惠、倪文锦、汪莹、董蓓菲、周震和、吕良环、张晴等老师，还有华东师范大学客座教授、香港教育学院的何文胜博士。感谢著名特级教师蔡澄清、钱梦龙、余映潮、教育研究专家王荣生教授曾给我的学术指导。感谢安徽省教科院杨桦主任、芜湖市教科所辛卫华、孔立新老师对我长期而多方面的指导。感谢《教育文汇》主编卢光阳先生、《语文学习》副主编何勇先生的关心和激励。感谢华东师大李冲锋、贺卫东、陈赣、潘天正、李俊、袁彬、金奕、姚尚春等同学，与他们切磋交流，我受益良多。

2002年，我的孩子范岳刚上小学一年级。我一走，家里的事全甩给了我的妻子承雪梅以及岳父母。正是他们的理解和全力支持，我毫无后顾之忧，得以专心学习。他们只知付出、不求回报。我无以报，出版这本书献给他们，聊以自我安慰。在此，还要感谢所有关心、支持、帮助我的家人。

一直想出版这样一本书，这得感谢老同学朱幸福、黄少兵等的多次鼓励。安徽师范大学马长安副教授热情帮助，很快为我联系好合肥工业大学出版社。出版社的领导和各位老师，特别是朱移山副社长、王钱超编辑，他们为本书的尽善尽美，尽心尽责，在此深表谢忱。中国浦东干部学院李冲锋副教授，在百忙中翻阅我的书稿，给我很多激励、指导，还为我的拙作欣然作序，此情永世难忘。

整理这本书的过程，我不得不回忆我五十年的人生历程，三十年的教师生涯。一路走来，不断成长，要归功于教育我的众多老师，特别是我的启蒙老师刘华林，小学恩师钱鹏春，初中恩师陈家训、宗汉华，师范学校恩师李先治、吴菁、张孝康等。感谢给予我帮助的同事、同学、朋友、学生，关心我的教育部门的各级领导，要感谢的太多太多，恕不一一罗列。但我首先必须要感谢我的父母。他们是那样平凡而普通，早已湮没在历史的尘芥堆里，怕已被熟知的人淡忘了。正是他们给了我人生的唯一起点。没有这个起点，一切均无从谈起。

著名作家林海音说："记住，你是吃饭长大，读书长大，也是在爱里长大的！"这句话也表达了我的心声——但只是一半，我的另一半是：分享读书之精华，传播热爱之光芒。

范金豹

2016年11月18日

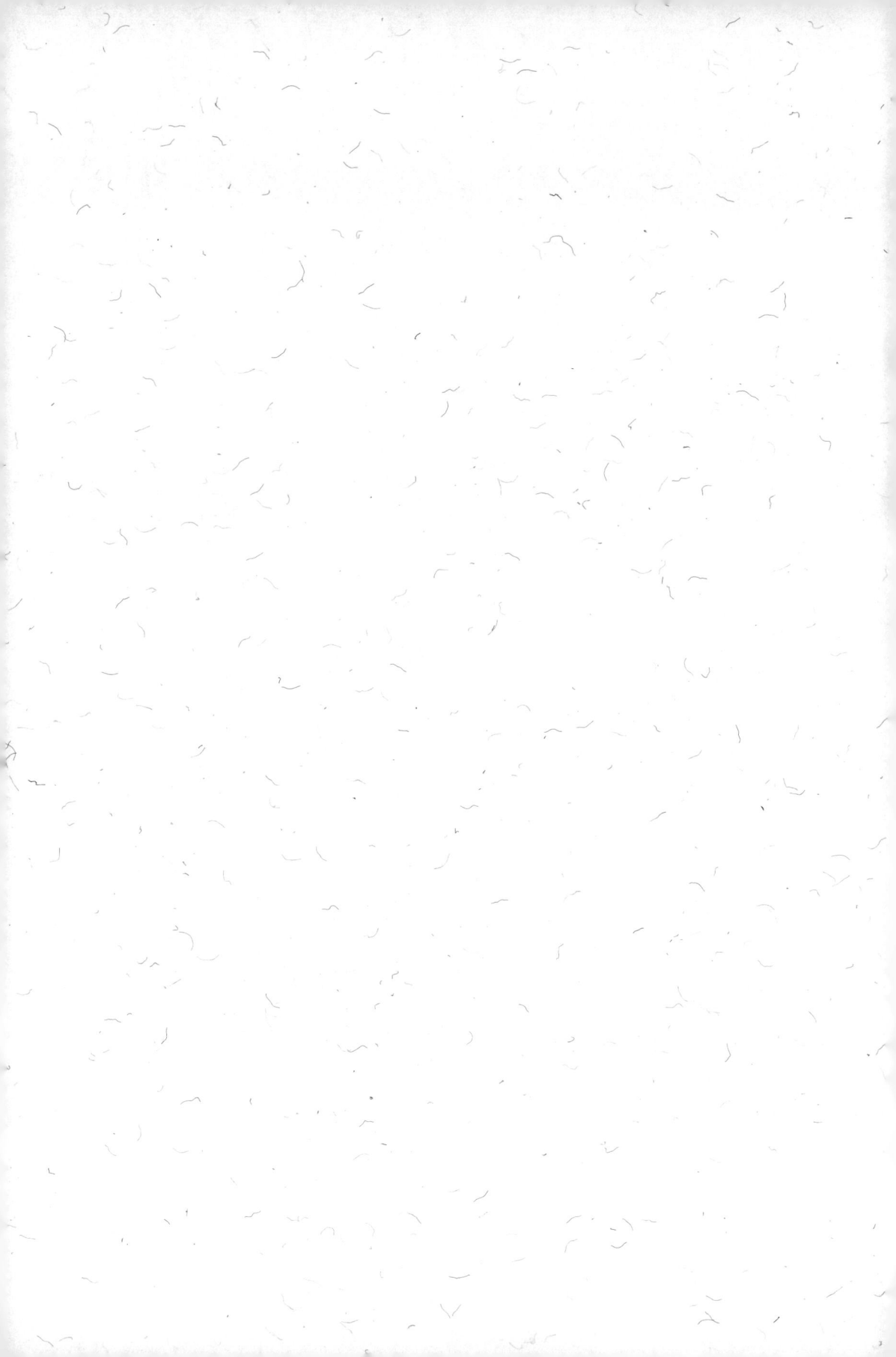